Wickert · Der Berg im Koffer

Jürgen D. Wickert

Der Berg im Koffer

Lernen mit der fremden Kultur Indonesien

Verlag Jochen Wörner

Satz: H. Breynk, Kirchweiler
Druck: Poeschel & Schulz-Schomburgk, Eschwege
Bindung: Kränkl, Heppenheim

Printed in Germany

Die Flucht aus einer persönlich schwierigen Situation brachte mich in das ferne Land Indonesien. Über die Kultur dieses Landes etwas zu erfahren und mich selbst als Europäer besser kennenzulernen, verdanke ich den Menschen dort.

Inhalt

Ernest Jouhy
Vorwort

Das Thema steht im Brennpunkt der heutigen wissenschaftlichen und bildungspolitischen Diskussion um die Entwicklung der Erziehung und Bildung in der Dritten Welt. Das Beispiel Indonesiens ist für die Behandlung dieses Themas von zentraler Bedeutung und in der vielfältigsten Weise aufschlußreich und übertragbar.

Bereits die Einleitung zeigt, in welch tiefgehende philosophisch-wissenschaftliche Problematik der Verfasser sich einzulassen gedenkt, ein Einlassen, das er im Laufe der Arbeit voll und ganz erfüllt. So weist er mit Recht auf die eigentümliche Anziehungskraft hin, die „das Fremde" auf das europäische Denken, insbesondere auf das pädagogische Denken heute ausübt und in welche Gefahren diese Anziehungskraft die wissenschaftliche Methodik in doppelter Weise bringen kann: Einmal der Verführung von Okkultismus und Magismus zu erliegen, die für das Unverstandene, Fremde stehen. Ein andermal dieses Fremde gar nicht erst wahrzunehmen, sondern ihm die eigene Denkweise überzustülpen. Der Autor weist darauf hin, daß das Fremde dem Fremden sich nicht zeigt, nicht aufschließt zu verwertbaren Ergebnissen. Und im Zusammenhang mit dieser kritischen Abgrenzung zu vielen anderen Arbeiten, insbesondere über Indonesien sagt Wickert: „Erziehungswissenschaftliche Arbeiten der Beschäftigung mit fremden Kulturen sollten daraus die Konsequenz ziehen, jene Zwischenräume aufzuschließen, von denen individuelle und kollektive Entscheidungen und damit ganze gesellschaftliche Entwicklungen geprägt sind" und an anderer Stelle: „Das Beobachten und Lernen sowohl an, als auch mit fremden Kulturen, kann deshalb nicht nur im Aufspüren von aktuellen politischen Herrschaftsverhältnissen und deren meist grauenvoller Praxis liegen, weil sich dieser Ansatz in stetigen Beweisen unmöglicher oder verpaßter Chancen einer humanen Entwicklung erschöpft. Die Beobachtung liegt vielmehr in den Zwischenräumen eines historischen Ganzen, in welchen durch Irrationalität und Vernunft Freiheiten geschaffen werden, aus denen mit Hilfe der Pädagogik für die hier eigene Kultur zu lernen, zur dringenden Aufgabe geworden ist."

Zu diesen grundlegenden Bemerkungen kommen methodische Bemerkungen über das Verhältnis von Soziologie, Psychologie und Pädagogik. Pädagogik wird als Handlungswissenschaft verstanden, Soziologismus und Psychologismus als Einschränkung der Pädagogik kritisiert. Die Bildungs- und Erziehungsphilosophie des Verfassers ist beeinflußt durch die „Kritische Schule" und verdankt der modernen, insbesondere strukturalistischen Ethnologie und im weitesten Sinne dem dialektischen Denken Karl Marx' entscheidende Anstöße.

Jürgen Wickert will den Bedingungen nachspüren, wie eine Praxis zur Menschlichkeit zu finden ist, das heißt für die Pädagogik ein zentrales Anliegen zu schaffen, das der Erweiterung unseres Wahrnehmungsschemas über das gewidmet ist, was wir wissen können, wenn wir es wollen. In der Arbeit wird deutlich, daß dieses „wenn wir es wollen" das ureigenste Anliegen der Analyse des indonesischen Kultur- und Bildungsgeschehens darstellt. Der Verfasser will den Leser davon überzeugen – und das gelingt ihm – daß nur der Entschluß, die fremde Kultur und damit die fremde Erziehung und Bildung als authentisch wahrzunehmen, es auch ermöglicht, ihr aus dem eigenen Kulturbereich Anstöße zu ihrer autonomen Entfaltung zu vermitteln.

Die Schwierigkeit, die sich der eigenen Beobachtung und empirischen Forschung entgegenstellte, wurde insbesondere dadurch erhöht, daß die technokratisch orientierten und westlich ausgebildeten Planungsgremien der pädagogischen Regierungsinstanzen und der traditionellen Kultur und ihrem transformatorischen Potential verständlicherweise nur einen sehr geringen Stellenwert beimessen und Untersuchungen zu dieser Frage ungern sehen. Wickert hat diese Schwierigkeiten insbesondere dadurch zu überwinden gesucht, daß er die in Indonesien heute noch gelebten Alternativen zur westlichen technokratischen Entwicklungspolitik aufgespürt und in ihren historischen Wurzeln verständlich gemacht hat.

Was im historischen Teil von ganz besonderer und thesenhafter Bedeutung ist, ist die historisch materialistische Analyse des Zustandekommens von Macht und Herrschaft im indonesischen Archipel. Im Unterschied zu Europa besteht diese nicht in der Verfügungsgewalt über Grund und Boden, sondern in der Verfügung über das geistig-kulturelle Erbe eingewanderter Kulturtradition und der Fähigkeit zur Verwaltung, zur Rechtsprechung und damit zur Ausdehnung der materiellen Basis der Kultur. Die besondere Stellung der Herrscher als Wissende und der Wissenden als Herrscher in Bezug auf die den Mehrertrag für ihre Existenz liefernde bäuerliche Bevölkerung, stellt einen Beitrag zu grundlegenden Fragen dar, die bereits von Marx in seinen Bemerkungen über die „asiatische Produktionsweise" geliefert wurden, in der Interpretation Wickerts aber eine ganz neue Ausdehnung erfahren. Hier liegen Anregungen zu der Thematik der Herausbildung von Macht, Herrschaft und Klassengesellschaft in der Dritten Welt überhaupt, die weiterer und umfassenderer Studien bedürften. Für diese Anregung und ihre sorgfältige historische Fundierung in der

vorliegenden Arbeit muß dem Verfasser besonderer Dank ausgesprochen werden. Gerade aus dem konkreten Umgang mit den Problemen der Zielgruppe dieser pädagogischen Tätigkeit (Jugendliche in einem der Elendsviertel der Hauptstadt Jakarta) folgert Wickert: „Die Erziehungswissenschaften – und noch mehr die erzieherische Praxis – werden sich den Möglichkeiten widmen müssen, den Sinn vom Werden und vom Sein wieder glaubwürdig zu machen. Die Glaubwürdigkeit besteht dabei nicht in der naturwissenschaftlich-technischen Erklärbarkeit allen Seins, sondern in den Werten und Normen, die diese Erklärungen sinngebend machen".
Es ist das sehr ungewöhnliche Verdienst, zu dieser Aufgabestellung entscheidend wichtige Materialien, Analysen und kreative Gedanken als Bausteine einer umfassenden Lösung beigesteuert zu haben, die die Entwicklung der „Dritten", wie unserer industriellen Welt ökonomisch, sozial und politisch erfordert und die im weitesten Sinne des Wortes pädagogisch bleibt.

Frankfurt 1982

Einleitung

Das Spannungsfeld jeder Kultur ist charakterisiert durch Tradition und Innovation. Die vielen Kulturen Afrikas, Asiens und Lateinamerikas stehen dabei der einverleibenden, mitunter selbstsüchtigen Totalität abendländischer Kultur in einer Weise gegenüber, die nicht nur als Entwicklungsproblem herausfordernd, sondern im Sinne humaner Auseinandersetzung auch leitend sein kann.

Der Mangel an den Grundlagen des kulturellen Verständnisses der Völker untereinander gehört zu den Bedingungen des Scheiterns neuer Weltordnungen auf politischem, wirtschaftlichem und sozialem Gebiet. Trotz der enormen Anhäufung von Wissen ist die Welt noch immer von einem Überheblichkeitsfühl geprägt, das die heute wirtschaftlich besser gestellten Länder den armen Ländern entgegenhalten, obwohl allzu bekannt ist, wie realtiv die Begriffe und Feststellungen über Reichtum und Armut sind. Das Denkvermögen der industrialisierten Länder ist augenscheinlich nur für das hochentwickelt, das in gefährlicher Verkennung für ein Eigeninteresse gehalten wird und in Konformität mit dem so vertrauten gesunden Menschenverstand steht.

Es liegt also nicht an mangelndem Vermögen zum Denken, das die hochindustrialisierten Länder daran hindert, die anderen Teile einer Weltrealität zu erfassen, sondern daran, daß die kulturellen Systeme dieser Gesellschaften Erziehungs- und Bildungssysteme geschaffen haben, die es nicht erlauben, eine andere als ihre eigene Entwicklung als das Maß der Dinge anzusehen. Angesichts der großen Zahl von Zerbrochenen, die den westlichen Kulturen durch die verschiedensten und in gleicher Weise zerstörerisch wirkenden Mittel zu entkommen suchen, ist es unaufschiebbar, die kulturellen Lernziele und Inhalte des Lebens in den hochindustrialisierten Ländern zu verändern.

In der Pädagogik hat der Blick auf fremde Kulturen eine lange und vielfach umstrittene Tradition. Die Forderung nach einer vergleichenden Pädagogik wurde dabei in der Erkenntnis erhoben, daß die gegebenen Erziehungs- und Bildungssysteme weder den subjektiven Bedürfnissen der Schüler, noch den objektiven Erfordernissen der Gesellschaft gerecht werden.[1] Seit Jahrhunderten wird eine wissenschaftliche Auseinandersetzung im Bereich der Pädagogik mit dem Fremden gefordert, von dem Elias Canetti mit Recht sagt, daß der Mensch

1 Paris, M.-A. J. de, „Skizzen und Vorarbeiten zu einem Werk über die vergleichende Erziehung", Übersetzung der Orig. Ausg. von 1817 von H. Espe, 1954.

einer Berührung durch Fremdes überall ausweicht und vor nichts mehr Angst hat, als vor Unbekanntem.[2] Die große Zahl rein exotisch motivierter Betrachtung hat wenig zu dieser notwendigen Auseinandersetzung beigetragen, da sie die Phaenomene der fremden Kulturen schon im Ansatz lediglich als Verabenteuerung und folkloristische Ausschmückung benutzt hat, ohne wirklich etwas über das Fremde und dessen Strukturen erfahren zu wollen. Dazu kommt, daß die inzwischen reichhaltige Literatur der berufenen internationalen Organisationen zum Thema Bildung und Erziehung vorwiegend an quantifizierbare Faktoren gebunden ist, die zwar einen formalen Vergleich von Schulsystemen, Schüler-Lehrerrelationen u.a. erlaubt, nicht jedoch die entscheidene Bindung zwischen ökologischen, wirtschaftlichen und sozialen Gegebenheiten kultureller Gesamtheit herstellt.

Es ist eine Scheu spürbar, sich mit dem Fremden einzulassen; sich positiv mit einer Art Gegenwunschwelt auseinanderzusetzen, sie aus der Exotik zu lösen und einzubinden in die Alltäglichkeit unserer Kultur als begreiflichen Wunsch diese im Sinne neuzeitlicher Humanität angstloser zu gestalten.

Die Einleitung zum Bericht der unabhängigen Nord-Süd-Kommission über die gemeinsamen Interessen der Industrie- und Entwicklungsländer spricht von der Notwendigkeit, daß dem Menschen und seiner ethnologischen Herkunft eine besondere Bedeutung gegeben werden soll, dessen kulturellen Raum es zu achten und zu erhalten gilt. Der entscheidende Teil des Brandt-Berichts befaßt sich jedoch nur mit Vorschlägen zum Zusammenleben der reichen und armen Länder unter Berücksichtigung ihrer Wirtschafts-, Finanz- und Militärbeziehungen. Die Probleme der Begegnung unterschiedlichster Kulturen und Völker sind allerdings weniger durch ihre ökologischen und wirtschaftlichen Voraussetzungen definiert, als durch die kulturelle Identität und die Gleichwertigkeit des Menschen in den verschiedenen Erscheinungs- und Daseinsgegebenheiten.

Der Zusammenbruch der weltweiten Alphabetisierungskampagne, der Bevölkerungsplanungsprogramme und der einseitig begünstigenden Wirtschafts-, Wissenschafts-, Technologie- und Informationssysteme zwingt zur allgemeinen Neuorientierung und eröffnet damit die Chance zu einem neuen Bekenntnis über die Bedingungen künftigen humanen Lebens.

Kunst und Kultur, Bildung und Erziehung sind Fragen des Erkennens von Subjekt und Objekt, von Quantität und Qualität, die es dem einzelnen und der Gemeinschaft ermöglichen, in Achtung miteinander zu leben.

Es geht hier nicht um wiederholte Kritik an Kolonialismus, Imperialis-

2 Canetti, E., „Masse und Macht“, München 2. Aufl. 1976, S. 9 f.

mus oder Sozialimperialismus als wiederum nur der westlichen Lebens- und Geisteshaltung entsprungene Möglichkeit der rationalen Auseinandersetzung mit dem Fremden und dem Eigenen. Es geht auch nicht um die betörenden Beschwörungen jener Kritiker des Eurozentrismus, die aus der Faszination des Fremden in Asien, Afrika und Südamerika sogleich neue Heilslehren formulieren und von ihren zahlenmäßig beträchtlichen Anhängern sogleich den Charakter weiser Wirklichkeit oder wirklicher Weisheit zugeschrieben bekommen. Sowohl die Vertreter dieser Heilslehren, als auch ihre Anbeter übersehen dabei, daß es nicht um die irrationale Hoffnung geht, die spezifisch westlichen Probleme durch eine Vereinnahmung fremder Kulturen zu lösen, sondern darum, zur eigenen Entwicklung dem Fremden gegenüber offen zu sein; offen nicht zur bloßen Adaption jedweder anderer Wirklichkeit, sondern als zusätzliche und notwendige Erfahrung einer durch die eigene kulturelle Umgebung empfundene Wirklichkeit.

Das kausale Denken hochindustrialisierter westlicher Länder soll nicht abgelegt, sondern bereichert werden um die unzähligen Aspekte des Ineinanderfließens zwischen rationalem und mystischem Denken, auch unter Einbeziehung des Überschreitens natürlicher und geistiger Grenzen.

Das Fremde steht meist in Zwischenräumen, die statistisch zwar nicht erfaßbar sind, aber für die Aufnahme von Beziehungen einander fremder Kulturen entscheidend sind. Diese Aspekte sollten gerade dort berücksichtigt werden, wo sich die westliche Wissenschaft hauptsächlich mit dem Nachweisbarem befaßt und den meist wichtigsten Restteil fremder Kulturen ins Obskure und Suspekte verweist. Im Lernen am Fremden geht es also um die Balance, um den Zweifel mit dem scheinbar Tatsächlichen als Erfahrung der Zwischenräume, ohne die Angst vor dem schließlich auch dort meßbaren und vernünftig Nachvollziehbaren.

Die Phänomene und Probleme eines Landes der Dritten Welt, hier z.B. Indonesiens stellen sich nicht in Absprache mit europäischer Philosophie und Ideologie und sind auch nicht entstanden im Hinblick auf ihre statistische Verwertbarkeit mit der Folge von Entwicklungsplänen und den vielen daran geknüpften Ratschlägen.

Es ist bezeichnend, daß der indonesischen Sprache das Wort für ‚Recht' fehlt und es stattdessen unzählige Begriffe für ‚Rechte' gibt[3]. Es sind Rechte der Gemeinschaft und des Individuums, festgelegt und weiterentwickelt im ständigen Prozeß des Ausfüllens eben jener Zwischenräume potentieller Konflikte in der Zielvorstellung von

3 Mahasin, A., „Human Rights: from Cultural Argumentation to Social Stratification", in „Prisma", Nr. 13 (eng. Ed.) 1978, Jakarta, S. 95

Harmonie und Balance. Die Garantie für seine Rechte kommt dem Individuum oder der Dorfgemeinschaft nicht durch ein abstrakt formuliertes – und den Einzelfall selten treffendes – Recht zu, sondern durch die Harmonie und Balance der Gemeinschaft selbst. Ein solches, sehr humanes Konzept des reziproken Verhältnisses von Individuum, Gemeinschaft und Gesellschaft, bricht sich an der zwangsläufig nicht existenten Isolation, an den weltumspannenden Verflechtungen internationaler Abhängigkeit und Beeinflussungen durch etwas, das mit dem heute fragwürdigen Begriff des „globalen Fortschritts" zu benennen ist.
Gleichzeitig scheint in den hochindustrialisierten Gesellschaften und auch in den Sektoren der Drittwelt-Länder, die bereits in diesen Fortschrittsprozeß eingebunden sind, eine Praxis des Umgangs mit Wissen, mithin eine Praxis zur Menschlichkeit verloren gegangen zu sein. Verantwortlich ist dabei nicht fehlendes Wissen im Sinne eines tatsächlichen Mankos, sondern der unzureichende Zustand von Problembewußtsein als Folge und Bedingung der industriellen Revolution, das die Kriterien setzt, worüber Wissen sinnvoller Weise anzuhäufen ist und worüber nicht. Die Funktion der Tradition, d.h. des Tradierens von Werten und Normen wurde allzu leichtfertig den bestechenden Berechnungen über Fortschritt untergeordnet oder in das politische Abseits reaktionärer Ideologien gestellt. Die Dynamik dieser Entwicklung hat kaum nach dem allgemeinen Wert einer Tradition, sondern nur nach ihrer Intensität gefragt und dabei die kritische Hinzunahme noch gelebter Alternativen in der Dritten Welt übersehen, die es nicht zu konservieren, sondern in den gemeinsamen und unaufhaltsamen Modernisierungsprozeß einzubauen gilt. Dabei besteht der Wert einer Tradition nicht in ihrer Vergangenheit, sondern in den gegenwarts- und zukunftsbezogenen Möglichkeiten gesellschaftlicher Organisation und Ordnung.
Die Entwicklung einer unter diesen Kriterien als human zu bezeichnenden Zukunft ist eine gemeinsame Aufgabe aller Kulturen, weshalb die Frage nach den Möglichkeiten gestellt werden muß, wie Balance und Harmonie als große Leistung traditioneller Sozialisation auf die Träger moderner Sozialisation anzuwenden ist. Gleichzeitig ist die Frage nach der Verbindung von Form und Inhalt traditioneller Kultur für die Erfordernisse eines rapiden Entwicklungsprozesses die Frage danach, welche traditionellen Werte und Normen zugunsten neuer Wertvorstellungen abgebaut, verändert und aufgebaut werden müssen. Voraussetzung zur praxisbezogenen Klärung dieser Fragestellung sind die Überlegungen und Untersuchungen im Bereich der Entwicklungskommunikation, der Erwachsenenbildung und der außerschulischen Pädagogik, die das vorhandene Potential an traditioneller und moderner Sozialisation nicht nur inventarisieren, sondern

zur Analyse ihrer Wirkungsweisen und Grenzen beitragen. Ziel dieser Überlegungen ist der Mensch, der sich als Zentrum eigener Erfahrung, als betroffenes handelndes Subjekt und als Objekt der Gesellschaft in seiner Individualität dennoch über die ihn umschließenden Strukturen seiner Sozialisation erhebt.
Die notwendige Offenheit zur Frage und Antwort mahnt an eine abermalige Renaissance.

Im Titel „Der Berg im Koffer" wurden zwei Begriffe zueinander in Beziehung gesetzt, die als Synonyme für die so gegensätzlichen Kulturen Südostasiens und Europas gemeint sind. ‚Der Berg' spricht in seiner mystischen und mythischen Beladenheit das ganze kulturgeschichtliche Begriffsfeld der irdischen und kosmischen Beziehungen an; Verstehen, Lernen, Streit und Spiel, aber auch die sprachlose Kommunikation der Tänze, Riten, Kampfarten und Zeichen sind darin enthalten. ‚Der Berg' soll verstanden werden als Ausdruck einer möglichen Gemeinsamkeit von Glück und Harmonie als Leistung und Erfolg.
Die Berge Indonesiens dienten im Gegensatz zu Europa nie als Baugrund für Burgen oder Festungen, nie als Möglichkeiten irdischer Macht und Herrschaft über das Tal, bzw. die Ebene mit ihren Feldern, Dörfern und Handelswegen; auf den Bergen sind die Götter und Geister zuhause. ‚Semar', der unbesiegbare Clown des wayang-Spiels wurde von seinem göttlichen Ur-Vater in alle Ewigkeit zu häßlichem Aussehen und grobem Benehmen – aber stets auf der Seite des Guten – verdammt, als er in seiner Jugend aus Übermut die Wette einging, selbst Berge verschlucken zu können. Das Symbol des Berges wird zu Beginn und am Ende des wayang-Spiels gezeigt und dient während des Spiels der Ankündigung eines Szenenwechsels oder der Unterstreichung dramatischer Höhepunkte.
Borobudur, der buddhistische Tempel in Zentral-Java symbolisiert als Ganzes und in den vielfältigsten Teilformen den heutigen hinduistischen Berg ‚Meru'. Noch heute ist die Einsamkeit sagenumwobener Berge das Ziel derer, die sich Rat in der Meditation suchen.
Diese wenigen Beispiele zeigen, wiewenig der ‚Berg' in den Koffer paßt, den die europäische Kultur seit Jahrhunderten für Fremdes bereithält.
Der ‚Koffer' steht hier sowohl für den vergeblichen Versuch einer bloßen Vereinnahmung, eines musealen Einpackens der materiellen Teile jener Kultur durch die Europäer und der ‚westlich' oder ‚modern' orientierten Indonesier als auch für den notwendigen Aufbruch zu neuem und gegenseitigem Lernen. ‚Der Berg im Koffer' versucht die traditionellen und modernen Institutionen der Kultur Indonesiens als Beispiel für viele Länder der Dritten Welt zu beschreiben und zu erklären; es wird auf die Probleme und manche Lösungen hingewie-

sen, die aus der Konfrontation mit den anderen Werten und Zielen entstehen.

In der Überwindung von gegenseitigen Vorurteilen geht es um die Bereicherung neuer Liberalität – hier und dort. Unter Liberalität ist allerdings nicht die Freiheit zu verstehen, die sich Europa im Drang die Welt zu beherrschen so lange Zeit herausnahm. Mehr denn je ist damit die Suche nach einer neuen Praxis zur Menschlichkeit gefordert.

Einleitende Bemerkungen zu Gegenstand Methode und Thesen

Das vorliegende Buch beschäftigt sich mit den Erziehungs- und Bildungsproblemen eines Landes der Dritten Welt. Am Beispiel Indonesiens[4] sollen die Möglichkeiten und Grenzen sowohl traditioneller, als auch moderner Sozialisationsträger und Instanzen im Kontext ihrer historischen Entwicklung und aktuell politischen Bedeutung dargestellt und analysiert werden.

Es soll überall dort versucht werden, Bezüge zu den Erziehungs- und Bildungsproblemen hochindustrialisierter Länder mit speziellem Verweis auf die Bundesrepublik Deutschland herzustellen, wo die Pädagogik nach neuen Ansätzen und konkreten Möglichkeiten der Vermittlung im außerschulischen Bereich sucht.

Dabei ist auf die nicht geringe – und wechselseitige – Schwierigkeit zu verweisen, „westliche" und „östliche" Begriffe und Denkstrukturen zu verwenden, ohne sie in die jeweils fremde und andere Kultur unkritisch zu übertragen.

Die Arbeit versucht auf bereits vorliegende theoretische und praktische Erkenntnisse und deren empirische Überprüfbarkeit hinzuweisen, sowie einen kulturhistorischen Abriß der Bedingungen zu liefern, von denen die erziehungs- und bildungspolitischen Probleme und Aufgaben geprägt und abhängig sind.

Empirische Beschränkungen finden ihre Ursache in der besonderen Sensitivität der politischen Führung Indonesiens, die mit größter Aufmerksamkeit – speziell vor den allgemeinen Wahlen im Mai 1977 – jede offene und systematische Untersuchung verhinderte, die sich mit dem Spannungsfeld zwischen traditionellen Werten und modernen Erfordernissen befaßt. Die festgestellten Fakten und Interpretationen werden daher öfter unter Verzicht auf statistische Exaktheit so gewichtet, daß sie den Erfahrungen des Verfassers und der indo-

4 Das Beispiel Indonesiens wurde deshalb gewählt, weil der Verfasser sowohl mehrmonatige Studienreisen durch Java, Bali und Sumatra in den Jahren 1970 und 1972 unternahm, als auch von 1973 bis 1978 zunächst als Berater der Friedrich Naumann Stiftung für Massenmedien und Publikationsprogramme, später als Projektleiter am „Institut für wirtschaftliche und soziale Forschung, Erziehung und Information" (LP3ES: Lembaga Penelitian, Pendidikan, Penerangan, ekonomi dan sosial) in Jakarta tätig war; Teilnahme und Konzeption von Forschungsprogrammen, wissenschaftlichen Seminaren und Projektevaluierungen vertieften die Sprach- und Landeskenntnisse.
Zahlreiche arbeits- und studienbedingte Reisen in die asiatischen Nachbarländer verschafften zudem einen Einblick in den regionalen Kontext. Wiederholte mehrmonatige Studienaufenthalte in der Bundesrepublik Deutschland, speziell an der Universität Frankfurt stellten Bezüge, Anregungen und Motive für die weitere Arbeit her.

nesischen Bezugsperson entsprechend weitgehend allgemeine Gültigkeit besitzen.
Eigene empirische Untersuchungen im Bereich der traditionellen Medien, sowie das Datenmaterial fortgeschriebener Erfassungen und Analysen einzelner Wissenschaftler, vor allem aber das der Vereinten Nationen wurde gleichfalls – und kritisch – verwendet. Kritisch deshalb, weil die Methoden der Messung zwar allen Standards internationaler Wissenschaft entsprechen, die für die Pädagogik aber so wichtigen Zwischenbereiche menschlicher Bedingungen und Existenz kaum oder gar nicht erfassen und von der Fülle des Materials her wenig Raum zu Gedanken lassen.

Die indonesische Entwicklung steht vor der Aufgabe, Industrialisierung und ökonomische Wachstumserfordernis mit der soziokulturellen Entwicklung einer überwiegend agrarischen Gesellschaft des Umbruchs in Einklang zu bringen.
Die Schwierigkeit dieser bildungs- und erziehungspolitischen Aufgabe liegt nicht zuletzt an der Größe Indonesiens, dessen knapp 140 Millionen Menschen auf über dreitausend bewohnten Inseln stark unterschiedlicher zivilisatorischer Entwicklung leben mit zum Teil eigenständigen Kulturen und Sprachen.
Die Identität der Indonesier ist trotz über dreißigjähriger Existenz des souveränen Staates „Republik Indonesia" mehr an die regionale Kultur gebunden, als an die zentral ausgegebenen Ziele einer nationalen Entwicklung. Daseinsbedingungen und Lebensvorstellungen sind geprägt durch die Vorgaben der jeweiligen traditionellen Kultur, die im Verständnis moderner Leistungsgesellschaften keine dynamisierenden, sondern stark bewahrende Elemente in sich trägt.
Der zu 80% auf dem Dorf lebenden Mehrheit der indonesischen Bevölkerung stehen die rapide wachsenden urbanen Zentren und industrialisierten Ballungsgebiete gegenüber.
Die Entwicklung des Landes wird ganz von diesen Zentren geplant und gesteuert, deren konkrete Ausgestaltung zumeist abgehoben von der Wirklichkeit ist und kaum noch in Beziehung zu den drückenden Problemen des überwiegenden Teils des Landes und seiner Bevölkerung steht.
Die technokratisch orientierten und westlich ausgebildeten Planungsgremien der Regierungsinstanzen und ihre internationalen Berater definieren Entwicklung als vorrangig ökonomische Aufgabe und planen damit größtenteils an den Bedürfnissen und Möglichkeiten der Bevölkerung und ihrer Ressourcen vorbei.
Die Forschungen und Investitionen auf dem Erziehungs- und Bildungssektor einschließlich des nationalen Kommunikationssystems konzentrieren sich vorwiegend auf die Anschaffung technischer Ausrüstung für Fernsehen, Rundfunk und neuerdings eines Kom-

munikationssatelliten, während die traditionelle Kultur, aber auch die ‚software' der elektronischen Medien nicht nur vernachlässigt, sondern von der Bedeutung und Wichtigkeit her kaum berücksichtigt wurden.

Die Entwicklung eigener Lehr- und Bildungsinhalte in Abhängigkeit zur eigenen Kultur, ihren Bedingungen und Mechanismen zu sehen, geschah erst in jüngster Zeit und unter dem offensichtlich gewordenen Mißerfolg einer rein ‚hardware' orientierten Ausrichtung.

Die Frage nach der Verbindung von Form und Inhalt traditioneller Kultur zu den Erfordernissen eines rapiden Entwicklungsprozesses ist generell die Frage danach, welche traditionellen Werte und Normen zugunsten neuer Wertvorstellungen abgebaut, bzw. verändert und aufgebaut werden müssen.

Dies ist zugleich die Frage nach dem transformatorischen Wert, der den traditionellen Sozialisationsagenturen und -trägern im Hinblick auf eine Verwendung z.B. in den elektronischen Medien als modernen Bildungsinstrumenten zukommt.

Voraussetzung zur praxisbezogenen Klärung dieser Fragestellung sind Überlegungen und Untersuchungen im Bereich der Entwicklungskommunikation, der Erwachsenenbildung und der außerschulischen Pädagogik, die zum einen das vorhandene Potential an traditionellen und modernen Medien unter dem genannten Gesichtspunkt inventarisieren, sowie zum anderen zur Analyse ihrer Wirkungsweisen und Grenzen beitragen.

Obwohl im Rahmen dieser Arbeit nicht auf die Struktur und Funktion des unaufhaltsamen Industrialisierungsprozesses eingegangen werden kann, weder im Hinblick auf die Schaffung eines partizipatorischen Industrialisierungsprozesses[5], noch auf die Versuche „autozentrierter Entwicklung"[6], sind themenrelevante Elemente mit aufgenommen.

Die Arbeit geht dabei – vereinfacht – von der Prämisse aus, daß der Mensch mehr ist, als die Summe seiner Bedingungen und ein Teil davon in der Befähigung zu verantwortlichem Handeln im Rahmen seiner Gemeinschaft Gestalt annimmt.

Dies als Faktum der Identität von Individuum und Kollektiv in seiner natürlichen und kulturellen Umgebung; zunächst bezogen auf die traditionelle Dorfgemeinschaft Indonesiens mit einfacher Arbeitsteilung und kaum unterschiedlicher Wissensverteilung.

Die verbindlichen Werte und Normen der traditionell dörflichen Ge-

5 Wickert, J.D., „The Role of Communication in the Process of Participatory Industrialization", Jakarta, 1977 (Vortragsmanuskript), Seminar: „Problems of Modern Industrialization" (SIS).

6 Senghaas, D., „Weltwirtschaftsordnung und Entwicklungspolitik", Frankfurt, 1977, S. 265 ff.

meinschaft sind sämtlich an einer Harmonie und Balance orientiert, die wie selbstverständlich existiert und von allen getragen wird. Dementsprechend reich sind die traditionelle Kultur und ihre Medien an größtenteils gemeinschaftlich produzierten und immer gemeinschaftlich konsumierten Tänzen, Riten, Gesängen und Festen.
Das städtische Leben hat bereits in seiner kurzen Geschichte einen Bruch von Identität zwischen Individuum und Kollektiv bemerkbar und bei Einzelphänomenen wie z.B. dem individuell-politischen Bewußtsein der Studenten, auch meßbar werden lassen.[7]
Die Medien urbanen Lebens sind – entsprechend dem Charakter dieses Lebens selbst – anonym produziert (Fernsehen, Radio, Zeitungen, Bücher) und werden individuell konsumiert. Obwohl vielleicht Millionen von Menschen denselben Film gesehen, dieselbe Nachricht gelesen oder gehört haben, und vielleicht am nächsten Tag darüber miteinander sprechen, war die Rezeption und Verarbeitung dem Einzelnen oder einer kleinen Gruppe überlassen.
Diesem Vereinzelungsprozeß angepaßt sind die über moderne Medien transportierten Inhalte, zumeist aus dem Westen importiert oder zumindest von westlicher Wertigkeit beherrscht.
Während auf dem Land traditionelle Kultur und Medien noch lebendig sind und in wechselseitiger Wirkung das konkrete Leben bestimmen und durch es bestimmt werden, führen die modernen Medien ein abgehobenes Eigenleben, meist ohne Bezug zum Konsumenten und ohne Vermittlung von Normen und Werten.
Im Ergebnis stehen Rat- und Orientierungslosigkeit als verlängertes Produkt moderner Medien den tradionellen Medien mit ihrer Geborgenheit gebenden und wegweisenden Fähigkeit gegenüber.
Diese Feststellung trifft freilich nicht nur auf die indonesische oder generelle Situation in Entwicklungsländern zu, sie ist seit längerem zum Thema von Pädagogen, Kommunikationsforschern und zahllosen politischen Bewegungen in den hochindustrialisierten Ländern geworden.
Der objektive Vorteil der Entwicklungsländer ist indes, in ihren größten Teilen noch über gelebte Alternativen zu verfügen, die es nicht zu konservieren, sondern in den unaufhaltsamen Modernisierungsprozeß einzubauen gilt.
Die hilflos anmutende Vergeblichkeit mit der z.B. Städteplaner in der Bundesrepublik versuchen, sich abgelegter Formen des Zusammenlebens zu erinnern, läßt selbst unter Würdigung sämtlicher dabei eine Rolle spielender Faktoren erkennen, daß gelebte Alternativen in unserer Kultur nicht mehr – und noch nicht wieder – existieren; von Einzelbeispielen in Randgruppen einmal abgesehen. In besonderer

7 Fremerey, M., „Students and Politics in Indonesia", Frankfurt/Freiburg i.Br., 1976

Weise bezieht sich diese Feststellung auch auf die Erziehungs- und Bildungssysteme, sowie deren Instrumente.
Es muß deshalb die Frage nach den Möglichkeiten gestellt werden, die Balance und Harmonie von subjektiver und objetiver Wirklichkeit für den Einzelnen und die Gemeinschaft als große Leistung traditioneller Sozialisationsträger im Sinne einer Lehre zu verstehen und sie in den Trägern moderner – vornehmlich sekundärer und tertiärer Sozialisation – anzuwenden.
Dem erziehungs- und gesellschaftswissenschaftlichen Charakter der Arbeit entsprechend – Erziehung als und in Funktion zur Gesellschaft – spielen die historischen, ökologischen, wirtschaftlichen, sozialen und kulturellen Entwicklungen des Beispiels Indonesiens eine bedeutende Rolle; zur Eingrenzung der Möglichkeiten erziehungswissenschaftlicher Theorie und Praxis ebenso, wie zur fachbezogenen Ermutigung zu übergreifender Verständnis- und Handlungsbestimmung.

I. Teil
Die Entwicklung des indonesischen Archipels

Ökologische, kulturgeographische und historische Gesichtspunkte

Die Entfaltung gesellschaftlicher Prozesse steht in engem Zusammenhang mit den natürlichen Bedingungen, die einen bestimmten geographischen Raum kennzeichnen. Die Geschichte des indonesischen Archipels wurde wesentlich durch die geographische Lage und die ökologischen Gegebenheiten bestimmt, die als wichtige Faktoren der spezifischen sozialen, kulturellen, ökonomischen und politischen Entwicklung wirkten.

Ökologische Gegebenheiten

Der indonesische Archipel[8] umfaßt 6.247.500 km², davon mit 1.249.500 km² ein Fünftel Land- und mit 4.998.000 km² vier Fünftel Seefläche. Die Größe des indonesischen Staatsgebietes läßt sich durch einen Vergleich mit der Bundesrepublik veranschaulichen, die etwa 25 mal darin unterzubringen wäre. Die größte Distanz in der Ost-Westachse beträgt 5.100 km, die der Nord-Südachse 2.000 km.[9]
Indonesien liegt zwischen 95° 05' westlicher und 141° östlicher Länge, sowie zwischen 5° 53' nördlicher und 10° 45' südlicher Breite.[10]
Die indonesischen Inseln trennen den indischen vom pazifischen Ozean. Von insgesamt 13.677 Inseln werden die Hauptinseln Sumatra, Java, Bali und Nusa Tenggara zur Gruppe der Inseln des indischen Ozeans, Kalimantan, Sulawesi, die westliche Hälfte IrianJayas (Neuguinea) und die Malukus zur Gruppe der pazifischen Inseln gezählt.[11]
Der Äquator verläuft in der oberen Hälfte des Archipels; das tropische Klima ist durch annähernd konstante Wärme um 26° bis 30° sowie durch heftige Regenfälle gekennzeichnet. Es wird zwischen Trocken- und Regenzeit unterschieden; letztere in den Monaten von November bis März.
Die weitaus größten Teile Sumatras, Kalimantans und West-Irians

8 Als Basis der o.g. Zahlen wurden die derzeitigen Staatsgrenzen der Rep. Indonesia verwendet.
9 s. Karten im Anhang
10 Geographische Daten aus: „Handbook Indonesia 1974“, Informationsministerium Jakarta 1975
11 Namen und geographische Bezeichnungen werden in der aktuell gültigen indonesischen Schreibweise angegeben.

sind mit nutzfähigem tropischen Wald bewachsen, der an den Küsten meist in Sumpf übergeht.
Zusätzlich zu den dichten Dschungeln wird das Land durch ungezählte Vulkane bis zu 4.000 m, tiefe Schluchten und kaum befahrbare Flüsse unwegsam und zum Teil undurchdringlich. Auf Java werden zur Zeit siebzehn, auf Sumatra zehn tätige Vulkane gezählt. 1883 entstand, Java vorgelagert, durch eine gewaltige Eruption der Vulkan Krakatau. 40.000 Küstenbewohner fanden dabei den Tod. Der über 3.000 m hohe Vulkan Gunung Agung auf Bali explodierte zuletzt 1963 und zerstörte eine große Anzahl umliegender Dörfer und Felder. Zwei schwere Erdbeben auf Bali und Irian kosteten 1976 über zehntausend Menschenleben.
Der verheerenden Kraft der Vulkane steht die extreme Fruchtbarkeit von Lava und Asche gegenüber. Fauna und Flora werden in Vielfalt und Üppigkeit nur von wenigen anderen Gegenden der Erde erreicht.

Vorbemerkung zum historischen Exkurs

Die Bedingungen einer Gesellschaft, einer Gruppe oder eines Individuums zu erkennen, ist Voraussetzung für die Betrachtung eines jeweiligen Entwicklungsprozesses aus pädagogischem Blickwinkel. Die psychosozialen, kulturgeographischen und zivilisationshistorischen Bedingungen sollten besonders dann im Vordergrund stehen, wenn die Betrachtung im Hinblick auf künftige konzeptionelle und praktische pädagogische Arbeit unternommen wird.
Die Frage ‚wie es dazu kommt‘ hat im erziehungswissenschaftlichen Zusammenhang zumindest dieselbe Bedeutung wie die Feststellung dessen, ‚wie es ist‘.
Böhme[12] schreibt: „Es bleibt die Aufgabe der Pädagogik, dem Menschen zu helfen, daß er zu sich selbst komme.“ Erweiternd kann diese Auffassung so interpretiert werden, daß es ebenfalls zu den Aufgaben der Pädagogik gehört, danach zu fragen, woher der Mensch denn kommt, bevor er zu sich kommt, wie er daher kommt und wo er hinkommen möchte – und als Gesichtspunkt gewollter Selbst- und unvermeidbarer Fremdbestimmung – auch hinkommen sollte.
„Der richtige Begriff der Vermittlung basiert somit auf der Einsicht in das ‚Werden‘, in den Prozeßcharakter allen Seins“.[13]
Ein nur mit groben Fakten und Daten dargestellter Übergang von

12 Böhme, G., „Die philosophischen Grundlagen des Bildungsbegriffes“, Saarbrücken 1976, S. 9
13 Kofler, L., „Geschichte und Dialektik“, Hamburg 1955 (zit. n. d. 2. Aufl. 1970, Marxismus-Verlag, Oberaula), S. 44

der ‚Alten Zeit‘ zur ‚Neuzeit‘ kann keine Entwicklung zu den Normen und Werten der indonesischen Gesellschaft aufzeigen.
Der nachfolgende Versuch einer historisch-deskriptiv und analytisch vorgehenden Skizzierung des indonesischen Entwicklungsprozesses erscheint daher im Sinn Hegel'scher Logik einer „Theorie der Wirklichkeit“ notwendig.[14]
Dieser Prozeß beginnt bei den ersten Beweisen menschlicher Existenz, der Besiedlungsgeschichte des Archipels und zieht sich über Hinduisierung, Islamisierung, Kolonialismus, Imperialismus und Unabhängigkeit bis hin zur aktuellen Gegenwart und künftigen Entwicklung, deren Verlauf unter Mithilfe pädagogischer Arbeit gestaltet werden soll.
Immer im Hinblick darauf, daß der Mensch sich die Natur durch Arbeit aneignet und damit seine eigene Natur verändert, wobei „sein Lebensprozeß keine Anpassung an ein ökologisches Gleichgewicht (ist), sondern eine dauernde, permanente Störung, ein Eingriff in dieses Gleichgewicht“,[15] bedeutet.

Historischer Exkurs: Kulturgeographische und zivilisationshistorische Gesichtspunkte

Bei der Verfolgung der Besiedlungsgeschichte des indonesischen Archipels ist es notwendig, das südostasiatische Festland miteinzubeziehen. Geologisch ist Südostasien von Innerasien durch nahezu unüberwindliche Gebirgszüge getrennt, die vom Himalaya in süd-östlicher Richtung bis an den pazifischen Ozean reichen. Die großen Flüsse Mekong, Menam, Salween, Irawaddi und Chindwin verlaufen deshalb in nord-südlicher Richtung und schufen fruchtbare Täler und Mündungen zum Meer, an deren Ufern sich bereits zur Vorzeit Siedlungen bildeten.
Das geometrisch nahezu rechtwinklige Verhältnis von Gebirgsketten zu Flußläufen behinderte einerseits Völkerwanderungen aus Innerasien und begünstigte andererseits die von Norden nach Süden verlaufenden Wanderungen späterer Gebirgsstämme hin zu den fruchtbaren Ebenen und Flußmündungen. Der Bau einfacher Boote genügte, um auf der ruhigen Meerenge von Malakka nach Sumatra überzusetzen und über das gleichfalls wenig bewegte südchinesische Meer nach Kalimantan und Java zu gelangen.[16]

14 ders., zitiert nach: Jouhy, E., „Das programmierte Ich“, München 1973, hier: 2. Ausg. als Syndikat-Reprise, Frankfurt, 1976, S. 15 ff.; Kofler, L., a.a.O., S. 32; vgl. auch Marx, K., „Einleitung zur Kritik der politischen Ökonomie“

15 Jouhy, E., „Children in Polluted Environment“, in „Pollution: Danger and Challenge of modern Society“, Rom und Ravenna 1979, S. 75 (Tagungsbericht der Friedrich Naumann Stiftung)

16 vgl. Karte im Anhang

Bevor jedoch der indonesische Archipel Beeinflussungen durch die Nord-Südbewegungen – des Neolithikums – erfuhr, existierte eine in Zahl und Vorbereitung wenig fixierte Urbevölkerung, die zu den seltensten Spuren menschlicher Existenz überhaupt gehört. In einem in der Nähe des heutigen Solo (Zentral-Java) gelegenen Tal entdeckten die Wissenschaftler Eugene Dubois und von Königswald den – so bezeichneten – Pithecantropus Erectus und Homo Modjokertensis[17] – Knochen und Schädel eines Alters, das mit ca. 1,5 Millionen Jahren angegeben wird. Äußere Merkmale führten dazu, daß diese Funde in Beziehung zu Sinanthropus und Homo Pekiensis[18] gesetzt wurden.
Aussagen über Lebensweise und soziale Organisationsformen sind indes kaum möglich, da die entdeckten Knochen aus einer Sekundärfundstelle stammen, d.h. in diesem Fall ein Fluß die Knochen vom Ursprungsort weggetragen und an einer entfernten Flußbiegung angeschwemmt hat. Es fehlen insofern andere Reste wie Werkzeuge, Kohle etc., die weitergehende Schlüsse – über das Paläolithikum Südostasiens – erlauben.
Die eigentliche Besiedlung Südostasiens und des indonesischen Archipels geschah während des Neolithikums. Die Schweizer Ethnologen Fritz und Paul Sarasin[19] erstellten die These zweier Völkerwanderungen in den malayisch-indonesischen Raum[20]; die der ‚Proto-Malayen' mit fortgeschrittener neolithischer Kultur, sowie die der ‚Deutero-Malayen' mit Eisen und Bronzekultur.[21] Die heutige Literatur verwendet statt dessen die Begriffe ‚Altindonesier' und ‚Jungindonesier', da die Bezeichnung ‚Malayen' nur der jüngeren Volksgruppe als Hochkulturträger zukommt.[22]
Kern[23] gibt den Herkunftsort der malayisch-indonesischen-neoli-

17 vgl. Hall, D.G.E., „A History of South-East Asia", 3. Ausgabe, London 1975, S. 5
18 Suleiman, S., „Concise Ancient History of Indonesia", Jakarta, 1974, S. 1
19 Sarasin, F. und P. E., „Reisen in Celebes", 1905
20 Eine klare Trennung zwischen politischen, geographischen und kulturbezogenen Bezeichnungen bestimmter Phänomene und Ereignisse desselben geographischen Gebietes – Südostasien – läßt sich nicht immer ziehen; zur besseren Übersicht wird daher auf die Karten im Anhang verwiesen.
21 vgl. Karte im Anhang ‚Völkerwanderungen in Südostasien'
22 Nevermann, H., „Indonesien" in Völkerkunde, Fischer Lexikon, Frankfurt 1959, Ausgabe 1963, S. 65
Zur Verfolgung der Beweisführung verschiedenster Theorien über die Urbevölkerung und Wanderungen in Südostasien wird auf nachfolgende Literatur verwiesen.
Coedes, G., „Les Etats Hindouises d'Indochine et d'Indonesie", Paris 1948, Überarbeitete Ausgabe, Paris 1964; Heekeren, H.R. van, „The Bronce-Iron Age of Indonesia" Verhandelinge van het Koniklijk Instituut voor Taal-, Land- en Volkerkunde, Deel 22 Gravenhage 1958; Heine Geldern, R. von, „Urheimat und früheste Wanderungen der Austronesier", Anthropos XXVII, 1932; Loeb, Edwin M., „Sumatra, Its History and People", engl. Ausgabe Oxford University Press, 2. Ausg. 1974, Erstveröffentlichung beim Verlag des Instituts für Völkerkunde, Wien 1935; Schmidt, F.W., Festschrift für „Ein Beitrag zur Chronologie des Neolithikums in Südostasien", 1938
23 Kern, J.H.C., „Verspreide Geschriften", The Hague, 1913-1928 (15 Bde.)

thischen Kultur aufgrund linguistischer Übereinstimmungen als in Champa, Cochin-China und Cambodia[24] liegend an, wobei Heine-Geldern[25] als Herkunftsort mehr von den Quellpunkten der großen südostasiatischen Flüsse im süd-westlichen China spricht und den Zeitpunkt vorverlegt.

Zahlreiche Fundstellen entlang der etwa zweitausendjährigen Wanderung von Norden nach Süden belegen die zivilisatorische Weiterentwicklung und eine relativ dichte Besiedlung. Die sogenannte ‚Vierkant-Breitaxt-Kultur' ging einher mit der Fertigung ornamental reich verzierter unglasierter Bandkeramik-Töpferware. Die neolithische Bevölkerung Javas, Sumatras und Sulawesis lebte in Pfahlbauten aus Bambus, Holz und Rotan in Ansiedlungen bis zu 1.000 Menschen. Als ergiebigste archäologische und ethnologische Quelle gelten die etwa 4 bis 6 Meter hohen und bis zu 60 Meter langen Abfallhaufen aus Muscheln, Seeschnecken, Knochen u.a., die vor allem an der Küste Nordsumatras gefunden wurden.[26] Aus diesen, heute durch geologische Veränderungen mindestens 10 km im Landinneren, ehemals in den seichten Küstengewässern gelegenen Haufen, läßt sich sowohl die Zahl der Pfahlbautenbewohner, eine Reihe ihrer Gewohnheiten, als auch die ungefähre Zeitdauer ihrer jeweiligen Anwesenheit rekonstruieren. Die kunstvoll gefertigten Breitäxte, – vielleicht zu rituellen Zwecken benutzt – die Vorliebe für geschliffene Halbedelsteine, z.T. bis heute überlieferte Totenrituale, Viehzucht, Fischfang, astronomische Grundkenntnisse, der Anbau von Obst und Gemüse, das Brauen von Gerstenbier und Reiswein, das bis heute erhaltene und aus mythischen Gründen benutzte halbmondförmige Messer zur Reisernte (ani-ani) – diese Details der im ganzen doch unterschiedlichen Kulturen der indonesischen Inseln verweisen auf gemeinsame Elemente.

Das Gemeinsame einer sich auch später unterschiedlich entwickelnden Kultur wird vervollständigt durch Funde, die auf Ahnenverehrung, Erdgötter, Bestattungsriten, sowie auf eine Mythologie kosmischen Dualismus verweisen. Krom[27] führt schließlich die bereits während des Spätneolithikum vorhandenen und dem heutigen ‚gamelan' vergleichbaren Schlaginstrumente und die Kunst der Batikfärberei auf. Den Exkurs über die frühe Besiedlung und die Anfänge zivilisatorischer Entwicklung auf dem indonesischen Archipel abschließend, soll auf die Feststellung Wert gelegt werden, daß bereits im letzten Jahrhundert vor der christlichen Zeitrechnung eine eigene und in

24 vgl. Karte im Anhang

25 Heine-Geldern, R. von, „The Archeology and Art of Sumatra", Aufsatz in Löb Edwin M., a.a.O., S. 307 ff.

26 Heine-Geldern, R. von, a.a.O., S. 306

27 Krom, N.J., „Hindoe-Javansche Geschiedenis", Gravenhage, 1931, S. 47 f.

allen Aspekten menschlicher Existenz entwickelte Kultur vorhanden war.
Kontakte mit der hinduistischen Kultur Indiens und mit der buddhistischen Chinas im Verlauf des nachfolgenden Jahrtausends hatten zweifellos stark prägenden, aber nicht kulturgründenden Charakter. Diese Feststellung erscheint insofern wichtig, als der indonesische Archipel, regional stark unterschiedlich, zwar bis in die heutige Zeit häufig von anderen Kulturen Beeinflussungen erfuhr, stets jedoch den eigenen Charakter und Gehalt der Werte und Normen erhalten hat.
Die Geschichte des indonesischen Archipels wurde im Großen und Ganzen von indischen, chinesischen, europäischen usw. – jedenfalls ausländischen – Gelehrten geschrieben, was der Grund dafür sein mag, daß in den historischen Darstellungen und Analysen die epochenhaft zusammengefaßten Fremdbestimmungen prioritär sind und nicht die kontinuierliche Entwicklung der lokalen materiellen und immateriellen Kultur aufgezeigt wurde.

Die Entwicklung von der politisch unabhängigen Dorfstruktur zum übergeordneten Staatsgefüge

Grundsätzlich sind zwei agrarische Anbaumethoden zu unterscheiden; einerseits die einmalige Bebauung des Bodens nach Brandrodung mit der Folge nomadisierenden Wandertums, sowie andererseits Bewässerungsanbau mit beständiger Seßhaftigkeit.
In großen Teilen des indonesischen Archipels mußte aufgrund ökologischer Bedingungen und nicht hinreichender agrartechnologischer Kenntnisse Wald durch Verbrennung gerodet werden, um agrarisch nutzbare Felder für den Anbau von Trockenreis zu bekommen (Ladang-System). Dieses Bewirtschaftungssystem bringt nach kurzer Zeit eine Erschöpfung des Bodens und das Weiterziehen der vom Ertrag abhängigen Bevölkerung mit sich. In diesen Gebieten, hauptsächlich Kalimantan und West-Irian, konnte sich – z.T. bis heute – keine soziale Organisation entwickeln, die wesentlich über die Gewährleistung der unmittelbaren Reproduktion hinausgegangen wäre, oder zum Beispiel eine überregionale oder zentrale Machtinstanz hätte anerkennen können.
Reisanbau mittels bewässerter Felder (Sawah-System) hingegen gestattete Seßhaftigkeit und bewirkte die stärkere Entwicklung von Kleinhandwerk und bäuerlichem Leben. Grund, Boden und Ertrag wurden gemeinschaftlich bebaut, geerntet und verbraucht.
Eigentümer war die einzelne und landnehmende Familie, Nutznießer das ganze Dorf. Priester, geistliche Führer, oder mythisch überhöhte Autoritäten waren von der unmittelbaren Arbeit im Produktionsprozeß freigestellt und lebten vom geringen Mehrertrag des Dorfes aus

dem Kleinhandel mit benachbarten Dörfern. Die dörfliche Einheit wurde auch dann nicht gesprengt, wenn eine solche geistliche Autorität zu regionaler Bedeutung gelangte. Diese Situation einer kulturell-regionalen Zusammengehörigkeit und ökonomisch-lokalen Eigenständigkeit änderte sich erst, als hinduistische Mönche in Begleitung indischer Händler den indonesischen Archipel auf dem Land- oder Wasserwege erreichten. Zwischen den letzten Beweisen der autochtonen Kultur und den ersten hinduistischen Beeinflussungen liegen knapp fünfhundert Jahre. Der chinesische Pilgermönch Fa-Hsien, ein Buddhist, berichtet aus dem Jahre 414 n.Chr. auf seinen Reisen durch die indonesischen Hauptinseln weite Verbreitung des Brahmanismus-Hinduismus vorgefunden zu haben. Die Literatur geht allgemein von der Vermutung aus, daß Fa-Hsien einen hinduistischen Staat auf Java beschreibt.[28]

Beweiskräftiger sind indes vier in der Umgebung des heutigen Jakarta und Bogor (Westjava) gefundene Inschriften, die in das fünfte Jahrhundert unserer Zeitrechnung datiert werden und in Sanskrit den Namen und einige Taten des Königs Purnawarman beschreiben[29]. Andere Sanskrit-Inschriften wurden im östlichen Teil Kalimantans entdeckt.

Was war geschehen, bzw. wodurch mag die Entwicklung des unabhängigen Dorfes zum Teil eines Staatsgefüges verursacht worden sein?

Die hinduistischen Mönche kamen aus dem zur damaligen Zeit agrartechnisch bereits weiterentwickelten Indien. Sie hatten die indonesischen Inseln friedlich betreten und brachten neben einer religiösphilosophischen Gelehrsamkeit praktisches Wissen zur Verbesserung der landwirtschaftlichen Produktion aus einer klimatisch nicht entscheidend unterschiedlichen Gegend. Die konkreten Informationsvorsprünge der Brahmanen, vor allem in der komplizierten Bewässerungstechnik der Reisfelder, wurden von der dörflichen Bevölkerung aufgegriffen und bewirkten einen Mehrertrag der agrarischen Produktion. Dieser Mehrertrag war zunächst nicht unmittelbar verwertbar; Lagerung für schlechtere Zeiten schied aus klimatischen und technologischen Gründen aus. Ebenso ein zwischendörflicher Handel, da aus Gründen der wirtschaftlichen Unabhängigkeit und Selbstversorgungsmöglichkeit kein Handel mit agrarischen Produkten getrieben wurde.

Wesentlich an diesem Mehrertrag ist, daß er nicht durch vermehrte Arbeitsleistung sondern durch eine komplizierte Organisationsform – hier der Bewässerungssysteme – erwirtschaftet wurde und, daß er nicht unmittelbar durch die Produzierenden selbst verwertbar war.

Dadurch, daß mehr Menschen ernährt werden konnten, als zur unmittelbaren Produktion notwendig waren, war die Voraussetzung für

28 Hall, D.G.E., a.a.O., S. 21 und S. 38
29 Suleiman, S., a.a.O., S. 14; Hall, D.G.E., a.a.O., S. 37

eine differenzierte gesellschaftliche Organisationsform geschaffen. Die zunehmend komplizierter werdenden Bewässerungssysteme, die in der weiteren Entwicklung mehrere Dörfer auf nützliche Weise verbanden, machte gleichzeitig deren Kontrolle und Verwaltung notwendig.

Die Gesellschaft begann sich in Klassen zu teilen. Die Dorfbewohner lebten als Produzierende weiter und – der Komplexität der Aufgabe entsprechend – ihnen übergeordnet die Administratoren der Produktion, die an der eigentlichen Feldarbeit nicht mehr beteiligt waren.

Auf diese Weise bildete sich in relativ kurzer Zeit eine Schicht von Beamten, die z.T. aus Priestern bestanden und direkten Einfluß über große und fruchtbare Teile des Landes und damit auf die Bevölkerung bekamen. Die in der Folgezeit herrschende Klasse gründete ihre Position nicht, wie z.B. in Europa, auf das Eigentum und die Verfügungsgewalt am Land, sondern auf eine übergeordnete Verwaltungstätigkeit und den allseits als berechtigt angesehenen Anspruch auf den dadurch erwirtschafteten Mehrertrag.

Weiteres Merkmal der neuentstandenen und übergeordneten Beamtenklasse war die Fähigkeit zur Schrift, die vor den ersten Kontakten mit hinduistischen oder buddhistischen Mönchen unbekannt gewesen war. Das durch Schrift festgehaltene Wissen, sowie die Möglichkeit durch Briefe und Bücher aus zusammengehefteten Lontar-Blättern über große Entfernungen zu kommunizieren, muß der indonesischen Bevölkerung wie ein begehrenswerter Kult vorgekommen sein, dessen Nutzen besonders von Händlern und regionalen Autoritäten rasch erkannt wurde. Die Beherrschung der Schrift wurde als deutliche Überlegenheit verstanden, der die indigenen Priester nichts entgegenzusetzen hatten, die aus verständlichem Machterhaltungsinteresse alles daransetzten, diese Fähigkeit ebenfalls zu erlangen. An den Höfen vornehmlich regionaler Autoritäten entstanden Zentren von Bildung und Kultur; der aufblühende Handel zwischen Binnenland und Küste, sowie zwischen den einander naheliegenden Dörfern stellte das Leben in einen größeren Zusammenhang.

Die Welt hörte nicht mehr hinter dem nächsten Vulkan auf, sondern bestand aus einer Vielzahl von neuen Ereignissen, Erlebnissen und Konfrontation mit Fremdem und Fremden, die das Dorf als soziale, kulturelle und ökonomische Einheit sprengten.

Zwangsläufig bahnte sich dadurch eine Veränderung der politischen Organisation vom Dorf als bislang größter politischer Einheit zu übergreifenden Staatsformen an. Entscheidend dafür, daß diese Entwicklung in monarchistische Staatsformen mündete, war der Einfluß hinduistischen Gedankenguts. Villiers[30] schreibt, daß „die indische Auf-

30 Villiers, John, „Südostasien vor der Kolonialzeit", Fischer Weltgeschichte Bd. 18, Frankfurt 1965, S. 84

fassung göttlichen Königtums, die Meinung, daß die Könige die Verkörperung der Götter auf Erden waren und daher Mittler zwischen Himmel und Erde sein konnten, eine Idee (war), die als Ganzes von Völkern übernommen werden konnte, deren Häuptlinge geistliche Autorität hatten und die man in vielen Fällen als Verkörperung der Erdgottheit ansah."

Die geistliche Autorität erweiterte sich also unter dem Einfluß des Hinduismus um den Bereich irdischer Herrschaft. Herausragende Clanhäupter und anerkannte geistliche Autoritäten wuchsen quasi von alleine, bzw. ohne als gesellschaftliche Erschütterung empfundene Anstrengung in die Rolle, Funktion und Aufgabe von überregionalen Herrschern.

Getreu dem Vorbild der mächtigen indischen Dynastien trugen die neuen Herrscher vornehmlich Javas und Sumatras alsbald Titel wie ‚sarvabhauma' (Eigentümer des Erdkreises) oder den noch heute am Hof des Sultans von Jogjakarta geführten Titel ‚paku alam' (Nagel der Welt).

Der ‚radja' (Herrscher) war zum irdischen Vertreter des alles beherrschenden Göttlichen geworden, weshalb das neue System politischer und sozialer Ordnung als göttlich gewollt erschien. Die besonderen Kenntnisse der Beamtenschaft über Gesetzmäßigkeiten der Natur blieben im Bewußtsein der Bevölkerung Zeichen für den direkten und fruchtbringenden Kontakt zu den Göttern. An den höfischen Zentren wurde Sanskrit gesprochen und alles Wissenswerte in Sanskrit aufgeschrieben, was als Monopol der priesterlichen Administration galt. Das dörfliche Leben bildete die Fertigkeiten landwirtschaftlicher Produktion aus, das höfische Leben die Fähigkeit zur Verwaltung und Organisation von Arbeit und Ressourcen. Die Bildung von Königreichen auf Java und Sumatra erfolgte nicht aufgrund gewaltsam durchgesetzter Herrschaftsansprüche, sondern erschien der dörflichen Bevölkerung als harmonische Entwicklung zum Nutzen und zur zivilisatorischen Erhöhung eines von ihnen getragenen größeren Ganzen. Die gesteigerte agrarische Produktion finanzierte nicht nur die Lebensbedürfnisse von Beamten und Herrscherhof, sondern ermöglichte die Entfaltung überregionaler Planungstätigkeit; große Bewässerungskanäle und Straßen wurden gebaut, Binnen- und Seehandel intensiviert.

Die als ‚klassisch' bezeichnete Epoche der indonesischen Geschichte reicht von den ersten hinduistisch beeinflußten Staaten Funans und Tarumas[31] im 2. bis 6. Jahrhundert n.Chr. bis zur endgültigen Niederlage des hinduistisch-buddhistischen Reiches Madjapahit durch den Sieg des islamischen Staates von Demak[32] zu Anfang des 16. Jahrhunderts.[33]

31 vgl. Karte Nr. II
32 vgl. Karte Nr. IV
33 vgl. Zeittafel im Anhang

Während dieser mehr als tausend Jahre währenden vorwiegend indisch-hinduistisch, mit geringen Auswirkungen auch chinesisch-buddhistisch beeinflußten Epoche, entwickelten sich die später nur noch variierten und größtenteil heute noch gültigen Werte, Normen, Daseinsvorstellungen und Lebenserwartungen der indonesischen Archipelbewohner.
Besonders hervorzuheben ist in diesem Zusammenhang die Fähigkeit der Archipelbewohner zum Synkretismus als persönliche und gesellschaftliche Leistung; die animistischen Vorstellungen der indigenen Kultur verbanden sich mit der hinduistischen Religion und Myhtologie. Autochtone Schöpfungsgeschichten fanden Eingang in das hinduistische und zum Teil buddhistische Weltbild.
Bestes Beispiel hierfür sind die großen indischen Epen ‚Ramayana' und ‚Mahabharata', deren unzählige Einzelgeschichten in entsprechender Modifikation Gegenstand des indonesischen Schatten-, Puppen- oder Maskenspiels ‚wayang' sind.[34] Die harmonische Verbindung selbst gegensätzlicher oder aus europäischer Sicht einander sogar ausschließender Elemente, Gedanken oder Handlungen entwickelte sich in der klassischen Epoche Indonesiens zum Ideal menschlicher Existenz, dem alles Ungleichgewichtige, Unbalancierte oder einseitig Prononcierte untergeordnet ist.
Synkretismus als Lebensvorstellung oder harmonisches Leben als Voraussetzung für glückliches Leben – Harmonie nicht als Zufall, sondern als persönliche Leistung, als Erfolg der eigenen Lebensgestaltung und insofern einzig mögliche Begegnung und individuelle Erwiderung gegenüber dem scheinbar alles bestimmenden Schicksal, also nicht Harmonie und Glück durch Leistung und Erfolg, sondern als Leistung und Erfolg.[35]
Dieses Grundverständnis einer so gearteten Ordnung irdischer und außerirdischer Existenz spiegelt sich vielfältig in der Ausgewogenheit der Kultur, speziell der Musik, der Tänze und der Schattenspiele ebenso wieder, wie in den Bräuchen, Regeln und Vorschriften des täglichen Lebens, dem ‚adat', das nur annähernd richtig mit Gewohnheitsrecht übersetzt ist.[36]
Inwieweit die ökonomischen, sozialen und kulturellen Veränderungen der indonesischen Hindu-Epoche nicht nur strukturgebend für die Weiterentwicklung, sondern noch heute maßgeblich sind für die

34 bez. einer umfassenderen Darstellung des ‚wayang', vgl. S. 63 ff.

35 vgl. Anderson, Benedict „Wayang and the Tolerance of Javanese", dem Verf. i.d. Kopie d. Orig. Manuskripts vorliegend; veröffentlicht i.d. Halbjahreszeitschrift „Indonesia", Cornell University, Ithaca 1965

36 zu ‚adat' vgl. Haar, B., „Adat Law in Indonesia", New York Institute of Pacific Relations, 1948; Schrieke, B., „Indonesian Sociological Studies", Teil I, 2. Aufl. Bandung, 1960; Alisjahbana, S.T., „Indonesia: Social and Cultural Revolution", Oxford in Asia, 2. Ausgabe, Kuala Lumpur, 1969

Betrachtung und Analyse von dörflicher Sozialisation und traditoneller Erziehung, soll eingehender im zweiten Abschnitt dieses Buches behandelt werden.

Die Entwicklung von der Islamisierung zur Kolonisierung und zur heutigen Unabhängigkeit

Der Islam erreichte Südostasien über die Handelswege und Seestraßen, vor allem durch die Straße von Malakka, die den indonesischen Archipel vom Festland trennt[37]. Verbreitet wurde der Islam weniger durch arabische Kaufleute und Prediger, als durch islamisierte Inder, hauptsächlich durch die ‚Gujaratis', die Völker von Cambrey[38]. Marco Polo bestätigt in seinen Reiseberichten die Existenz islamisierter Staaten an den Küsten der malayischen Halbinsel und Sumatras[39]. Die Herrscher der vorislamischen indonesischen Reiche zogen sich zumeist kampflos in das Landesinnere Sumatras, Kalimantans und Javas zurück, wobei der hinduistische Rückzug Javas in der Übersiedlung nach Bali endete, das noch heute vorwiegend hinduistisch ist.
Zu Beginn des 16. Jahrhunderts war die Islamisierung des indonesischen Archipels abgeschlossen. Die Gründe für diese rasche und tiefgreifende Islamisierung hängen zum Teil mit der Entwicklung der ehedem hinduistischen Staaten selbst zusammen, zum anderen mit weltgeschichtlichen Ereignissen im Zusammenhang der großen Weltumsegelungen und Entdeckungen des 15. und 16. Jahrhunderts.
Die hinduistischen und buddhistischen Reiche zerfielen quasi durch sich selbst; höfisches Leben und religiöse Praktiken hatten sich auf der Basis wirtschaftlichen Wohlstands extrem verfeinert und führten ein von der Masse der Bevölkerung abgehobenes Dasein. Die letzten großen Reiche Majapahit und Pajajaran zerfielen 1478 und 1580[40,41]. Der Großteil der alten hinduistischen und buddhistischen Klöster hatte zumeist schon vorher den Islam anerkannt und war seinerseits zu neuen Missionszentren geworden.
Die islamischen ‚walis', die heiligen Männer, wetteiferten zunächst mit den hinduistischen ‚ajars', den Eremiten, in asketischen Exer-

37 vgl. Karte Nr. V + VI

38 ‚Gujaratis' waren die Bewohner eines Gebietes um das heutige Bombay, die 1403 einen unabhängigen islamischen Staat gegründet hatten.

39 Sievers, Allen M., „The Mystical World of Indonesia – Culture and Economic Development in Conflict", Baltimore and London, 1974, S. 39

40 vgl. Zeittafel i. Anhang

41 Alisjahbana, T.S., a.a.O., S. 11
Die erhaltenen und dank umfassender Hilfe der Weltöffentlichkeit restaurierten Tempel ‚Borobudur' (buddhistisch) und ‚Prambanan' (hinduistisch) in Zentraljava waren nie zu Mittelpunkten allgemeiner Anbetung geworden, sondern gehörten zum Umkreis höfischen Lebens. Vgl. dazu Wickert, J.D., „Borobudur", Jakarta 1974, S. 27 f.

zitien und Wundertaten und zogen damit von Dorf zu Dorf. Strenge Befolgung religiöser Vorschriften wurde zur hinduistischen wie zur islamischen Zeit nur an den Herrscherhöfen und z.T. in den handelstreibenden Klassen geübt. Gleichwohl waren die tägliches Leben regelnden Suren des Koran mit ihren zum Teil sehr konkreten Handlungsvorschriften, Ratschlägen und Erklärungen von vornherein für jeden Dörfler verständlich und damit auch anziehender als die philosophischen, der Realität entrückten hinduistischen Betrachtungen.
Der entscheidende Unterschied des Islams sowohl zum indigenen Weltverständnis, als auch zu Hinduismus und Buddhismus war die spezielle Vormachtstellung des Menschen über den Tieren und Pflanzen, die in der traditionellen Mystik untereinander austausch- und verwandelbar waren.
Hinzu kam eine wirtschaftliche Strukturveränderung dadurch, daß im Zuge der ökonomischen Dynamisierung auf einigen Inseln der Molukken und in wichtigen Gebieten Sumatras mit dem Monokulturanbau der in Europa und im Vorderen Orient begehrten Gewürze (Pfeffer, Nelken, Zimt) begonnen worden war. Entscheidender wirtschaftlicher Faktor war also nicht mehr das ehedem selbstversorgende Dorf, sondern waren die Hafenstädte und Handelsplätze, denen die Regelung von Absatz und Produktion oblag.
Für die Islamisierung wurde diese Entwicklung insofern bedeutsam, als die Islamisierung fest mit dem Handel verbunden war und die Kontrolle der zuerst bekehrten Küstenstreifen zugleich die Beherrschung des Hinterlandes und der entfernter gelegenen Inseln bedeutete.
Der Zusammenhang von indonesischer Islamisierung zu anderen weltgeschichtlichen Ereignissen ergibt sich aus der Situation Europas, wo die traditionellen Handelsmächte Portugal, Spanien, England und Holland durch den Aufstieg des Türkenreichs und der damit verbundenen Blockade nach Osten gezwungen waren, neue Seeverbindungen und Märkte zu suchen, um die innereuropäischen Machtinteressen erfolgreich vertreten zu können. Es war die Zeit der großen Entdeckungen und Weltumsegelungen und der Besitznahme ganzer Kontinente.
Die Portugiesen erreichten den unterdessen mächtig gewordenen Handelsstaat Malakka[42] zum erstenmal 1509 und erkannten dessen ökonomische Schlüsselposition. Der Portugiese Albuquerque besiegte 1511 trotz aller Widerstände Malakka und unterwarf die gesamten Molukken-Inseln zwischen 1513 und 1530 der portugiesischen Oberhoheit. Auf diese Weise erreichte Portugal als erste der späteren kolonialen Großmächte eine Monopolstellung auf dem europäischen

42 vgl. Karte V im Anhang

Markt für chinesische und südostasiatische Luxuswaren – hauptsächlich für Porzellan und Gewürze.
Die Machtinteressen innerhalb der europäischen Staaten des 16. und vor allem des 17. Jahrhunderts ließen jedoch eine portugiesische Vormachtstellung im Fernosthandel und bezüglich der südostasiatischen Besitzungen nicht zu. Die holländische Kaufmannschaft, bisher nur Zwischenhändler auf dem europäischen Markt, drängte nach Veränderung zu ihren Gunsten und geriet dadurch in Konkurrenz mit England.
Die erste holländische Expedition erreichte 1596 das Sultanat Aceh an der Nordspitze Sumatras, das Sultanat Banten in Westjava, sowie die Inseln Madura und Bali.
Dem anfänglich privaten Interesse der Kaufmannschaft entsprach es, weder christlich missionarisch tätig zu werden, noch territoriale Ansprüche zu stellen, sondern sich das Wohlwollen der jeweils angetroffenen Herrscher im Interesse künftiger Handelsbeziehungen zu sichern.
Dies änderte sich rasch; bereits 1602 gründete die holländische Krone die „Vereinigte Ostindische Compagnie" (VOC) mit weitreichenden Vollmachten, die von der Errichtung offizieller Handelsplätze bis zur Kriegsführung zwecks Durchsetzung der selbst formulierten Interessen reichten. Portugal mußte dem holländischen Einfluß weichen und schon 1605 fiel die Inselkette der Molukken, da sich Unterhändler der holländischen Krone von Anbeginn ihrer Bemühungen auf Kooperation mit den islamischen Händlern und Sultanen konzentrierten und Portugal dadurch auf die noch existenten aber wirtschaftlich unbedeutenden Hindu-Reiche verwies. 1619 gründete Holland den Stützpunkt Batavia, das heutige Jakarta und Hauptstadt der Republik Indonesia.
Die erfolgreiche Methode der VOC zur Sicherung ihrer Interessen bestand darin, eine Vormachtstellung auf dem innerinsulären Handelsverkehr und auf dem Nahrungsmittelsektor zu erreichen. Sanktionen wirkten sich dadurch auf die Gesamtbevölkerung der Inseln aus. Das damalige Reich Mataram mußte sich der dirigistischen und auf den europäischen Markt ausgerichteten Anbaupolitik der VOC beugen, ohne daß diese im juristischen Sinn Eigentümer des Landes gewesen wäre[43].
Nach einer erfolgreich niedergeschlagenen Rebellion (1704-1708) erhielt der damalige Herrscher Matarams, Adipati Anom, unter dem neuen Namen Amangkurat II, die Krone Majapahits aus den Händen des holländischen Oberbefehlshabers Anthony Hurdt[44].

43 vgl. Zeittafel im Anhang
44 Villiers, J., schreibt a.a.O., S. 287 und Anm. 69: „Die Reichskrone Mayapahits hatte für die Moslem-Herrscher Matarams eine fast magische Bedeutung erlangt und die Fähig-

Das Mataram'sche Reich verdankte seine Restaurierung den Truppen der VOC; Legitimation für die Stationierung holländischer Truppen war die Erhaltung der alten gesellschaftlichen Strukturen.
Dadurch blieben die Geschicke des indonesischen Archipels auch weiterhin nicht unberührt von weltgeschichtlichen Ereignissen. Der Ausgang des amerikanischen Unabhängigkeitskrieges, besonders aber die Französische Revolution und die Napoleonischen Kriege wirkten sich auf die kolonialpolitischen und tatsächlichen Verhältnisse der Archipelbewohner aus. Ein Jahr nach der Besetzung der Niederlande durch Napoleon[45] wurde auch Java französisches Territorium, wenngleich nur für kurze Zeit. Die britische Flotte, gestärkt durch die zahlreichen Siege des Admirals Nelson, besiegte die Franzosen und annektierte ihrerseits große Teile des indonesischen Archipels. Sir Thomas Stamford Raffles, der spätere Gründer Singapurs (1819) wurde bis zur Restaurierung der niederländischen Kolonialbesitzungen 1816 britischer Generalgouverneur Indonesiens.
Das Schicksal der Bevölkerung war untrennbar verbunden mit Ereignissen, auf die sie weder Einfluß nehmen, noch in ihrer Dimension nachvollziehen konnten. Raffles setzte eine Bodenreform entsprechend seiner Erfahrung in Indien durch und führte Land- und Bodenertragssteuer ein, die je nach Größe der bebauten Fläche von einem Viertel bis zur Hälfte des Ertrags reichen konnte[46].
Die holländische Krone wurde 1816 im Anschluß an den Wiener Kongreß wieder in den alten Besitzstand versetzt und behielt die Raffles'schen Neuerungen bei, die unter dem Begriff des Kultursystems weitergeführt und verfeinert wurden.
Die bereits Jahrhunderte währende Abhängigkeit, sowohl der dörflich produzierenden Klasse, von der sie beherrschenden ‚einheimischen' aristokratischen Klasse, als auch wiederum deren Abhängigkeit von einer sie zunächst legitimierenden und später beschützenden ausländischen Macht, gestaltete den Prozeß der indonesischen Kolonisierung einfacher, als in Kolonien, deren Bevölkerung unter anderen gesellschaftlichen Bedingungen lebte. Das spezifische auf Har-

keit, eine dynastische Verbindung mit dem alten hinduistisch-javanischen Königsgeschlecht nachzuweisen, wurde als Garantie der Legitimität angesehen."

45 vgl. Zeittafel im Anhang

46 Vlekke, B.H.M., „Nusantara, A History of Indonesia", Den Haag and Bandung 1959, S. 267 f. zitiert Raffles wie folgt: „...according to the Oriental custom that lands are bestowed upon the several classes of chiefs and public officers provisionally or during pleasure... that the actual ownership is vested in the Prince, in short that between the Souvereign and the cultivator there exists no actual right." Im selben Dekret heißt es weiter: „The Government lands will be generally let to the Heads of Villages... They will be re-let these lands to the Cultivators under certain restrictions, at such a rate as shall not be found oppressive; and all Tenants under Government will be protected in their just rights, so long as they shall continue to perform their correspondent engagements faithfully."

monie ausgerichtete Lebensverständnis präformierte und konditionierte gleichermaßen die Möglichkeit kolonialer Unterdrückung.
Das Kultursystem hob die Selbstversorgungsmöglichkeit des Dorfes endgültig auf, da zumindest ein Fünftel der Erträge abgegeben werden mußte, dadurch für die unmittelbare Reproduktion fehlte und das Dorf von Handel, bzw. Import abhängig machte.
In der ersten gesellschaftlichen Umbruchsphase, der Entstehung der Klassengesellschaft, hatte die dörfliche Gemeinschaft keinen unmittelbaren ökonomischen Nachteil erlitten, da der notwendige Mehrertrag zum Leben der verwaltenden Aristokratie durch effizientere Anbaumethoden erwirtschaftet werden konnte. Das holländische Kulturen- und Kolonialsystem verlangte hingegen ohne nennenswerte Verbesserung im agrarischen Bereich, Abgaben in Größenordnungen, die den Reproduktionszwang der Bevölkerung zu dirigierbaren Konstanten der kolonialistischen Wirtschafts- und später auch Kulturpolitik werden ließ.
Der Eingriff in die Struktur der Produktionsweise machte einen – gesetzlich fixierten – Eingriff in die soziale und politische Organisation der Gesellschaft notwendig. Die Kompetenzen der sozial und politisch bedeutsamen Autoritäten wurden neu festgesetzt, wobei nach dem Prinzip der Verstärkung bereits vorhandener Autoritätsstrukturen verfahren wurde. Der Dorfvorsteher, ursprünglich von der Dorfgemeinschaft zur Wahrung der gemeinschaftlichen Interessen gewählt, konnte jetzt von niederländischen Beamten eingesetzt oder abgelöst werden. Der Verlust an wirtschaftlicher Unabhängigkeit fand seine Entsprechung in einer fremdbestimmten Unmündigkeit zu sozialer und politischer Organisation. Der ohnehin kaum noch existente Raum persönlicher Freiheit wurde zusätzlich eingeschränkt durch die sog. ‚Herrendienste'; ein im Kolonialgesetz verankertes Recht auf Zwangsrekrutierung von Arbeitsfähigen zu nicht entlohnten Arbeiten im Interesse des Systems, z.B. für den Ausbau und die Instandhaltung der Infrastruktur. Die Arbeiten im sog. öffentlichen Interesse wurden noch vermehrt durch die Anlage und den Unterhalt von Residenzen und Parks für die Kolonialbeamten und die lokale Aristokratie[47].
Die Folge eines solchen Systems war die zwangsläufige Verwahrlosung der weiterhin im Besitz und Gebrauch des Dorfes stehenden Felder und eine tiefe Verarmung der Bevölkerung.
Schon 1848 kam es zu ersten Hungerrevolten, deren politische Moti-

47 vgl. hierzu den 1860 erschienenen autobiographischen Roman von D. Dekker alias Max Havelaar „Multatuli", der die damaligen Lebensverhältnisse auf Java in eindringlicher Weise schildert und in Holland so großes Aufsehen erregte, daß der Autor nach Deutschland emigrieren mußte.
Havelaar, M., „Multatuli", Manesse Verlag, Zürich.

vation sich allerdings nicht gegen das System selbst, sondern gegen die Unerträglichkeiten richtete, die es verursachte. Die Kraft solcher Aufstände konnte durch oberflächliche Beseitigung kraß untragbarer Zustände genommen werden und ist insofern den mittelalterlichen Bauernaufständen Europas vergleichbar.

Die diesseitsbezogenen islamischen Glaubenssätze, zu deren wesentlichem Inhalt der mystifizierte Glaube an Geburts- und Standesrechte, sowie an bedingungslose Schicksalsergebenheit gehört, überlagerte, bzw. prägte das Bewußtsein der indonesischen Bevölkerung in einer Weise, die Erkenntnisprozesse und Einsicht in die objektiven und subjektiven Bedingungen der Unterdrückung entweder ganz verhinderte oder zumindest gestört verlaufen ließ.

Die Existenzmöglichkeiten des Großteils der Bevölkerung hing durch die in Holland verfügten Absatzstrategien unmittelbar von den Gesetzmäßigkeiten des europäischen Marktes ab und erfuhr durch die Willkür der Repräsentanten dieses Systems zusätzliche Erschwerungen. Erst unter dem Druck der beginnenden arbeits- und sozialpolitischen Auseinandersetzungen in Europa, zur Mitte des vorigen Jahrhunderts, liberalisierten sich auch die Verhältnisse in den Kolonien – freilich unter Berücksichtigung holländischer Interessen. Die totale Verarmung der indonesischen Bevölkerung stand absatzmarktorientierten kapitalistischen Gesetzmäßigkeiten nun im Wege. Die Stärkung der bis dahin vom Agrarsektor ausgeschlossenen und handeltreibenden chinesisch-städtischen Mittelschicht, war eine Folge dieser liberalen Politik. Unbebautes Land konnte nun von Staats wegen beschlagnahmt und an verdiente Beamte oder holländische Siedler vergeben werden, wobei die Definition ‚unbebaut' meist sehr großzügig im Interesse der neuen Eigner ausgelegt wurde[48]. Banken wurden gegründet, um private Investitionen, zunächst im Agrarsektor, später auch im Rohstoffbereich zu finanzieren. Die Gründung des Ölgiganten Royal Dutch Shell fiel ebenfalls in diese Zeit und ging aus einer kleinen Firma hervor, die sich 1890 in Indonesien etabliert hatte.

Der Ausbau der notwendigen Infrastruktur, die Verbesserung von Arbeitsbedingungen und hygienischen Verhältnissen, sowie der Be-

48 Zur Auswirkung der Liberalisierungspolitik auf die Eigentumsverhältnisse an Grund und Boden folgende Statistik:

Jahr	Priv. Besitz	Kommunalbesitz	Land zur Unterstützung dörflicher Beamter
1882	1760 (47 %)	1590 (42 %)	340 (11 %)
1907	3150 (64 %)	1545 (31 %)	205 (4 %)
1932	5459 (83 %)	894 (13 %)	242 (4 %)

(Landbesitz auf Java in 1.000 ha)

Quelle: Kahin, George McTurnan, „Nationalism and Revolution in Indonesia", Cornell University Press, Ithaca and London, 2ed 1970, S. 17

ginn eines formalen Schulsystems charakterisieren zusätzlich die Entwicklung bis zur Jahrhundertwende.

Die Bevölkerung Javas war von 2,5 Millionen Einwohnern im Jahre 1800 auf 28 Millionen im Jahre 1900 angewachsen. (Java 1979 ca. 90 Millionen, ganz Indonesien 1979 ca. 140 Millionen). Unstreitig ist, daß die größten Modernisierungsanstrengungen in den Gebieten durchgeführt wurden, in denen holländische Plantagenbesitzer ihre Interessen vertraten. Wertheim und Giap schreiben, daß „Böke... diesen Prozeß mit Recht als einen der statischen Expansion bezeichnet, der Produktionsprozeß hat sich technisch nicht verändert, sondern hat sich lediglich über ein immer weiteres Gebiet erstreckt“[49]. Tatsächlich fiel die Liberalisierungspolitik oder später die sog. ‚ethische Politik‘ in die Zeit erneuter räumlicher Expansion Hollands.

1894 wurde Lombok besetzt, zu Beginn des 20. Jahrhunderts Sulawesi und nach entsetzlichen Massakern und tausendfachem Selbstmord der Aristokratie und ihres Gefolges 1908 Bali[50]. 250 Sultane und lokale Herrscher mußten in dieser Zeit Verträge totaler Unterwerfung gegenüber den Anweisungen der Kolonialregierung unterschreiben.

Die Grenzen der heutigen Republik Indonesien waren – vor der gewaltsamen Annektierung ehemals portugiesisch Ost-Timors 1976 – identisch mit der bis 1910 abgeschlossenen holländischen Expansion.

Der extreme Unterschied zwischen dichtbesiedelten landwirtschaftlichen Produktionsgebieten[51] und der dünn besiedelten Peripherie hängt hauptsächlich von ökologischen Gegebenheiten ab. Wichtigkeit kommt dieser Tatsache deswegen zu, weil die Bodenschätze, die Indonesien zum heute fünftreichsten Rohstoffland machen, in den menschenleeren Gebieten Sumatras, Kalimantans und West-Irians liegen. Es ist anzunehmen, daß sich das Nichtwissen des Großteils der Bevölkerung bezüglich des Vorhandenseins und der Bedeutung dieser natürlichen Reichtümer, auf den politischen Bewußtwerdungsprozeß ungünstig auswirkte.

In einer Agrargesellschaft können sich keine Vorstellungen über industrielle Verhältnisse und Bedürfnisse bilden, zumal dann nicht, wenn selbst aufgeklärten Gruppierungen notwendige Informationen über diesen Sektor aus infrastrukturellen, ethnischen und sprachlichen Gründen fehlen.

Vor 1854 gab es in Indonesien keine Schule. Die ersten beiden Lehrerausbildungsinstitute wurden in bescheidenem Umfang 1866 und 1867

49 Wertheim, W.F. und Giap, T.S., „Social Change in Java, 1900-1930“, Pacific Affairs 35, No. 3, 1962 Reprint in Wallerstein, I., „Social Change: The Colonial Situation“, New York and London, 1966; vgl. S. 363-380, hier S. 367; zu Boeke vgl. Kap. 3

50 vgl. Baum, V., „A Tale From Bali“, London 1979 (1. Ausg. 1937, London)

51 Java, Bali und Lombok ergeben ca. 9 v.H. der gesamten Landfläche Indonesiens – die Bevölkerung dieser Inseln stellt allerdings 75 v.H.

eröffnet. Zur erfolgreichen Durchführung der sog. ‚ethischen Politik' gehörten Anstrengungen auf dem Bildungssektor. Die Kolonialregierung gab Holz frei, um daraus Schulgebäude zu bauen und richtete Fonds ein, aus denen zum Teil die Lehrergehälter beglichen werden konnten.

An Lehrern freilich mangelte es trotzdem, obwohl bereits jeder eine Anstellung fand, der eine Grundschule besucht hatte. Eine zusätzliche Erschwerung war das nun erhobene Schulgeld und die Umlage zusätzlicher Verwaltungskosten auf die Gemeinden. Die holländischen ‚Bildungsexperten' bestanden auf einer Übertragung ihres eigenen Systems und zeigten sich nicht in der Lage auf die speziellen Gegebenheiten und Bedürfnisse einzugehen. Die Entwicklung der Schülerzahl ganz Indonesiens verlief wie folgt:

1903	–	190.000
1913	–	227.000
1923	–	700.000
1940	–	2.000.000

Eine weiterführende Ausbildung konnte nur an holländischen Schulen erfolgen, die für besonders Privilegierte bereits in der Grundschule offenstanden[52]. Dennoch gab es 1940 erst 240 indonesische Abiturienten[53], die hauptsächlich aus der indonesisch-aristokratischen Oberschicht stammten.

Objektive Ausbildungsmöglichkeiten und subjektiver Gebrauch standen in enger Wechselbeziehung, da nur die sozialen Schichten Interesse an der Ausbildung ihrer Kinder entwickelten, deren konkrete Lebenssituation den Gedanken an einen Nutzen von Informations- und Bildungsvorteilen aufkommen ließ, dieser Personenkreis beschränkte sich deshalb auf die adligen alten Herrscherfamilien und den chinesischen Kaufmannsstand, der allerdings eigene Schulen unterhielt und nur in Ausnahmen von den holländischen Möglichkeiten Gebrauch machte.

Die breite Schicht der indonesischen Agrarbevölkerung tradierte

52 vgl. Kahin, G.McT., a.a.O., S. 31:

Jahr	Indonesier in Schulen mit westl. Grundschulausbildung	Indonesier in Schulen mit westl. weiterf. Schulausbildung
1900-1904	2.987	25
1905-1909	5.175	45
1910-1914	23.910	135
1915-1919	33.516	675
1920-1924	51.308	2.602
1925	61.425	4.431
1926	64.721	4.799
1927	66.824	5.692
1928	74.697	6.468

53 Kahin, G.McT., a.a.O., S. 31 und 32

mündlich und vermittels außerschulischer Erziehungsinstrumente, d.h. durch Einbeziehen der Kinder in den Arbeits- und erweiterten Reproduktionsprozeß; ohnehin hätte ein Schulbesuch der Kinder dem Arbeitsprozeß wichtige Arbeitskräfte entzogen[54]. Es waren daher auch mittelständische und oberschichtenspezifische Interessen und Personen, die bis 1940 die innerpolitischen Verhältnisse im Sinne erstarkendem Nationalismus und Kampf um die Unabhängigkeit verändert hatten. Seit der Jahrhundertwende waren zahlreiche Bewegungen, Parteien und Vereinigungen gegründet – und von der Kolonialregierung unterdrückt – worden, deren Ziel die Unabhängigkeit Indonesiens von Holland war.

In den Mitteln dieses Ziel zu erreichen, sowie in den Intentionen nach Erreichung dieses Ziels unterschieden sich diese Bewegungen je nach politischer Orientierung in islamische, demokratische, sozialistische und kommunistische Gruppen; letztere entwickelten sich unter dem Eindruck der russischen Revolution 1917. Allerdings verband die konkurrierenden Bewegungen eine stark nationalistische Prägung ebenso, wie die in wechselnder Härte praktizierten Unterdrückungsmaßnahmen der Kolonialregierung.

Die größtenteils im Untergrund operierenden Parteien gingen zumeist aus sogenannten ‚study-clubs' hervor, in denen sich indonesische Nationalisten, zumeist die wenigen Hochschulabsolventen, regelmäßig zu politischen Gesprächen versammelten. Aus einem solchen Club, dem ‚Allgemeene Studieclub' ging am 4. Juli 1927 die spätere Partei ‚Partai Nasional Indonesia' (PNI) auf Initiative des späteren Präsidenten Sukarno hervor.

Der zu gleicher Zeit neu eingesetzte holländische Gouverneur war zunächst auf eine friedliche Kooperation eingeschworen und duldete für kurze Zeit die nationalistischen Agitationen – schließlich handelte es sich dabei um europäisch erzogene und sozial hochstehende städtische Akademiker!

Sukarnos Partei wurde zum Sammelbecken von Mitgliedern der verbotenen kommunistischen Partei (PKI). Mit Unterstützung einer islamischen Gruppierung (Sarekat Islam), die auch auf dem Land zahlreiche Anhänger gefunden hatte, gelang es, eine Föderation aller nationalistischer Vereinigungen zu erreichen.

Ziel war die absolute wirtschaftliche und politische Unabhängigkeit unter einer, vom Volk gewählten und diesem verantwortlichen Regierung.

Vor allem auf dem Bildungssektor wurde versucht, versäumte politische Aufbauarbeit nachzuholen. Bis 1930 waren ca. 2.000 ‚wilde

54 vgl. hierzu eine Untersuchung von Benjamin White „The economic importance of children in Javanese village", Columbia University 1972 (im Manuskript vorliegend)

Schulen‘ gegründet worden, die auf freiwilliger Basis betrieben wurden und deren Besuch offiziell zu nichts berechtigte.
Die Bildung einer Nationalsprache – Bahasa Indonesia – geht ebenfalls auf die Initiative Sukarnos und einer Gruppe junger nationalistischer Akademiker der Universität Bandung 1928 zurück.
Der Bahasa Indonesia wurde die alte malayische Sprache zugrundegelegt, die hauptsächlich im Riau, auf Malakka und in Ost-Sumatra gesprochen wurde und seit Jahrhunderten den Kaufleuten des südostasiatischen Raumes als lingua franca gedient hatte.
Die Bahasa Indonesia wurde deshalb zum Symbol für Unabhängigkeit und Nationalismus, weil über den indonesischen Archipel verstreut ca. 250 verschiedene Sprachen (z.T. auch Schriftsprachen) und Dialekte gesprochen wurden und eine Kommunikation der vom Kolonialismus Betroffenen untereinander schon deshalb nicht möglich war, von der nicht vorhandenen Kommunikationsstruktur einmal abgesehen.
Die Bahasa Indonesia sollte aber nicht nur eine gemeinsame Sprache und ein Gegengewicht zur offiziellen Sprache der holländischen Besatzer schaffen, sondern die mit der allgemeinen Klassenbildung entstandenen Klassensprachen ersetzen. Das Javanische besitzt z.B. nicht nur eine eigene und komplizierte Schrift, sondern besteht quasi aus drei Sprachen, wobei der Redende immer in der Sprache des Angesprochenen spricht; der Adlige benutzt also die Sprache des Bauern, sollte er z.B. bei Rechtsfragen mit ihm sprechen. Seiner Ausbildung entsprechend kann er sich darin differenziert ausdrücken. Der Bauer hingegen, der die aristokratische Sprache nicht gelernt hat, kann sich nur formelhaft und beschränkt ausdrücken, bzw. verständlich machen. Derselben Klasse Angehörige sprechen zueinander in derselben Sprache.
Die Bahasa Indonesia schaffte die Klassenunterschiede ab und schuf z.B. einheitliche Anreden wie ‚Pak‘ oder ‚Bapak‘ für den Vater oder den jeweils Älteren, sowie ‚Bung‘ für den Bruder und Gleichaltrigen.[55]
Bewußt sollte also die Sprache nicht mehr als Herrschaftsinstrument[56] bestehen, sollten die Privilegien der herrschenden Klasse nicht mehr durch die Sprache legitimiert werden. Bezeichnenderweise

55 Sukarno selbst wurde bis zu seinem Tode 1971 als ‚Bung Karno‘ angesprochen; das ‚Su-‘ heißt im javanischen soviel wie ‚der Gute‘ und kann durch ‚Bung‘ (Bruder) oder ‚Pak‘ (Vater) ersetzt werden; z.B. statt Suharto, Pak Harto. Sukarno zitiert in seiner Autobiographie eine 1926 gehaltene Rede und schreibt, daß „until now, the Indonesian language is spoken only by the nobility. Not by the comman man. Now, today, this minute let all of us resolve to learn to speak Bahasa Indonesia, the Indonesian language... it must be, that the man from one island may be able to communicate with his brother on another island.“ Sukarno, „An Autobiography“, 2. Aufl. Hongkong 1966, S. 73

56 vgl. Hartig, M., Kurz, U., „Sprache als soziale Kontrolle, Neue Ansätze zur Soziolinguistik“, Frankfurt, 1971

lehnten sich radikal islamische Gruppierungen gegen die Bahasa Indonesia auf, da sie zwar die Unabhängigkeit wollten, nicht aber die Abschaffung der Klassengesellschaft, in der Arabisch sowohl die verbindende Religionssprache – ähnlich dem Latein in Europa – als auch Werte setzendes Privileg war.[57]

Die Bildung einer Nationalsprache warf auch eine Reihe von Problemen im Kontext individueller und sozialer Identitätsbildung auf. Das Image der holländischen Sprache bestand nicht nur darin, mit ihrer Kenntnis an der aktuellen Macht teilzuhaben, sondern gleichzeitig die sog. moderne Welt erschließen zu können. Die Kenntnis des Holländischen verschaffte die Möglichkeit z.B. Ingenieur oder Physiker zu werden und sie vermittelte die Kenntnis der Ideen der Französischen Revolution und des Liberalismus, mithin die Ideen der eigenen Befreiung in der Sprache der Unterdrücker.

Mit der Bahasa Indonesia wurde neben die Religionssprache eine Nationalsprache gesetzt und damit Zweisprachigkeit eingeführt, die bis heute besteht; im Unterschied zu Indien oder Malaysia, wo die zweite Sprache die des Kolonialismus war und geblieben ist, was sich zwar im internationalen Gespräch positiv, in der allgemeinen Identitätsbildung allerdings eher negativ auswirkt.

Die Beweglichkeit der alten lingua franca – die nicht wie das Esperanto eine Kunstsprache war – wurde zunehmend angereichert mit Lehnwörtern aus dem Sanskrit, dem Arabischen, Persischen, Portugiesischen, Chinesischen, Holländischen und Englischen, sowie strukturell durch die javanische, sundanesische und Minangkabau-Sprache.[58]

Die laizistischen und moderat-religiösen Unabhängigkeitsparteien griffen die Ideen der Bahasa Indonesia rasch auf und trugen sowohl zu ihrer Verbreitung, als auch Entwicklung bei.[59]

Diese Parteien unterlagen zunächst strenger Kontrolle, später dem Verbot und schließlich der Verfolgung durch die Kolonialregierung.

In dieser Situation griffen – einmal mehr in der indonesischen Geschichte – wiederum die Auswirkungen mächtiger weltpolitischer Ereignisse verändernd ein.

Das Deutsche Reich hatte der Welt den Krieg erklärt und auch Holland besetzt, dessen Regierung nach London floh. Das Bündnis Deutschlands mit Japan ließ eine japanische Besetzung Niederländisch-Indiens befürchten. Der holländische Generalgouverneur Van Starkenborgh versuchte in einer verzweifelten letzten Anstrengung eine Al-

57 Jouhy, E., Böhme, G., Deutscher, E., „Abhängigkeit und Aufbruch", „Was soll Pädagogik in der Dritten Welt?", Frankfurt, 1978, S. 15

58 vgl. Teeuw, A., „A critical survey of studies on Malay and Bahasa Indonesia", Gravenhage, 1961; Hilgers-Hesse, I., u. Karow, O., „Indonesisch-Deutsches Wörterbuch", Wiesbaden 1962

59 vgl. auch Kap. 2.4.2. – Radio-, sowie Soedjatmoko, „Bahasa Indonesia Dalam Perjuangan Bangsa", Jakarta 1977

lianz mit indonesischen Nationalisten gegen Japan zuwege zu bringen. Diese sahen in einer japanischen Besetzung die Befreiung vom Kolonialismus und verweigerten jede Zusammenarbeit. Japanische Truppen betraten indonesischen Boden am 10. Januar 1942 und besiegten wenig später die noch verbleibenden holländischen Truppen. Die japanische Besetzung erfolgte nicht nur aus kriegstaktischen Gesichtspunkten, sondern verband mit der Besetzung ein umfassendes soziales und wirtschaftliches Entwicklungsprogramm auf dem Hintergrund eines ‚panasiatischen' Reiches unter Japans Ägide.

Der Ausgang des Zweiten Weltkrieges beendete diese Idee gewaltsam, dennoch hatte die dreijährige Besatzungszeit die gesellschaftlichen Verhältnisse in einer Weise verändert bzw. Kräfte mobilisiert, die nicht nur den Anspruch auf Unabhängigkeit stellten, sondern diesen Anspruch im bewaffneten Kampf von 1945 bis 1949 durchsetzen konnten.

Dem Abwurf der amerikanischen Atombombe auf Hiroshima am 6. August 1945 folgte die bedingungslose Kapitulation Japans. Durch radikale Jugendverbände und die PKI gedrängt, verlas Sukarno am 17. August 1945 im damaligen Batavia (heute Jakarta) die Unabhängigkeitserklärung[60] vor einer versammelten Menge.

Die Souveränität wurde von den westlichen Siegermächten nicht anerkannt und es dauerte vier weitere Jahre des bewaffneten Kampfes indonesischer Unabhängigkeitstruppen gegen neu angelandete holländische und zuhilfe kommende britische Verbände. Unterdessen hatte Sukarno ein zwölfköpfiges und ihm verantwortliches Kabinett, sowie ein Nationalkomitee mit 150 Mitgliedern ernannt, das sich politisch aus Anhängern sozialistischer, islamischer und nationalistischer Gruppierungen zusammensetzte.

Die kommenden Jahre des Unabhängigkeitskampfes wurden zugleich die Jahre der heftigsten innenpolitischen Auseinandersetzungen bis zum Sturz Sukarnos 1965.

Sukarno vertrat eine Politik, die sich sowohl an europäisch-sozialistischen Ideen, als auch an den traditionellen Werten der indonesischen Kultur orientierte.

Der Verfassung vorangestellt wurde eine Art Staatsphilosophie, die sog. ‚Fünf Prinzipien' oder ‚Pancasila': 1. Glaube an Gott, 2. Humanität, 3. Nationale Souveränität, 4. Demokratie, 5. Soziale Gerechtigkeit.

Die inhaltliche Bestimmung dieser Prinzipien blieb bis heute Diskussions- und Konfliktstoff, vor allem die Punkte 4. und 5.; Demokratie

60 „We, the people of Indonesia declare Indonesia's independence. Matters concerning the transfer of power and other matters will be executed in an orderly manner and in the shortest possible time. On behalf of the Indonesian people. (Signed) Soekarno, Hatta"

und soziale Gerechtigkeit entbehrten notwendiger Beachtung und Erfüllung.

Ende 1949 erkannte Holland auf Intervention der Vereinten Nationen die Gründung der „Vereinigten Staaten von Indonesien" an.[61]

Obwohl Sukarno die ‚nationale Einheit' verkörperte, wurde die innenpolitische Position der Sukarno-Hatta-Regierung unter dem Druck der kommunistischen Partei von links und den islamischen Gruppierungen von rechts immer mehr in politische Dreiecksauseinandersetzungen verwickelt und es ist anzunehmen, daß ein Großteil der Maßnahmen in der ersten Phase der Unabhängigkeit nicht politisch-strategischer Natur waren, sondern aus dem taktischen Zwang geboren wurden, den jeweilig größten Druck zu mindern; als solches wiederum eine Verhaltensweise, die ganz auf der Linie traditionellen Harmoniedenkens und des Synkretismusvermögens liegt und von der breiten Bevölkerung anerkennend verstanden wurde.

Die Rationalisierungskampagne des rapide gewachsenen Beamtenapparates, die Agrarreform, der Versuch die Armee unter die Kontrolle des Parlaments zu zwingen, der Aufbau einer eigenständigen Wirtschaft, diese Maßnahmen blieben Stückwerk. Anordnungen und Gesetze widersprachen sich häufig und die wirtschaftliche Not der Bevölkerung blieb unverändert.

Sukarno verstand es, diese Schwierigkeiten mit erheblicher Selbsttäuschung auf nationaler Breite dank des ihm anhaftenden Charisma und mit blumigen Reden zu vertuschen.

Erst die „Bandung-Konferenz" vom 18. bis 24. April 1955 erbrachte eine Profilierung der Sukarno-Politik.

Insgesamt 29 afro-asiatische Staaten beteiligten sich in Bandung an einer Konferenz, die zur Demonstration gegen Kolonialismus und Rassendiskriminierung werden sollte. Auf dieser Konferenz wurde der Begriff der „Dritten Welt" geprägt. Schlereth und Bintang[62] schreiben richtig in ihrer sonst zu selektiv verfahrenden Analyse: „Festzustellen ist, daß ‚Nationalismus' für die unterentwickelten Länder eine prinzipiell andere Rolle spielte und noch immer spielt, als im hochindustrialisierten Westen. Für die afro-asiatischen Länder bedeutet Nationalismus ausschließlich Befreiung von der Kolonialherrschaft und war daher notwendigerweise anti-kolonialistisch und anti-imperialistisch. (...) Allen Völkern, die in Bandung

61 Sukarnos Unabhängigkeitserklärung bezog als Republik Indonesia nur Java, Madura und Sumatra mit ein. Die o.g. Vereinbarung zwischen Holland und dieser Rep. Indonesia schloß den gesamten Archipel mit Ausnahme West-Irians ein. Am 15. August 1950 wurde wiederum eine Republik Indonesia ausgerufen, die sich auf das Staatsgebiet der von Holland anerkannten Vereinigten Staaten von Indonesia bezog. Die Bezeichnung Republik Indonesia (RI) wurde seitdem nicht mehr geändert.
vgl. Sievers, A.M., a.a.O., S. 173

62 Schlereth, E./Batjo Daeng Bintang, „Indonesien: Analyse eines Massakers", Frankfurt 1970, S. 62

vertreten waren, waren Armut und Unterentwicklung gemeinsam, und sie waren sicher, daß dieser Zustand nicht durch den Kapitalismus beseitigt werden könnte."

Diesen Erfolg nutzend, bereitete Sukarno die ersten allgemeinen Wahlen der indonesischen Geschichte vor. Am 29. September 1955 wurde das Parlament, wenig später die verfassungsgebende Versammlung gewählt[63] – und Staatswahlen wurden, örtlich verschieden, 1957 abgehalten.

Zunehmend wurde die Korruption zum vordringlichsten Problem; die Befehlshaber militärischer Kontingente auf den verstreuten und von der Zentralregierung wenig kontrollierbaren Inseln erwirtschafteten erhebliche Erträge durch Schmuggel unter Einsatz des Militärs und bezahlten damit genehme Politiker, die ihrerseits durch Bestechung bis in die untersten Winkel von Verwaltung und Wirtschaft jegliche Versuche unterminierten, die Verhältnisse zu ordnen. Sukarno entwickelte das Konzept der ‚Gelenkten Demokratie', das zum Oberbegriff seiner Politik bis zum Sturz 1965 wurde.

Anstelle der traditionellen Autoritäten traten neue und politische Autoritäten, die sich ideologischen Aufgaben stellten und verpflichtet sahen; und diese, zum erstenmal mit allen Mitteln der Demagogie vertraten. Das Sukarno'sche Konzept der ‚Gelenkten Demokratie' brachte damit tiefgreifende Veränderungen für den Erziehungs- und Bildungssektor. Die kommunistische Partei begann nach leninistischer Vorstellung mit der massenhaften politischen Schulung der Bevölkerung und dem Aufbau eines Parteiapparates, der schließlich 1965 mit allen Unterorganisationen knapp 15 Mio. Mitglieder zählte.

Das Parlament wurde 1957 aufgelöst und durch einen Nationalrat mit ‚funktionalen Gruppen', den Vertretern der Bauern, Arbeiter, Intellektuellen, Polizei, Armee, Verwaltung etc. ersetzt.

Ende der Fünfziger Jahre kam es vereinzelt zu Enteignungen ausländischer Firmen. Der ‚Gelenkten Demokratie' wurde die ‚Nasakom-Ideologie'[64] beigeordnet, d.h. die Zusammenarbeit von Nationalisten, religiösen Gruppen und Kommunisten im Sinne eines

63 Das Ergebnis der ersten Parlamentswahlen überraschte durch den geringen Stimmenunterschied der Parteien:

PNI (Nationalisten/Sukarno)	8.434.653 Stm.
Masjumi (Moslem)	7.903.886 "
Nahdatul Ulama (NU/Moslem)	6.955.141 "
PKI (Kommunistische Partei)	6.176.914 "

Zahlen nach Hindley, D., „The communist Party of Indonesia 1951-1963" Berkeley and Los Angeles 1964, S. 20. Interessant ist, daß die PKI im bevölkerungsstärksten Java 88,7 %, im dünnbesiedelten Sumatra dagegen nur 7,05 % der abgegebenen Stimmen erhielt.

64 ‚Nasakom' ist die Abkürzung für ‚Nationalisme – Agama (Religion) – Kommunisme' und eine Schöpfung Sukarnos

‚Sozialismus à la Indonesia' angestrebt, worunter sowohl die Hebung des nationalen Wohlstandes, als auch der Kampf gegen Imperialismus und Neokolonialismus, sowie die Eingliederung West-Irians verstanden wurde.[65]

Die erfolgreiche Eingliederung Irian Jayas und die stark antiwestlichen großen Reden Sukarnos überdeckten zeitweilig die katastrophale wirtschaftliche Situation des Landes.

Die ‚Nationale Frage Irian Jaya' (West-Irian) verschluckte 75 v.H. der Staatsausgaben im Zeitraum 1962/63. Die westlichen Länder sperrten Kredite als Reaktion auf Sukarnos zunehmend radikal begangenen Linkskurs und froren Entwicklungsprojekte ein. Zwischen 1961 und 1963 stiegen die Lebenshaltungskosten in Jakarta um 550 %, während die Löhne nahezu unverändert niedrig blieben. Der größte Teil der Bevölkerung wurde nur noch mit einem Quantum Reis pro Tag entlohnt.

Sukarno griff auf die bewährte Taktik der Lösung einer ‚Nationalen Frage' zurück und erklärte dem Ende 1963 von England unabhängig gewordenen Malaysia wegen strittiger Territorialfragen um Sarawak und Sabah[66] in Nordkalimantan den Krieg. Wenig später erfolgte der Austritt Indonesiens aus der Weltbank und den Vereinten Nationen; vor allem holländische, englische und amerikanische Firmen wurden enteignet.[67]

Anfang 1965 gab Sukarno dem Drängen der PKI nach, die Bauern zu bewaffnen und eine Art ‚Fünfte Kolonie' zu schaffen. Die Armee fühlte sich daraufhin in ihrer Funktion als Garant des inneren und äußeren Friedens angegriffen. Die Inflation stieg auf 600 % und die innenpolitischen Spannungen verdichteten sich zu einem von Sukarno nicht mehr beherrschten Konflikt.

Die Weichen für einen radikalen politischen Umschwung wurden von zwei Seiten gestellt; die kommunistische Partei verdächtigte einen ‚Rat der Generäle' eines Anti-Sukarno-Putsches unter Anleitung der CIA und vermutete diesen für den ‚Tag der Armee' am 5. Oktober 1965. Als vermeintliche Präventivmaßnahme organisierte die PKI-Spitze die ‚Bewegung des 30. September' (GESTAPU/PKI) und versuchte durch einen Coup d'Etat in der Nacht vom 30. September auf den 1. Oktober dem vermuteten Putsch der Armee zuvorzukommen.

Sechs führende Generäle wurden ermordet, die Bewegung jedoch

65 Holland gab 1963 dem internationalen Druck nach und überstellte West-Irian zunächst einer Interim-Verwaltung der Vereinten Nationen mit der Verpflichtung in Indonesien bis spätestens 1969 einen Volksentscheid auf West-Irian herbeizuführen, der später im Sinne der Integration erfolgte.

66 vgl. Karte Nr. VIII im Anhang

67 Die Bundesrepublik nahm als nicht kolonialistisch eine Sonderstellung ein; während die englische Botschaft in Jakarta Ende 1963 in Flammen aufging, besuchte Bundespräsidenten Lübke Indonesien als hochgeschätzter Staatsgast.

bereits nach wenigen Tagen niedergeschlagen. Sieger des Tages war der damalige Kommandeur der strategischen Armeereserven und spätere Präsident Suharto.
Die wirklichen Vorgänge und Hintergründe sind bis heute nicht vollständig geklärt, führten jedoch in der Folgezeit zu einer vollkommenen Umkehr der politischen Ausrichtung.
Die kommunistische Partei und ihre Unterorganisationen wurden verboten, ihre Mitglieder und Sympathisanten verfolgt, zu Hunderttausenden umgebracht und in Konzentrationslager gesperrt. Die zwiespältige Haltung Sukarnos führte schließlich zu seiner schrittweisen Entmachtung durch General Suharto, der 1966 zum amtierenden Präsidenten ernannt und 1968 vom Parlament zum regierenden Präsidenten gewählt wurde.
Eine neue Ära, die der ‚Orde Baru', der ‚Neuen Ordnung' hatte begonnen. Enteignete ausländische Besitzungen wurden zurückgegeben, umfangreiche Kapital- und Entwicklungshilfeprogramme aus dem Westen konzipiert, großzügige Investitionsgesetze erlassen und die Inflation auf durchschnittlich 20 bis 30 v.H. gedrückt.
Indonesien trat wieder in die internationalen Organisationen ein und verschloß sich den kommunistischen Ländern. Sukarno starb 1971 nach Jahren des Hausarrestes in einem Militärhospital in Jakarta.
Planungsteams und Entwicklungsexperten vornehmlich aus den USA und Europa zogen in die Minsterien ein und bestimmten wesentlich die weitere wirtschaftliche und soziale Entwicklung, die 1969 in einem ersten Fünfjahresplan (Repelita I), 1974 in einem zweiten und 1979 in einem dritten niedergelegt wurden. Während die Schlüsselpositionen des öffentlichen und privaten Lebens mit westlich und vielfach akademisch ausgebildeten Militärs besetzt wurden, bildete Suharto ein Kabinett, das überwiegend aus Technokraten bestand.
Höchste Priorität erhielt die wirtschaftliche Entwicklung in Form von Industrialisierung und Rohstoffabbau, vor allem auf dem Erz-, Erdöl- und Holzsektor. Die Vernachlässigung der sozialen Entwicklung, mangelnde Förderung der Kultur, einseitig betriebene wirtschaftliche Entwicklung unter Vernachlässigung des überwiegenden Agrarsektors, Korruption und Rechtsunsicherheit führten bald zu kritischen Bewegungen und spontanen Unmutsäußerungen von Intellektuellen und Studenten, die in den Unruhen um den Besuch des ehemaligen japanischen Ministerpräsidenten Tanaka 1974 einen zwischenzeitlichen Höhepunkt erreichten.
Die Vorwürfe bezogen sich auf den Ausverkauf des Landes und seiner Rohstoffe zugunsten einer ungerechtfertigten Anhäufung von privatem Vermögen seitens der Entscheidungsträger. Die auf Jakarta

begrenzte Protestbewegung wurde militärisch bekämpft, bevor sie auf das Land übergreifen konnte; mehrere Dutzend Studenten und prominente Intellektuelle wurden ohne Anklage verhaftet und z.T. erst auf massiven ausländischen Protest 1976 freigelassen.
Suharto zog aber auch Konsequenzen in den eigenen Reihen und entließ eine Reihe hoher Militärs aus ihren Ämtern, denen Sympathie mit der Protestbewegung zugeschrieben wurde.
Insgesamt ist das Regime Suharto eher durch seine Widersprüche gekennzeichnet, als durch eindeutiges Verhalten bzw. durch vereinfachende westliche Begriffe wie Militärdiktatur, Faschismus usw. Wenngleich die ‚Neue Ordnung' Züge einer Militärdiktatur trägt, so hat sich dennoch eine Vielfalt verschiedenster Interessengruppen und ein zunehmend erstarkendes Bürgertum gebildet, das trotz aller Gleichschaltungsversuche der Einheitspartei GOLKAR das Zumächtigwerden des Militärs, der Technokraten, der Nationalisten, der Moslemgruppen oder regionaler Verbände verhinderte. Dominant ist zweifellos das Militär als einzige auf nationaler Ebene funktionierende Organisation. Die Überrepräsentation der Javaner in wichtigen Ämtern ist allzu bekannt – vor allem auf den Außeninseln wird gelegentlich von einem javanischen Kolonialismus gesprochen – dennoch lebt das Land aus seiner Vielfalt, seinen wirtschaftlichen, kulturellen, regionalen, sozialen und politischen Gegensätzen.
Vorbereitung und Verlauf der allgemeinen Wahlen im Mai 1977 ließen die unter der Oberfläche und z.T. sehr kunstvoll geführten Auseinandersetzungen innerhalb der verschiedensten Gruppierungen und zugelassenen Parteien deutlich werden. Die breite Masse der Bevölkerung, vor allem die 80 % der auf dem Land lebenden Indonesier – um die es allen Rivalisierenden in gleicher Weise zu gehen schien –, versprachen sich indes keine Änderung ihrer Lebensbedingungen und wählten deshalb mit großer Mehrheit Suhartos ‚Funktionale Gruppen/GOLKAR', um damit einem Konflikt mit der Armee aus dem Wege zu gehen.
Präsident Suhartos Stellung aber wurde in der Folgezeit zunehmend durch gezielte Veröffentlichungen über Korruption und Mißwirtschaft geschwächt.[68]
Die heftigen Gegendarstellungen seiner hochrangigen Untergebenen schienen eher dem Zweck weiterer Verbreitung dieser Nachrichten zu dienen, als ihrer Beseitigung. Getreu dem javanischen Konzept

68 Signifikantes Beispiel war die Titelgeschichte von ‚Newsweek', „Indonesia: Fading Hopes", die sich u.a. der Korruption um die Familie Suhartos widmete, sofort verboten wurde, um anschließend von einer Gruppe höchster Beamter und Militärs mit – den Artikel ablehnenden – Kommentaren in der Presse diskutiert zu werden; Thema und Details waren damals in aller Munde.
vgl. Smith, R.M., „Newsweek" v. 8.11.1976 New York

von Macht als etwas Totalem hat schließlich derjenige die Macht bereits verloren, der sie verteidigt.[69]
Als kluger Taktiker hielt er sich deshalb öffentlich aus dieser Auseinandersetzung völlig heraus und bot intern seinen Rücktritt für den Fall an, daß sich die wesentlichen militärischen Entscheidungsträger – in Abstimmung mit Bank- und Industriekreisen – auf einen Nachfolger einigen könnten. Die Front zerfiel aufgrund der Unvereinbarkeit ihrer eigenen Interessen.
Die Verfassung sieht nur eine zweimalige Wahl derselben Person zum Präsidenten vor und Suharto sagte wiederholt öffentlich zu, das Gesetz zu respektieren und 1983 auch dann nicht wieder zu kandidieren, falls seine Partei im Parlament eine Verfassungsänderung zu seinen Gunsten beschließen sollte.
Während das Ende der Ära Suharto dennoch vorgezeichnet ist, haben sich die Lebensbedingungen der urbanen Bourgoisie und der herrschenden Klasse verbessert, im Gegensatz hierzu sich die der armen städtischen und ländlichen Bevölkerung verschlechtert. Die soziale und wirtschaftliche Kluft vertieft sich immer mehr.
Die weitere Entwicklung Indonesiens wird wie die bisherige Geschichte bestimmt sein durch den Reichtum an Rohstoffen und den weltpolitischen Interessen daran, weiterhin von der Größe und Vielfalt des Landes und seiner Bevölkerung und nicht zuletzt von einer kulturspezifischen Beharrlichkeit im Sinne eines evolutionären Synkretismus, die wesentlich darin besteht, mit der Summe von Fremdem und Eigenem zurechtzukommen.

69 Anderson, B.R.O.G., „The Idea of power in Javanese Culture“, in Holt., C., „Culture...“, a.a.O., S. 8 ff.

II. Teil
Erziehung und Bildung in der traditionellen Gesellschaft Indonesiens

Die folgende Darstellung und Analyse der kulturellen Phänomene des indonesischen Archipels beschränkt sich auf die hauptsächlich feststellbaren Phänomene der javanischen Kultur und fügt zur Abgrenzung Beispiele aus Bali, Sumatra und Kalimantan an, wo dies im Gesamtinteresse der Arbeit notwendig ist und die Literatur aufgrund eigener Erfahrung abgesichert erscheint.

Der Begriff der ‚traditionellen Gesellschaft' umfaßt zunächst eine theoretische und hauptsächlich kontextbezogene Diskussion der Bereiche Sozialisation – Tradition – Kommunikation im Zusammenhang pädagogischer Überlegungen.

„Als Definition wäre damit festzuhalten: Pädagogik als praktisches Tun ist ein Geschehen zwischen Personen"[70]. Der Erziehungs- und Bildungsbedürftigkeit entspricht somit die gesellschaftlich und individuell verstandene Verpflichtung dazu.

Während für die europäische Zivilisation die Descartes'sche Feststellung ‚cogito, ergo sum' exemplarisch ist, mag für die traditionelle Gesellschaft der daran modifizierte Satz L. Senghors stehen, „Ich fühle den anderen, daher bin ich"[71].

Um das ‚Fremde' für die eigene Kultur faßbar machen zu können, geht es also um die Zusammenfassung der Lebensbedingungen und Daseinsvorstellungen und es „sind dabei alle jene Verobjektivierungen zu bezeichnen, in denen sich menschliche Sinn- und Wertvorstellungen niedergeschlagen haben"[72].

Sozialisation

Sozialisation kann zunächst als die Zusammenfassung aller zur Ausübung einer sozialen Rolle benötigten Techniken, Eigenschaften und Verhaltensweisen definiert werden[73].

Habermas schreibt, daß „alle auf dem Wege des Sozialisation genannten Lernprozesses ... potentiell handlungsfähige Subjekte die Wertorientierungen (verinnerlichen) und ... die Motive aus (-bilden), die

70 Bock, I., „Kommunikation und Erziehung", Darmstadt 1978, S. 8

71 Senghor, L., „Nation et voi africaine du socialisme", Paris, 1961, S. 100, s. Bühl, W.L., „Evolution und Revolution, Kritik der symmetrischen Soziologie", München 1970

72 Bock, I., a.a.O., S. 8

73 Mayer, Hrsg., „Socialization: The Approach from Anthropology", London 1970, S. 13

sie in den Stand setzen, soziale Rollen zu spielen"[74]. Dabei ist zwischen primärer und sekundärer Sozialisation zu unterscheiden, wobei der erste Vorgang den Erwerb subjektiver Handlungsfähigkeit, der zweite – darauf aufbauend – das Hinzulernen neuer Rollen umfaßt. „Dabei ist der Prozeß der Vergesellschaftung zugleich Vorgang der Individuierung"[75].

Vereinfachend wird häufig von ‚gut' oder ‚schlecht' Sozialisierten gesprochen, wobei das Maß der Beurteilung zumeist die Konformität ist, in der sich das beurteilte Individuum zu den Werten und Normen verhält.

Durkheim spricht von der Erziehung als der „systematischen Sozialisation der jüngeren Generation durch die Ältere"[76] und versteht damit Erziehung quasi als Kategorie von Sozialisation.

Unter praktisch-pädagogischen Gesichtspunkten ist die Frage nach der Sozialisation im Wesentlichen die Frage nach den Instrumenten und Einrichtungen, die eine Gesellschaft besitzt oder bereitstellt, um aus einem Kind eine innerhalb geltender Normen anerkannt existierende Person zu schaffen.

Die Wirksamkeit der Sozialisationsagenturen ist ihrerseits abhängig von den individuell verschiedenen physischen und psychischen Bedingungen der zu sozialisierenden Person.

Während der Reifeprozeß eines Menschen in europäischen Kulturen durchsetzt ist mit institutionell vorgegebenen Reifekrisen, die schließlich zur Unverwechselbarkeit „einer biographischen Rollenkarriere"[77] führen, erscheinen die südostasiatischen Kulturen im Kern noch traditionell funktionierender Strukturen eher entgegengesetzt zu wirken.

Die Gesellschaft bedient sich dabei durch die Vorbestimmung und Einbettung jeder aktiven und reaktiven Form von Individualität in die Kollektivität ihrer selbst und vermittelt über die Instrumente traditioneller Kultur[78] grundlegende Bezugssysteme irdischer und kosmischer Harmonie.

Durchgänges feststellbares Ziel, z.B. javanischer Sozialisation ist die Vermittlung von ‚kerukunan' – von Harmonie und Toleranz und in ihrer zentralen Bedeutung den Werten von ‚Leistung' und ‚Erfolg' hochindustrialisierter Gesellschaften gleichzusetzen.

Über das Verhältnis von Sozialisationsinstrumenten und -zielen gibt am besten das jahrtausendealte Puppen- und Schattenspiel ‚wayang' Auskunft. In nächtelangen Spielen wird mit den modifizierten Epen des Ramayana und des Mahabarata eine Harmonie zwischen sub-

74 Habermas, J., „Stichworte zu einer Theorie der Sozialisation", in „Sozialisation und Erziehung", Hrsg. Goetz, B., und Kaltschmid, J., Darmstadt 1978, S. 103
75 Habermas, J., „Stichworte...", a.a.O., S. 105
76 Durkheim, E., „Education and Sociology", The Free Press 1956, S. 124
77 Habermas, J., „Stichworte...", a.a.O., S. 106
78 Vgl. Einzeldarstellung in S. 63 ff.

jektiver und objektiver Wirklichkeit hergestellt, die als Ganzes zum Motiv der Gesellschaft und durch die Identifikation mit einzelnen Charakteren des ‚wayang' auch zum Motiv des Individuums wird[79].
Die Gültigkeit und Eindeutigkeit dieser Aussage ist nicht – wie aus der demoskopiegeschichtlichen Entwicklung Indonesiens anzunehmen – auf die ländlichen Gebiete beschränkt. Obwohl ‚wayang' in den urbanen Zentren zur Touristenattraktion, zum Amusement der Städter wurde und quantitativ weit hinter Kino und Fernsehen rangiert, kennt jeder zumindest einige der wichtigsten ‚lakons' (Legenden) – und sei es aus gelegentlichen Fernseh- und Rundfunkübertragungen oder billig angebotenen Comics. Anderson spricht von der spezifisch javanischen Ethik, Moral und Philosophie, die im ‚wayang' dargestellt und ausgedrückt, sowohl Begriff als auch Gefühl eigener Würde und Ehre schafft und legitimiert; Werte, die in Andersons Analyse nicht der Nostalgie westlicher Wissenschaftler entspringen, sondern aus der Erkenntnis abgeleitet sind, daß Toleranz in den meisten Gesellschaften fragil verankert ist. Voraussetzung solchen Verständnisses ist allerdings, daß Toleranz nicht nur aus Ignoranz gegenüber Nonkonformität besteht und verstanden wird, sondern genuinen Respekt für menschliche Vielfalt beinhaltet[80].
Der Fokus pädagogischer Überlegungen und Handlungen muß deshalb auf die Gewährleistung einer Sozialisation gerichtet sein, die von der Tendenz deutlich Abstand nimmt, Werte und Normen ohne Rücksicht auf kulturelle und zivilisatorische Situationen und Entwicklungen international zu nivellieren. Die Folgen international angetroffener ‚Coca-Cola-Plastik-Honda-Kultur' sind z.B. an den politisch und sozial orientierungslosen Jugendlichen der indonesischen Großstädte abzulesen[81]. Eine im Hinblick auf materiellen Konsum ausgerichtete – vorerst nur urbane – Sozialisation führt angesichts fehlender Verbindungen zur traditionellen Kultur, ange-

79 Anderson, B., „Wayang and the Tolerance...", a.a.O., S. 24
„The universal affection and knowledge of this wayang mythology at all levels and in all areas of Java means that little village children from their earliest years are aquainted with the characters ..., not merely their names but their physical psychological and ethical strength" (S. 24).... „the cultivation of the aesthetic aspects of a childs sensibility is a key aspect of javanese tradition. This is not, as in western society, to provide a chance for gifted children to develop their talents but in order that every child should learn to order all aspects of his live in a harmonious way". (S. 25)

80 Anderson, B., a.a.O., S. 30. Zu ‚wayang' vgl. Sri Mulyono, „Wayang asal, usul, filsafat & masa depannya" Jakarta 1975, Moebirman „Wayang Purwa, Shadows of the Past", Oxford in Asia, Kuala Lumpur 1972 (Erstausgabe Oxford 1970).
Holt, Cl., „Art in Indonesia, Continuties and Change" Cornell University Press, Ithaca 1967

81 vgl. hierzu „Pemuda dan Perubahan Sosial", Hrsg. Taufik Abdullah, 1974, Jakarta besonders den Aufsatz von Amir Karamoy, „Kehidupan Pemuda di Kota Besar", a.a.O., S. 71-89; (Übersetzung: „Jugend und soziale Veränderung", sowie „Lebensbedingungen der Jugend in der Großstadt"; Anm. des Verf.)

sichts mangelnder Aussicht auf Ausbildung und Beschäftigung und chronisch defizitärer Kaufkraft zu Verlust an Identität und Motivation. Die ständige und tiefgreifende Frustration der städtischen Jugendlichen steht in Beziehung zur hohen Kriminalitätsquote und läßt die verantwortungslose Korruption der – gleichfalls urbanen – entscheidungstragenden älteren Generation in den Augen der Jugendlichen auch in Zukunft als geeigneten Weg der Bedürfnisbefriedigung erscheinen.
Eine von Stadt zu Land unterschiedliche Sozialisation ist nicht zu vermeiden; einer modernen Pädagogik muß es jedoch unter Berücksichtigung dieses Phänomens möglich sein, diesen Unterschied durch gezielte Maßnahmen zur Förderung traditioneller Werte beherrschbar zu machen. Voraussetzung hierfür sind Forschungsarbeiten und systematische Inventarisierung auf dem Gebiet traditioneller Werte und Normen, die sich in einer vornehmlich oral tradierenden Gesellschaft hauptsächlich in den traditionellen Kommunikationsmedien ausdrücken.

Tradition

Tradition faßt generell die Werte und Normen, die von einer Generation zur anderen übergeben werden und Lebensvorstellungen beinhalten, die in – irgendwie gearteter – Beziehung zur irdischen und außerirdischen Umgebung stehen. Die Aufnahme traditioneller Werte – ob individuell oder kollektiv – erfolgt in einem weitgespannten Spektrum von bewußten zu unbewußten Vorgängen. Die Familie ist dabei ebenso wie das traditionelle Dorf eine Art Prototyp der Transformation von Normen und Werten von der jeweils älteren Generation auf die Jüngere. Es werden also nicht nur solche Traditionen weitergegeben, die sich auf das unmittelbare Leben der jeweiligen Familie oder des Dorfes beziehen, sondern die Vermittlung schließt Vorgänge auf nationaler oder zumindest regionaler Ebene mit ein. Die vielgeschichtete Weitergabe beschränkt sich nicht nur auf den eigenen ethnischen Zusammenhang, sie greift – besonders bei Inselkulturen zumindest in der Form der Abgrenzung – andere Daseinsbedingungen und Lebensvorstellungen mit auf. In jedem Falle entscheidend ist die Existenz eines erklärend-gebenden und eines aufnehmenden Teils der Gesellschaft.
Tradition kann deshalb nur dort bestehen oder fortbestehen, wo der jeweilig Aufnehmende von der Richtigkeit des Übertragenen überzeugt ist und diese nicht in Zweifel zieht.
Dabei ist der Glaube an die Legitimität der die Werte und Normen übertragenden Autorität sowohl wesentlicher Teil der Tradition

selbst, als auch gleichzeitig Voraussetzung des Vorgangs. Das durchschnittliche javanische Dorf besitzt z.B. erst in allerjüngster Zeit – und noch immer nicht überall – eine erste Möglichkeit, das für die Bewältigung des Lebens Wissenswerte und Notwendige durch den formalisierten Außenfaktor Schule zu erfahren. Allerdings besteht selbst dort, wo eine Schule existiert, in der Regel eine große Diskrepanz zwischen den zentral ausgearbeiteten Curricula und den Lehrerfordernissen und Lernbedürfnissen der Region oder des Dorfes.

Die traditionellen Entwicklungsinstanzen wie Eltern, Großeltern oder dörfliche Ältestenräte stehen dagegen in unmittelbarem Bezug zu den täglichen Erfordernissen und beweisen einer jüngeren Generation einfach schon durch ihre Existenz die Richtigkeit des Vermittelten. Die Glaubwürdigkeit in unmittelbar praktischer Hinsicht wie Feldbestellung, Hausbau oder Tierhaltung wirkt auch hinein in die Vermittlung einer Abhängigkeit des Menschen von übernatürlichen Kräften. Die Erklärungen zu Religion und Mystik stehen in wechselseitiger Beziehung zu den Vermittlungen des praktischen Wissens.

Der Glaube an die Legitimität und die Weisheit des Überkommenen hängt mit dem Mangel an Alternativen und Überprüfbarkeiten zusammen, die den Bedingungen dörflichen Lebens nicht gegeben sind. Von wenigen Ausnahmen abgesehen ist der Prozeß des Tradierens, zumal des oralen Tradierens, kein starrer Vorgang, sondern unterliegt ständigen Anpassungen an die sich ändernden äußeren Umstände.

Besonders in der javanischen Kultur zeigt die übertragende Generation ihre Weisheit durch die Offenheit zur Modifikation gegenüber der jüngeren Generation und transformiert dadurch die durchgängige Wertigkeit von Balance und Harmonie[82].

Die Worte für ‚alt' tragen in der indonesischen, javanischen, sudanesischen und auch in anderen Sprachen des Archipels den Charakter von wissend, erfahren, weise und teils sogar heilig[83].

Die Funktion der Tradition, des Tradierens von Werten und Normen dient der gesellschaftlichen Organisation und Ordnung und ist daher immer zukunftsbezogen; auch wenn das Gewicht einer traditionellen Gesellschaft im Gegensatz zu einer modernen mehr auf der älteren Generation als auf der innovatorischen Kraft der jüngeren Generation liegt.

82 Für dörfliche Verhältnisse überraschend ist das äußere Erscheinungsbild von Jugendlichen, die ihre langen Haare, Blue Jeans und andere Attribute mit der gleichen Selbstverständlichkeit tragen, wie ein Jugendlicher in Frankfurt oder Los Angeles und damit kein Aufsehen oder Mißfallen erregen. Die Haltung von Polizei und Militär diesen Phänomenen gegenüber entspricht allerdings der ihrer westlichen und östlichen Kollegen.

83 Alisjahbana, T.S., „Values as Integrating Forces in Personallity, Society and Culture", University of Malaya Press, Kuala Lumpur, S. 127

Eine statische Gesellschaft ist in aller Regel nicht denkbar[84]. Bevölkerungswachstum, wirtschaftliche Erfordernisse, äußere Einflüsse und ökologische Veränderungen bedingen eine ständige Modifikation der als Tradition anerkannten gesellschaftlichen Regeln.
Von großer Bedeutung in diesem Prozeß waren die national gefaßten neuen Werte der großen Unabhängigkeitsbewegungen in der ersten Hälfte dieses Jahrhunderts. Die regionalen Kulturen – in der Kolonialzeit oft einzige Bastion indigener Identität – wurden übergreifend zu einer nationalen Kultur gefaßt. Die zu Beginn der dreißiger Jahre von Sukarno erhobene Forderung nach der Nationalsprache ‚Bahasa Indonesia', in der Elemente der eigenständigen Regionalsprachen eingingen, ist ein wichtiges Beispiel in diesem Zusammenhang. Variationen und Modifikation des als ‚traditionell' Begriffenen ergibt sich außerdem aus der unterschiedlichen Interpretation, die den sozialen Schichten und verschiedenen Berufen eigen ist.
Tradition ist also dort zu finden, wo Statik und Dynamik zusammentreffen, wobei die jeweiligen Grenzen fließend sind und von den Veränderungen der jeweiligen Daseinsbedingungen und daran geknüpften Zukunftserwartungen abhängen.
Insofern kann ein ausgeprägtes Verhältnis zur Tradition hinsichtlich einer Bewältigung pädagogischer Aufgaben, die Ermutigung bedeuten, die ständig neu zu formulierenden Lehr- und Lerninhalte nicht aus dem Ausland zu importieren, sondern aus den Möglichkeiten der eigenen Kultur zu entwickeln.
Allerdings und nicht nur mit Blick auf die Entwicklungsländer ist weltweit zu beobachten, daß Tradition gerade dort am schnellsten abgebaut wird und gegen die sogenannten ‚modernen Einflüsse' zur Bedeutungslosigkeit verkommt, wo Tradition am stärksten verankert schien und eine integrative Kraft besaß.
Wo seit Jahrhunderten das Wissen um die täglichen Verrichtungen und gemeinschaftlichen kulturellen Ereignisse im behutsamen Prozeß von einer Generation an die andere weitergegeben wurde, bricht scheinbar nahtlos ein fremdbestimmtes Wert- und Bewertungssystem ein, dessen individuelle und gesellschaftliche Folge zumindest ein Verlust an Identität ist.
So wird z.B. der Rhythmus von Saat und Ernte, an dessen Ablauf sich das dörflich-gemeinschaftliche Leben orientierte, durch die schlichte Einfuhr von Düngemitteln und einer dadurch bedingten dreifachen, statt wie bisher zweifachen Ernte ganz wesentlich ge-

84 Auch die Volksgruppe der ‚Badui' in Westjava, deren höchste und seit Jahrhunderten unumstößliche Werte und Normen im starren Beibehalten des Überlieferten liegt und sich jeglicher Beeinflussung von außen zu entziehen versucht, ist keine Ausnahme, da sie sich allein schon im Reagieren auf die sich rapide verändernde Umwelt ständig mitverändert, um den Abstand halten zu können.

stört. Freilich ist ein gesteigerter agrarischer Ertrag angesichts des rapiden Bevölkerungswachstums[85] in seiner Wichtigkeit unbestreitbar; in gleichem Maße gilt es jedoch aus Gründen der Identitätswahrung und eines ‚harmonischen' Entwicklungsprozesses in aller Ernsthaftigkeit darauf zu achten, die wirtschaftlichen und politischen Anstrengungen mit der Kultur und der Tradition des Landes in Einklang zu bringen. Die familien- und dorfbezogenen Verpflichtungen des – nicht nur indonesischen – Einzelnen orientieren sich an der Tradition, an der Zusammenhalt und Kraft gebenden Vergangenheit gegenüber einer ungewissen Zukunft. Die Erzählungen aus der hinduistischen Zeit, die überlieferten Heldenspiele, Fruchtbarkeits- und Danksagungstänze[86], Kräuterheilkunde[87], Magie und die traditionellen Bekleidungsvorschriften bilden ein dichtes Geflecht von Vorschriften und Orientierungshilfen, die den Werten von Harmonie und Glück untergeordnet sind, bzw. in ihrer Wirkungsweise auf die Verwirklichung von Harmonie und Glück als Leistung ausgerichtet sind.

Für die größten Teile der Bevölkerung ist die Gesellschaft als System sozialer Interaktion zu abstrakt und erst durch eine Tradition verpflichtend, die von konkreten Handlungen und Personen getragen wird, an denen sich wiederum konkrete Gefühle, Gedanken und Vorstellungen entwickeln lassen bzw. von diesen ausgehen[88].

Die Träger der indonesischen Tradition sind einmal die jeweils ältere Generation, zum anderen die gewählten Ältestenräte, die ‚Dalangs'[89], und ‚Dukuns'[90], die religiösen Führer und die mit magischen Kräften Ausgestatteten. Die eingesetzten politischen Autoritäten der Zentral- oder Provinzregierung – Blockwarte, Bürgermeister, Landräte usw. – spielen dabei eine deutlich untergeordnete Rolle. Neuinterpretationen überkommener Werte und Normen oder technische Neuerungen können zwar von den verschiedenen Faktoren eingeführt werden, bedürfen jedoch immer der – ausgesprochenen oder unausgesprochenen – Zustimmung der traditionellen Führungs- und Entscheidungsinstanzen.

In Indonesien hat Tradition also nicht den oft museal-bewahrenden oder touristisch-folkloristischen Charakter, der ihr in hochindustrialisierten westlichen Ländern häufig zukommt und zugeschrieben wird, sondern ist in der Aktualität des Lebens und seiner Bewältigung

85 Das Bevölkerungswachstum Indonesiens wird auf 2,7 % p.a. geschätzt. Präzise Berechnungen liegen nicht vor, da Geburten und Sterbefälle nicht systematisch registriert werden.

86 Soedarsano, „Dances in Indonesia", Jakarta 1968

87 Weck, W., „Heilkunde und Volkstum auf Bali", Jakarta 1967 (Originalausgabe 1937)

88 Alisjahbana, T.S., „Values at Integrating Forces...", a.a.O., S. 136

89 ‚Dalang', indon. Bezeichnung für Puppenspieler im Wayang

90 ‚Dukun', indon. Bezeichnung für Magier oder Personen mit der Begabung zu übernatürlichen Kräften

verankert, trägt das gesammelte Wissen eines Stammes, einer Region, eines Dorfes weiter und gewährleistet durch die konkrete Verankerung Modifikation, Entwicklung.

Kommunikation

Kommunikation erfolgt durch Übertragung und Aufnahme von Symbolen und ist die wichtigste Form sozialer Interaktion. In der Analyse von Kommunikationsprozessen ergeben sich Abhängigkeiten zwischen: 1. Situation, 2. Kommunikator, 3. Kommunikant, 4. Kommuniqué, 5. Kommunikationsmedium, 6. Meta-Kommunikation, 7. Effekt[91].

Da Kommunikation praktisch ist, sollen die verschiedenen Kommunikationsmodelle in Bezug auf ihr praktisches Vorkommen erörtert werden.

Einweg - Kommunikation: Ein bestimmtes Kommuniqué wird über ein Medium vom Kommunikator zum Kommunikanten transportiert, das dort auf einen Effekt abzielt, der nicht retransportabel ist. Gesetze, Verordnungen, aber auch Radio- und Fernsehsendungen fallen unter diese Kategorie. In hochindustrialisierten Ländern wird speziell bei Radio- und Fernsehsendungen gelegentlich von einer aufgebrochenen Einweg-Kommunikation gesprochen, da über die allgemein zugängliche Infrastruktur von Telephon und Post eine Rückäußerung möglich ist. Bei manchen Fernsehsendungen wird das ‚hineintelefonieren' speziell beabsichtigt. In Entwicklungsländern mit schwacher Kommunikationsinfrastruktur entfällt diese Möglichkeit.

Zweiweg - Kommunikation: Mit diesem Begriff wird ein System bezeichnet, bei welchem ein Kommuniqué über ein Medium vom Kommunikator zum Kommunikanten transportiert wird, einen Effekt erzielt und quasi mit vertauschten Polen ein Kommuniqué zurücktransportiert wird. Jedes Gespräch, jedes Verhältnis zwischen Personen, die zu Aktion und Reaktion befähigt sind, fällt unter diese Kategorie. Auch das Verhalten der Tiere und die Funktionsweise der Computer ist auf diesem Prinzip aufgebaut.

Halb-Zweiweg - Kommunikation: Hierunter ist ein Prozeß zu verstehen, der ein Kommuniqué über ein Medium vom Kommunikator zum Kommunikanten transportiert, dort einen Effekt auslöst, der

91 Zum Begriff und Definition vgl. Alisjahbana, T.S., „Values..." a.a.O., S. 94 f; Veröffentlichung zur Rundfunksendung des WDR „50 Jahre Rundfunk", bes. der Aufsatz „Kommunikation durch Rundfunk", Köln 1974, S. 15 ff.; Böckelmann, F., „Massenkommunikation", Frankfurt, 1975, S. 33 ff.; Bock, I., „Kommunikation und Erziehung", Darmstadt, 1978, S. 30 ff.; Decker, H., „Einführung in die Kommunikationswissenschaft" München 1976, S. 27 ff.; Watzlawick, P., Beavin, I.H., Jackson, D.D., „Menschliche Kommunikation", S. 21, a.a.O.

zum Inhalt eines Kommuniqués wird, das über ein anderes Medium rücktransportiert wird.
Die Sozialisationsinstrumente der traditionellen indonesischen Gesellschaft, Tänze, Mythen, ‚wayang', fallen unter diese Kategorie. Der ‚dalang' (Puppenspieler) verbreitet sein Kommuniqué durch das Medium des Spiels, seiner Sprache und der Musik; die Zuschauer nehmen auf und reagieren durch Händeklatschen, Unruhe, Zurufe oder Schweigen, bedienen sich also eines anderen Mediums, obwohl Kommunikator und Kommunikant mit wechselnden Rollen in ständigem Austausch stehen. Auch das Verhältnis von Tänzern, Musikanten oder Geschichtenerzählern zu den Zuschauern oder zu Miteinbezogenen ist durch den Austausch über einen fortlaufenden und fortwährend sich ändernden Inhalt mittels je verschiedener Medien geprägt. Die Kommunikationsmöglichkeiten des Rezipienten oder Kommunikanten unterscheiden sich zwar von denen des Produzenten oder Kommunikators, sind aber dem gesamten Vorgang immanent.
Die Kommunikationsintensität hängt von Einzelfaktoren des Kommuniqués, wie Stil und Inhalt, sowie von Faktoren des Produzenten, des Beliebtheitsgrads etc., schließlich von Faktoren der Kommunikanten, wie der Menge von Zuschauern, deren Alter, sowie von Raum-Zeit- und Ortsbedingungen ab.
„Communication... is the transmission of the content of psychological processes to different individuals, so that these different individuals can participate in more or less the same knowledge and experience and consequently are able to influence each others behaviour"[92].

‚wayang'

‚Wayang' ist der Oberbegriff für das seit dem elften Jahrhundert in Indonesien nachweisbare und tief in der Kultur und dem täglichen Leben verankerte Theater des Schattenspiels, der Handpuppen oder auch der maskierten Schauspieler[93].
„The shadowplay is the game of life, where our visible deeds are reflections of it. It symbolizes the peace of the inner world in microcosmos sphere. These shadows were the original cause of the physical man, the eternal patterns after which he is built. Herein lies the deeper meaning of the wayang, and it shows the reason why the ancient leaders of the Indonesian people chose the shadowplay as a means of moral instruction upon a mythical base. The masses are

92 Alisjahbana, T., a.a.O., S. 94
93 Wilpert, C.B., „Schattentheater", Hamburg 1974, S. 13 f; Scott, A.C., „The Theatre in Asia", London 1972, S. 79 f.

taught the ideal of a moral life, but, the individual is taught the inner life"[94].
Die Herkunft des ‚wayang' ist bis heute Gegenstand wissenschaftlicher Kontroversen.[95] Anlaß dazu gibt die seit über tausend Jahren nachweisbare Existenz von Schatten- bzw. Puppenspielen in der Türkei, in Ägypten, im südlichen und – weniger – im östlichen Indien (Orissa), sowie in China (Szechuan, Shansi, Honan, Chekiang), dem südlichen Thailand, im süd-östlichen Sumatra, auf Java und Bali[96]. Es wird vermutet, daß ‚wayang' im Zuge der Völkerwanderungen aus China als ‚Ying-hi' Ahnenkult nach Indonesien kam. Wahrscheinlicher ist, daß es sich um den erhaltengebliebenen Rest hinduistischen Einflusses handelt, der durch die autochtone Geschichte und Kultur – zunächst Javas, später Balis – und durch die Islamisierung – auch durch die vereinzelte Christianisierung – modifiziert wurde. Die Themen des ‚wayang kulit', die Namen der Akteure und die Orte der Handlungen sind nahezu ausschließlich aus den großen hinduistischen Epen des Mahabharata und des Ramayana entlehnt.[97] Bereits im neunten Jahrhundert ließ der damalige Herrscher von Mataram (Zentral- und Ostjava), Dyah Balitung, die hinduistischen Epen aus dem Sanskrit in das ‚kavi', das heutige Altjavanische übersetzen und an seinem Hof vortragen. Die Reliefs des hinduistischen Tempels Prambanan bei Jogjakarta (Bauzeit ca. 782-872) geben bereits die gesamten Zyklen des Ramayana wieder[98].
Das Ramayana-Epos erzählt von den heldenhaften Taten des sagenhaften Rama, einer Inkarnation des Gottes Vishnu. Im Mittelpunkt steht dabei seine Liebe zu Sinta, die aufgrund unübertrefflicher Verwandlungskünste des Dämonenherrschers Rahvana aus Lanka (heute: Sri Lanka) entführt wird und dem deshalb ausbrechenden Kampf

94 Kusmardjo, S., Vorwort in Moebirman, „Wayang Purwa", Jakarta, 1960, S. 5
95 vgl. hierzu die Darstellung von Moebirman, a.a.O., S. 21
96 s. Karte der „Hauptverbreitungsgebiete des traditionellen Schattentheaters im Anhang bei Wilpert, C.B., „Schattentheater", a.a.O.
97 Die teilweise verschlossen gehaltenen Bibliotheken der javanischen ‚kratons' (Herrscherhäuser = Sultanspaläste, vor allem in Jogjakarta, Solo und Cirebon) und dort vor allem die Jahrbücher ‚Sastramiruda' und ‚Pustakaradja' (= Königsbibliothek) beschreiben, daß ‚wayang purwa' erstmalig durch den König Prabu Jayabhayu des ostjavanischen Reiches Memenang zur Zeit des Caka-Jahres 1069 (ca. 1147 n.Chr.) eingeführt wurde. Caka war ein indisch-hinduistischer Herrscher, von dem – einer javanischen Legende zufolge – der indonesische Archipel die Zivilisation und einen auf die Geburt Cakas bezogenen Kalender erwarb. Nach Angaben der o.g. javanischen Annalen erhielten die ‚wayang'-Figuren ihre heutige Gestalt auf Anordnung des ostjavanischen Herrschers Raden Panji Inukertapati im Laufe des 13. Jahrhunderts; zuvor wurden die Figuren aus den getrockneten ‚lontar'-Palmblättern gefertigt, auf denen – vor allem in Bali – bis in die jüngste Zeit besonders bedeutsame Überlieferungen schriftlich festgehalten wurden.
vgl. Moebirman, a.a.O., S. 21 ff.
98 Mulyono, a.a.O., S. 63

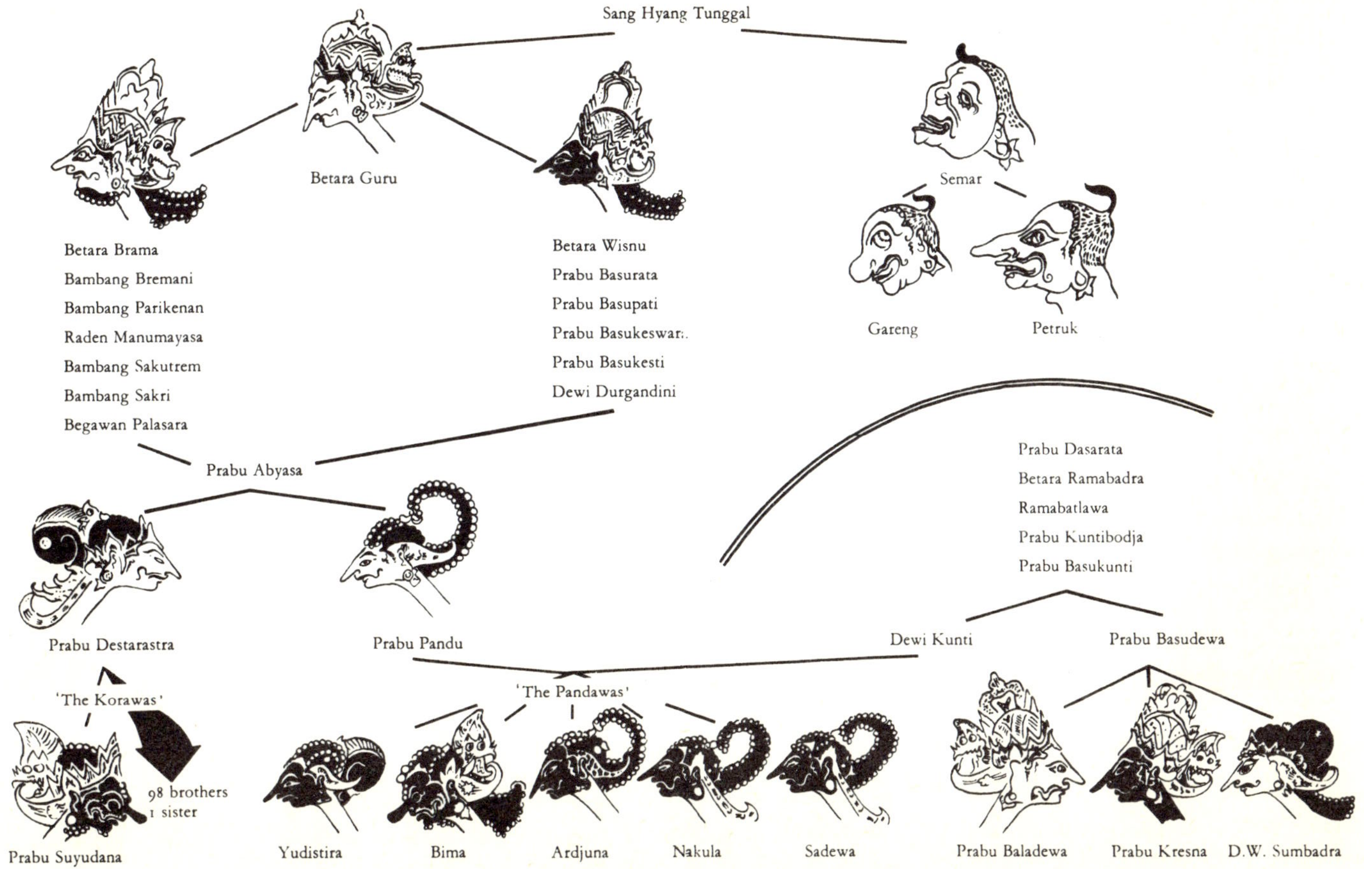

Genealogie der ‚wayang'-Figuren (vgl. Anm. 102)

zwischen Gut und Böse. Mit Hilfe des göttlichen Riesen und Affenkönigs Hanuman siegt das Gute mit Rama. Sinta überlebt den Kampf und wird von Rama, der ganz der Reinheit und dem Wahren verpflichtet ist, auf die Probe gestellt, da er ihrer Treue mißtraut. Auf dem dramatischen Höhepunkt des Epos besteigt sie den Scheiterhaufen und bittet die Flammen zur Erhaltung ihrer Ehre und zum Ruhm der Treue ihren Körper zu verbrennen. Eine Inkarnation des Feuergottes beschützt sie jedoch – Rama und Sinta finden glücklich zueinander.

Während das Ramayana-Epos in ungebrochener Eindeutigkeit von den Idealen des Guten und Bösen erzählt, handelt das Mahabharata von der Dialektik allen irdischen und außerirdischen Seins[99].

Mahabharata gibt den über die Zeit hinweg dauernden Kampf zwischen den Söhnen (Yudhistira, Bhima, Arjuna, Nakula und Sadeva) einer aristokratischen und gottgleichen Familie der Pendavas mit den Neffen (Arya Dursana, Kartavarama, Chitraksa, Chitraksi und Dhurmala) aus dem Geschlecht der Kuravas wieder.

Dabei symbolisieren die Pendavas Elemente des Edlen, Guten, Schönen und Ritterhaften, die Kuravas das Schlechte, Böse und Zerstörerische. Ihre Gedanken und Taten schließen jedoch das jeweils gegenteilige Element immer mit ein, sodaß schließlich in einem hochdramatischen Endkampf das Gute nur deshalb über das Böse siegt, weil sich die Pendavas einer unehrenhaften List bedienen, der letzte Überlebende und König der Kuravas hingegen mit Edelmut und reiner Tugendhaftigkeit kämpfend, deshalb verlieren muß[100].

Die Episoden des Ramayana und Mahabharata wurden mündlich über die Jahrhunderte überliefert[101], in ihrer Bezugnahme zur jeweils aktuellen Situation modifiziert und in ihrer historischen Dimension erweitert. Die Gestalten und Episoden aus der indonesischen Geschichte wurden in den Handlungsablauf eingewoben. Die Genealogie der indischen Götter ist dabei stark verfälscht bzw. der javanischen Mythologie angepaßt worden[102]. Mit der Islamisierung Indonesiens (bis auf Bali, das mit rückläufiger Tendenz noch heute hinduistisch ist) entstand das Problem, am wayang festzuhalten, ohne gegen das islamische Verbot bildhafter Darstellung der Göttlichkeit

99 Njoman S. Pendit, „Mahabharata, sebuah perang dahsjat dimedan kurukshetra", Djakarta, 1970

100 vgl. die Charakterbeschreibungen und Analysen zu den Figuren des Ramayana und Mahabharata bei Anderson, B.O.C., a.a.O.
– ferner die vollständige Aufnahme, Übertragung, Übersetzung und Kommentierung eines javanischen ‚lakons' aus dem Mahabharata von Pink, P.W., a.a.O., sowie drei Nacherzählungen von ‚wayang'-Aufführungen in Jakarta mit aktuell politischem Bezug, gleichfalls auf der Basis des Mahabharata von Wickert, U., Purbaya, T., a.a.O.

101 zu den ‚dalang'-Handbüchern, ‚pakem', vgl. Pink, P.W., a.a.O., S. 1

102 Ulbricht, H., „Wayang Purwa, Shadows of the Past", S. 12 ff. – Genealogy of the wayangs –

zu verstoßen. Der indonesische Synkretismus zeigte sich der Starrheit islamischer Regeln und Gesetze überlegen und plazierte Allah weit über die Spitze der hinduistisch-javanischen Götterhierarchie als nur noch abstrakt denkbare höchste Instanz irdischer und außerirdischer, bzw. transzendentaler Existenz. Der Charakter des wayang blieb somit erhalten und den hinzugekommenen religiösen Verpflichtungen wurde dennoch Genüge geleistet. Obwohl wayang auch zur Islamisierung, später vereinzelt (in Ostjava, speziell Surabaya) zur Christianisierung[103] eingesetzt wurde, sind die wayang-Charaktere in ihren Aussagen und Bewertungen nicht zu radikalen Verfechtern der jeweils neuen Sache geworden, sondern bezogen diese – kritisch bis amüsant – in die alten Dialoge mit ein.

In der ersten und zweiten Dekade nach der Unabhängigkeit Indonesiens arbeitete vor allem die kommunistische Partei (PKI) gezielt mit wayang als Instrument massenwirksamer gesellschaftspolitischer Maßnahmen und massenhafter Schulung. Die immanente Dialektik des Mahabharata, verbunden mit der auch für die PKI verbindlichen Harmonie und Balance schuf eine Symbiose zwischen Klassenkampf und traditionellen, tief kulturell verwurzeltem „Kampf à la Indonesia".

Sukarno unterstützte die traditionellen Sozialisationsinstrumente und Medien – und baute auf ihre stabilisierende Wirkung in Krisenzeiten. Seine Reden und Schriften bezogen ihre Kraft und Aussage aus den modifizierten Dialogen der wayang-lakons, wobei er sich selbst der Situation und dem Problem angepaßt, als diesen oder jenen Charakter im wayang ausgab. 1928 zitierte er z.B. eine allgemein geläufige Rede des Pendava-Riesen Bhima als Antwort auf eine scharfe Attacke eines holländischen Unternehmerverbandspräsidenten gegen jede Lockerung des Kolonialsystems[104]; auf dem Höhepunkt des wirtschaftlichen und politischen Chaos' zu Anfang 1965 forderte und bewirkte Sukarno die Aufführung eines bestimmten lakons aus dem Mahabharata, der eine Sequenz des totalen Chaos', der

103 Mulyono, S., a.a.O., S. 172

104 „...Wir indonesischen Nationalisten betrachten das Alarmgeschrei von Prof. Treub, dem Vorsitzenden des holländischen Unternehmerbundes, als ein Symptom. Es zeigt, daß unser Gegner wahrhaftig schon den Boden unter den Füßen wanken fühlt. Es beweist, daß wir, die indonesischen Nationalisten, und unsere Brüder, die Panislamisten, auf dem richtigen Wege sind und auf ihm weitergehen müssen..." – und an anderer Stelle, die Figur Purbaya zitierend ...„ Aus Gründen der Selbsterhaltung ist die Partei der Herrscher im Recht, unsere Bewegung zu hindern, anzugreifen und ihre Unterdrückung zu fordern... Das Recht der Reaktion steht dem Recht der Aktion gegenüber – und das Problem des Gegenüberstehens von Recht und Recht wird zugleich auch ein Problem des Gegenüberstehens von Macht und Macht: Macht steht Macht gegenüber."
zitiert nach: Dahm, B., „Sukarnos Kampf um Indonesiens Unabhängigkeit", Frankfurt und Berlin, 1966, S. 72

Umkehrung aller verbindlichen Werte und die hoffnungslose Verzweiflung der Betroffenen des Endkampfes zwischen Pendavas und Kuravas in einer so drastischen Deutlichkeit zeigt, daß dieser lakon zwar bekannt war, aber fast nie zur Aufführung kam. Sukarno erreichte, daß dieser lakon von einem normalerweise nicht öffentlich auftretenden ‚dalang' und dem Orchester des kulturell entscheidenden Kratons in Jogjakarta unter Hinzunahme höchst selten benutzter und mythisch beladener Instrumente gespielt und über Radio öffentlich übertragen wurde[105].

Die Bevölkerung zeigte sich im Begreifen der aktuellen Lage so erschreckt, daß es – wenngleich nur für ein paar Wochen – gelang die Situation im Sinne Sukarnos' Politik zu stabilisieren.

Die ‚orde baru' (Neue Ordnung) Suharto's zeigte sich nach 1965 und dem gewaltsamen Umsturz zunächst skeptisch gegenüber den traditionellen Instrumenten dörflicher Sozialisation, da sie als zu sehr mit Sukarno und der kommunistischen Partei besetzt galten.

Kurz nach Inkrafttreten des ersten Fünfjahresplanes Anfang April 1969 berief Suharto schließlich eine nationale Konferenz aller[106] dalangs nach Jakarta ein, wohl um ihre Unverzichtbarkeit in puncto jeder Entwicklung oder gar Veränderung wissend. Den dalangs wurden bei dieser Gelegenheit von Präsident Suharto in einer ausführlichen Rede die Ziele des ersten Entwicklungsplanes der ‚orde baru' erläutert und ihre Mitarbeit unmißverständlich nahegelegt. Das Treffen endete mit einem Kommuniqué der Teilnehmer, demzufolge sie sich als „Penyuluh Masyarakat" (Aufklärer der Gesellschaft) erklärten und zur Zusammenarbeit im Sinne der Ziele des Fünfjahresplanes bereit waren[107].

Aber erst im zweiten Fünfjahresplan, der in teilweiser Übereinstim-

105 Diese Begebenheit wurde dem Verfasser von einem Gewährsmann in Jogjakarta berichtet, der selbst einer hochrangigen aristokratischen Familie des kratons in Jogjakarta angehört, als Mathematikprofessor an der Gajah Mada Universität in Jogjakarta lehrt und sich u.a. mit der physikalischen Analyse bestimmter ‚wayang'-Instrumente, bzw. deren Frequenzen im Hinblick auf ihre psychologische Wirkung auf die Zuschauer und Hörer befaßt hat.
vgl. Wasisto Surjodiningrat, „Tone Measurements of outstanding Javanese Gamelans in Jogjakarta and Surakarta", Jogjakarta 1972

106 Nach den Angaben der teilnehmenden ‚dalangs' Soetrisno und Purbaya waren allerdings von den 59 Teilnehmern lediglich fünf nicht aus Java, d.h. 3 aus Bali, 2 aus Sumatra.
vgl. Pink, P.W., a.a.O., S. 63 f. zu Soetrisno; Die Aussage des ‚dalangs' Purbaya wurde im persönlichen Gespräch festgehalten.

107 „Rekaman peristiwa pertemuan para dalang seluruh Indonesia" (Aufzeichnung vom Treffen der dalangs aus ganz Indonesien). Abgedruckt in „Rekaman Persistiwa", S. 17, zitiert nach Pink, P.W., a.a.O., S. 64. Dieser Erklärung mag der Umstand nachgeholfen haben, daß sämtliche ‚wayang'-Aufführungen bei einer eigens dafür geschaffenen Behörde angemeldet werden müssen. Tatsächlich erhielten nicht wenige ‚dalangs' erhebliche Schwierigkeiten von staatlicher Seite, falls ihre Interpretation zu kritisch, bzw. zu offensichtlich kritisch gegenüber den neuen Vorhaben waren.

mung mit den unterdessen international gewonnenen Erkenntnissen über das Scheitern rein wirtschaftlich dominierter Entwicklungspläne erarbeitet und 1974 verabschiedet wurde, erhielten die traditionellen Medien und Sozialisationsinstrumente einen – im Verhältnis zu ihrer Bedeutung – bescheidenen Raum. Fast ausnahmslos waren es zunächst die westlichen Fachexperten und Entwicklungsplaner nationaler, bilateraler und multinationaler Organisationen und Stiftungen, die in Seminaren und Pilotprojekten auf die Möglichkeiten und Notwendigkeiten ihres Einsatzes aufmerksam machten. Die ausnahmslos westlich ausgebildeten staatlichen Entscheidungsträger waren ihrer eigenen Kultur gegenüber zusehr entfremdet, die noch lebenden höheren Beamten der Sukarno-Ära waren entweder im Gefängnis oder schwiegen aus Furcht vor Verfolgung[108].
Viele Entwicklungsprojekte beziehen sich unterdessen auf die angesprochenen Möglichkeiten traditioneller Erziehungs- und Bildungsinstrumente; der ihnen anhaftende Mangel besteht jedoch zumeist darin, daß sie – wie immer wohlgemeint und verstanden – von westlichen Beratern initiiert werden und ihnen deshalb der entscheidende genuine Aspekt der Vermittlung fehlt.
Der zentralen Bedeutung wegen, der ‚wayang' in pädagogischer Hinsicht – und besonders im Rahmen dieser Arbeit – zukommt[109], soll nicht nur auf seine Geschichte und Entwicklung, sondern auch auf die verschiedenen regional variierenden Techniken, Wirkungsgrade und Perspektiven eingegangen werden.

‚wayang-kulit'

Der Begriff ‚wayang' wird als ‚Schatten' übersetzt und ist abgeleitet aus dem Javanischen ‚Ayang-ayangan', bzw. aus dem Indonesischen ‚bayang', oder ‚bayangan' für Schatten[110]. ‚Kulit' heißt Haut, hier Leder[111] und ‚wayang-kulit' bezeichnet somit die hauptsächlich in Mittel-, Zentral- und Ostjava verbreitete Form des Theaterspiels mit perforierten und bemalten, zwischen 20 und 180 cm großen Le-

108 Bez. der o.g. Seminare und pilot-projects vgl. S. 125 ff.
109 Haas, H., und Pioch, E.E., „Wayang – Ein Werkbuch zum freundlichen Umgang mit indonesischen Schattenpuppen", Wuppertal, 1977 vgl. dort besonders die Versuche (und Texte) einer Gruppe aus Bottrop, ‚wayang' so zu modifizieren, daß es als Straßentheater zu verwenden ist; weiter einen kurzen ‚lakon' mit dem Titel: „Entwicklungshilfe für Europa", S. 16 und „Klug wie die Narren", S. 17, a.a.O.
110 Echols, I.M., Shadily, H., „Indonesian-English Dictionary", Ithaca–New York 1965
111 Es heißt, daß die Figuren am besten aus der gegerbten Haut eines jungen männlichen Wasserbüffels geschnitten werden, der nie geschlagen wurde.

derfiguren, die in den Armgelenken beweglich sind und an einem Horngriff gehalten werden[112].

‚wayang-kulit‘ oder ‚wayang-purwa‘[113] Aufführungen dauern bis zu zwölf Stunden und beginnen in der Regel nach dem Sonnenuntergang, d.h. in den Tropen nach 18 Uhr[114]. Die traditionelle Sitzordnung der Zuschauer (heute weitgehend aufgehoben und nur noch in den ‚kratons‘ eingehalten) sah vor, daß die Frauen und Kinder vor der Leinwand saßen, also nur den Schattenriß, der durch eine Öllampe (heute meist Gaslampe) beleuchteten Figuren sahen. Es wird gesagt, daß dies zu ihrem Schutz geschehe, um nicht direkt mit der tatsächlichen und mythischen Wirklichkeit konfrontiert zu sein. Die Männer dagegen sitzen hinter dem Schirm, also hinter dem dalang und dem Orchester und sehen die Figuren in ihrer kostbar und kunstvoll bemalten Charakteristik. Daran, daß aus javanischer Sicht die Bezeichnung ‚hinter‘ und ‚vor‘ dem Schirm, bzw. der Leinwand genau umgekehrt verstanden werden, ist erklärbar, daß die Bezeichnung ‚Schattenspiel‘ irreleitet, da das Spiel – in einer streng patriarchalischen Gesellschaft – erst in zweiter Ableitung Schatten wirft und damit die ‚andere‘, originale Seite, die Eigentliche, oder zumindest Wichtigere ist. Ein Großteil der Literatur über ‚wayang-kulit‘, bzw. ‚wayang-purwa‘ wurde deshalb oft unter einem falschen Vor-

112 Anderson, B., a.a.O.; Moerbirman, a.a.O.; Jeanneret, A., „Schattenspiele“, Basel, 1968; Holt, C., „Art in Indonesia“, Thaca New York, 1967; Sweeney, A., „Malay Shadow Puppets“, London 1972; Pink, P.W., „Gathutkaca Nagih Janji“, Berlin 1978; Zoete, C.B. de, Spies, W., „Dance and Drama in Bali“, London, 1952; Hardjowigoro, R., „Sedjarah Wayang Purwa“, Djakarta, 1952; Goslings, B.M., „De wajang op Java en Bali“, Amsterdam, 1939; Prawiro Sastro, „Preludes javanais“, in Bull.; Francais, Soc. Intern. de Musique, 1909; Hadisoeseno, H., „Wayang and Education“, in Education and Culture, Nr. 8, 1965, Djakarta; Blackham, O., „Shadow Puppets“, London 1960; Koentjaraningrat, „Tari dan Kesusasteraan di Indonesia“, Jogjakarta 1959; Sulardi, R.M., „Printjening Gambar Wayang Purwa“, Djakarta, 1953; Geertz, C., „The Religion of Java“, Glencoe, 1960; Mulyono, S., „Wayang-asal, usul, filsafat & masa depannya“, Jakarta, 1975; Ulbricht, H., „Wayang-Purwa, Shadows of the Past“, London 1970 (Oxford University Press).

113 ‚wayang purwa‘ ist eine ältere, immer weniger gebräuchliche Bezeichnung für ‚wayang kulit‘. ‚purwa‘ wird von Moebirman (a.a.O., S. 21) aus dem Sanskrit – parva = Buch, Werk, Opus – abgeleitet. Mulyono (a.a.O., S. 157) erklärt ‚purwa‘ ebenfalls aus dem Sanskrit, gibt aber die Bedeutung von ‚früher‘, ‚schon seit langem‘ und verweist auf das balinesische Wort ‚parwa‘, das die poetische Verarbeitung früherer Prosatexte im wayang-Zusammenhang bezeichnet. „Nama ‚wayang purwa‘ adalah karena jenis-jenis cerita yang dipertunjukkan (parwa) dan bukan karena suatu sifat teknis sarana pentasnya ataupun boneka-boneka“ (Mulyono, a.a.O., S. 158) (Übersetzung d. Verf.: Der Name ‚wayang purwa‘ entstand wegen des Charakters der gespielten Geschichte und nicht wegen eines spezifisch technischen Aspektes der Aufführung oder wegen der Art der Puppen.)

114 Zur Herstellung der Figuren vgl. Wilpert, C.B., a.a.O., S. 24 f.; zum Aufbau der Bühne, der Stellung von dalang, Leinwand, Puppen, Orchester und Zuschauer zueinander vgl. schematische Darstellung in Moebirman, a.a.O., S. 18 f.

zeichen verfaßt und verstanden, was aus der gleichfalls mythischen Beladenheit des Schattens in westlichen Kulturen erklärbar sein mag[115].
Daß die durchgängig gebräuchliche Bezeichnung ‚wayang' (Schatten) für alle Formen dieses Theaters seit altersher besteht, obwohl dies eigentlich nur einen Aspekt bezeichnet, ist vielleicht aus der dialektischen oder dualistischen Struktur der javanischen Kultur verständlich, die das Eigentliche im Kern eher durch das Gegenteil erklärt und verständlich macht. Hinzu kommt, daß der dalang und das ihn begleitende Orchester bei traditionellen Aufführungen, die aus festlichen Anlässen einer Familie gegeben wurden, mit dem Gesicht zum Hausinneren sitzt, während die Frauen und Kinder sich im Haus befinden, unter dem gleichfalls auf mystische – und auch konkrete – Weise Schutz gebenden Dach, das zugleich den Ort ihrer Zugehörigkeit und Bestimmung begrenzt[116].

‚wayang golek'

‚wayang golek' wird im sundanesischen Teil Javas, d.h. in Westjava mit runden und bemalten Holzpuppen gespielt, denen je typische Stoffkleider angepaßt sind, ähnlich dem europäischen Puppentheater ohne Leinwand und Schatten. ‚golek' heißt ‚Puppe', je nach dem Zusammenhang auch ‚rollen', ‚überrollen', ‚geformt sein'. In der sundanesischen Sprache heißt der Ausdruck ‚gulak-galek', ‚sich umarmen', was auf die räumliche Dimension der ‚golek'-Puppen hindeutet.[117]

‚wayang-klitik'

‚wayang-klitik' oder auch ‚wayang-kerutjil' bezeichnet eine Spielform mit flachen bemalten Holzpuppen, deren Arme zum Teil beweglich und aus Leder gearbeitet sind.
‚klitik', ‚kelitik', oder ‚kerucil' meint das heute noch gebräuchliche ‚kecil' für ‚klein, mager, wenig' usw. und charakterisiert im Verhältnis zu anderen Arten wesentlich kleinere Figuren.
‚wayang-klitik' wird seit ca. 1645 in Zentraljava und nur zu Darstellungen der Erlebnisse des Prinzen Damar Wulan benutzt.

115 vgl. die noch heute gebräuchlichen Redewendungen: „über den Schatten springen", „den Schatten seiner selbst besiegen", „der Schatten deiner selbst", „im Schatten stehen", etc. die in der christlichen Kultur dadurch negativ beladen sind, und meist eine dunkle, ungreifbare und fürchtenswerte zweite Identität bezeichnen; der Schatten als Sinnbild der Ängste.

116 vgl. zur Stellung der Frau im wayang:
Mulyono, S., „Wayang Dan Wanita", Jakarta 1977 (im Gegensatz zu ‚Srikandi', der zweiten Frau des beliebtesten Helden des Mahabharata, ‚Arjuna', die auf die Jagd geht, ihre Liebhaber selbst sucht und dann spricht, wenn Frauen sonst schweigen, füllen die anderen Frauencharaktere die ihnen von den Männern zugedachten Rollen lediglich aus.)

117 Echols, J.M., Shadily, M., a.a.O., S. 131; Mulyono, S., a.a.O., S. 162; Wickert, U., a.a.O., dort besonders die photographischen Abbildungen einer ‚wayang golek'-Aufführung

‚wayang-kerutjil' wird mit ähnlichen flachen Holzpuppen hauptsächlich in Ostjava seit ca. 1564 zur Darstellung der Mahabharata- und Ramayana-Epen benutzt; sind die ‚kerutjil'-Figuren aus Leder gearbeitet, werden sie nur für die Damar Wulan Geschichten verwendet[118].

‚wayang-beber'

‚wayang-beber' (membeberkan = aufrollen, entfalten) bedient sich langer Papier- oder Stoffbahnen, die vom dalang während seines Vortrags entrollt werden, und auf denen die Ramayana-Mahabharata- und Pandji-Zyklen aufgemalt sind. Dieser in der Technik sehr einfache Stil ist seit dem 14. Jahrhundert bekannt und wird in der Gegend um Pacitan und Wonosari in Mitteljava gespielt[119].

‚wayang-wong'

‚wayang-wong' (wong = javanisch: Mensch), oder ‚wayang-orang' (orang = indonesisch: Mensch) wird mit geschminkten und kostümierten Schauspielern auf einer Bühne mit Kulissen aufgeführt und ist ein relativ junger Stil, der zum erstenmal 1760 am Hof des Sultans Mangkunegara I. mit den lakons des ‚purwa' Repertoirs gespielt wurde. ‚wayang wong' wird hauptsächlich um Jogjakarta und Solo in Zentraljava gespielt und entwickelte sich an den Sultanshöfen unter ausschließlicher Beteiligung der Höflinge und aristokratischen Familien. Die kostbaren Kostüme sowie der kunstvolle Stil der Tanz-, Sing- und Sprechweise erfordern jahrelange Ausbildung, die nur im Rahmen des von normaler Arbeit freigestellten höfischen Lebens möglich war und einem Gemisch aus körperlich-geistiger Zerstreuung und Konzentration entsprach[120].
Hinweise darauf, daß die Entstehung des ‚wayang-wong' auf europäische Einflüsse zurückgeht, erscheinen wahrscheinlich, da die holländischen Kolonisatoren zur eigenen Zerstreuung Theater spielten und dazu die kooperierende javanische Aristokratie einluden. Diese könnte den Stil daraufhin kopiert haben, da die beherrschende Schicht Javas bereits damals in puncto Mode, Luxusgütern etc. allzusehr nach Westen schielte und – unter dem verhohlenen Spott der holländischen

118 Mulyono, S., a.a.O., S. 91; ders., a.a.O., S. 174; Wilpert, C.B., a.a.O., S. 12
119 Mulyono, S. a.a.O., S. 158
120 ders., a.a.O., S. 164

Kolonialisten – selbst den simpelsten Kulturkitsch europäischer Provenienz sammelte und verehrte[121, 122].
Unterstützt wird diese These dadurch, daß nach den überlieferten adat-Rechts- und Lebensvorstellungen Unglück und Krankheit über die Menschen kommt, wenn Menschen die verehrten mythischen Ahnen selbst darstellen[123]. Bezeichnend, daß die vermeintlichen Träger und Hüter von Überlieferung und Kultur – die javanische Aristokratie – als erste und einzige die Macht und das Vermögen besaßen, sich in ihrem eigenen und vom Volk völlig getrennten Leben, darüber hinwegzusetzen.
‚wayang-wong' stellt heute wegen des kunstvollen, lebendigen und farbenprächtigen Stils eine große Touristenattraktion am Rande der Luxushotels auf Java und Bali dar.

‚wayang-topeng'

‚topeng' bezeichnet im Javanischen, Maduresischen und Malaiischen „dasjenige, was klebt, nahe ist, sich ausdrückt"[124] und meint damit die Maske, hier die Tanz- und Theatermaske des wayangs mit Schauspielern bzw. Tänzern, da der Text ausschließlich vom dalang gesprochen und gesungen wird.
Die javanischen Maskenspiele gehen auf rituelle Ahnen- und Totenkulte zurück und gehören zu den ältesten der bekannten Vorführungen. Ein Lontar-Blatt erwähnt Maskenaufführungen bereits 1058 v.Z. und rückt sie damit in den Bereich kultischer, nicht profaner Spiele und in den Zusammenhang von Initiationsriten. Maskenspiele und Tänze sind in jeder Kultur und besonders in der javanischen verwoben mit den Geheimnissen von Leben und Tod, vom „Leben durch Tod"[125].
Heute ist ‚wayang-topeng', das einstmals der Vorläufer des ‚wayang-wong', vielleicht sogar des ‚wayang-purwa'[126] war, nur noch in bestimmten Gegenden um Cirebon und Indramayu im sundanesischen Teil Javas (Westjava) erhalten. Meist in der Form des Straßentheaters mit drei bis sechs Tänzern, die das tägliche Leben, staatliche und

121 Beschämend ist z.B. der Blick in die Vitrinen des seit wenigen Jahren zugänglichen ‚kratons' in Jogjakarta, wo billigste westliche Kulturgüter als Geschenke hochrangiger Politiker und Aristokraten ausgestellt sind. Zum Vergleich und besseren Verständnis der Jahrhunderte währenden Ausbeutung – auch auf diesem Gebiet – lohnt sich dann der Blick in die Museen Europas, vor allem Hollands und Englands.
122 Hazeu, G.A.J., „Bijdrage Tot De Kennis Van Het Javaansche Tonseel", 1897, S. 94 – zitiert nach Mulyono, S., a.a.O., S. 164
123 Lucas, H., a.a.O., S. 73
124 Lucas, H., a.a.O., S. 48
125 ders., a.a.O., S. 47
126 ders., a.a.O., S. 47

religiöse Vorschriften parodierend in Mahabharata oder häufig Damar Wulan Episoden einbetten.
‚wayang-topeng' konnte sich nur in diesem Grenzgebiet zwischen den beiden starken javanischen und sudanesischen Kulturen Javas halten. Bereits in Bandung und Sukabumi ist es kaum – es sei denn für Touristen – anzutreffen, in Mittel-, Zentral- und Ostjava ist es seit langem völlig verdrängt[127, 128].

Zur Technik der ‚wayang'-Aufführung

‚wayang' kann bei allen familiären, dörflichen oder staatlichen Feierlichkeiten gespielt werden. Die Aufführungen werden immer in Auftrag gegeben, wobei als Unterschied zum westlichen Theater der Auftraggeber bezahlt und die Zahl der frei Zuschauenden nur durch die Örtlichkeit begrenzt ist[129].
Die Musikanten des begleitenden gamelan-Orchesters beginnen bereits in den Nachmittagsstunden zu spielen und künden mit den weittragenden Klängen der Gongs, Trommeln und Metallschlaginstrumente die nächtliche Aufführung an. Zum Vergnügen der Dorfkinder benutzt gelegentlich der Gehilfe des dalang – der bei der eigentlichen Aufführung die Figuren reicht – diese Zeit für Proben eigenen Spiels. Die Bühne besteht (außer bei ‚wayang-wong') aus zwei übereinandergelegten Bananenstämmen, in die später die Figuren gesteckt werden und einer Leinwand (kelir), sowie einer Lampe (gelentjong) bei ‚wayang-kulit'. Die Figuren werden vor der Aufführung je nach Bedeutung und Wichtigkeit des gespielten lakons links und rechts des dalangs, der in der Mitte unter der Lampe sitzt, in die Bananenstämme gesteckt, wobei die linke Seite dem symbolischen Bösen, im Mahabharata den Pendavas vorbehalten ist. Die Kiste (kotak) in der sämtliche Utensilien und Figuren Platz finden, steht dabei links vom dalang, der Deckel liegt rechts. Die Kiste enthält die nicht für den jeweiligen lakon benötigten Figuren der durchschnittlich 120 Charaktere, während auf den Deckel die im Lauf

127 In dem unter inventarisierenden Gesichtspunkten gründlichen Buch von Mulyono, S., a.a.O., wird ‚wayang topeng' nicht erwähnt; wahrscheinlich, weil es für den javanischen Verfasser, der bereits mit 25 Jahren 1955 im Palast Sukarnos in Jakarta als ‚dalang' auftrat, den spezifischen ‚wayang'-Charakter verloren hat und für ihn nicht in die Kategorie der Tänze gehört.

128 Wasisto, S.R.M., „Gamelan Dance and Wayang in Jogjakarta", Jogjakarta, 1971, S. 25 (2. Ed.). Der Autor bedauert das allmähliche Verschwinden dieser Art ‚wayang' mit dem Hinweis darauf, daß die gewählten Inhalte wertvolle Epochen der indonesischen Geschichte zum Gegenstand hatten und damit auch die Kenntnis darüber verloren geht.

129 Höfische Aufführungen unterliegen indes streng limitierten protokollarischen Gesetzmäßigkeiten.

des Spiels nicht mehr benötigten Figuren gelegt werden. Mit einem Fuß, des im ‚Schneidersitz' sitzenden dalang wird gegen eine Art Metallklapper geschlagen, um besondere Stellen des Spiels zu unterstreichen; mitunter klopft die linke Hand mit einem Metallstück aus demselben Grund gegen die Holzkiste.
Vor dem Beginn des Spiels, am Ende und in den Pausen wird in die Mitte der Bühne der „gunungan' gesteckt — Symbol irdischen und kosmischen Lebens in der besonders kunstvoll gearbeiteten Form eines Baums, in der konkreten Symbolik des himmlischen Berges Meru über dem die Götter und Helden wohnen[130]. Sein Auftauchen während des Spiels signalisiert dramatische Ereignisse wie Erdbeben, Feuer, übersteigerte Emotionen, aber auch Szenenwechsel und wird entsprechend vom Orchester begleitet und kommentiert. Hinter dem dalang sitzt das gamelan-Orchester, das von einem Minimum von 15 Instrumenten und einer Sängerin abgesehen, je nach Reichtum des Auftraggebers stark erweitert werden kann[131].
Das Orchester begleitet während der Aufführung die Sängerin, den dalang oder auch das Spiel der Puppen und illustriert rhythmisch und melodisch den Handlungsablauf, sowie die Interpretation in harmonischer Weise[132].
Eine normale Aufführung dauert von Sonnenuntergang bis Sonnenaufgang, von 18 Uhr bis 6 Uhr und ist in drei Hauptteile gegliedert. Einer langen Einleitung des Orchesters folgt die gesungene Einführung über den Ort und die Zeit der Handlung. Gegen 21 Uhr beginnt der dalang mit den Erklärungen zur Handlung des lakons und der spielerischen Vorstellung der auftretenden Figuren. Von 24 Uhr bis ca. 3 Uhr wird die Handlung entwickelt und im letzten Teil bis 6 Uhr früh die Auflösung der Probleme gezeigt, die, in aller Regel und vereinfachend gesprochen, im Sieg des Guten über das Schlechte besteht.
Die Zahl der Zuschauer liegt selten unter dreihundert Personen, meist darüber.
Das Zuschauen selbst ist nicht mit einem europäischen Theaterbesuch zu vergleichen. Das Publikum redet untereinander, ißt zwischendurch, lacht oder gibt laute Kommentare zum Geschehen auf der Bühne. Niemand scheut sich zwischendurch zu schlafen. Zwischen Mitternacht und ca. 1 Uhr tauchen die Spaßmacher-Figuren auf, die vom

130 Wickert, J.D., „Borobudur", Jakarta 1974, S. 34
131 Wickert, U., „Im Jahr der Schlange", Weinheim, 1977, S. 106; vgl. den Bericht eines ‚dalangs', über die Zusammensetzung eines üblichen ‚gamelan'-Orchesters.
132 Da auf die Spezifika des ‚gamelan'-Orchesters nicht eingegangen werden kann, sei verwiesen auf: Wasisto, S.R.M., „Gamelan Dance and Wayang in Jogjakarta", a.a.O.; Spies, W., „Schönheit und Reichtum des Lebens", Den Haag 1964 (Hrsg. Rhodius, H.); Holt, C., „Art in Indonesia", a.a.O.; Kunst, J., „Music in Java, Its History, Its Theory and Its Technique", The Hague 1949

dalang erstens dazu benutzt werden, das Publikum nach der langatmigen Einführung wieder aufzuwecken, zweitens in ironisierend lustiger Weise zum Tagesgeschehen, zum konkreten Anlaß der Aufführung oder zu aktuellen Problemen Stellung zu nehmen[133].
Ein guter dalang informiert sich in Gesprächen vor seinem Spiel bei den Auftraggebern und der Bevölkerung über die spezifischen Probleme des Dorfes, der Stadtteile oder der Familie und spricht bei aktuellen Einlagen die Rollen seiner Figuren im lokalen Dialekt.
Die tiefe Symbolik des ganzen Spiels kommt auch dabei zum Ausdruck, wenn ausgerechnet die drückende Realität von einer Art ‚wayang-clowns' angesprochen wird. Die komischsten Figuren des Spiels, Gareng, Petruk, Cepot und Udel – Adoptivsöhne von Semar[134] – sind gerade wegen ihrer göttlichen Abstammung einerseits und ihrer betont das Einfache vertretenden und allen Luxus verabscheuenden Charaktere, die Ideale darstellbarer Existenz.
Wenn Semar oder einer seiner Adoptivsöhne auftritt, weiß der Zuschauer den Fortgang der Geschichte in guten Händen, denn sie sind die Inkarnation erreichbarer Weisheit und vertreten das Interesse der einfachen Leute. Treten sie gemeinsam im Kampf gegen ganze Heerscharen edelster und mutigster ‚Ritter' an, weiß der Zuschauer um ihren mit viel Tücke schließlich errungenen Sieg.
Seit altersher ist festgelegt, daß der dalang gerade in diesen Szenen improvisiert und dem Publikum damit die Möglichkeit gibt, sich direkt in das Spiel miteinzubeziehen[135].

Tänze und traditionelle Kampfarten

„In the study of primitive folk-lore and native decorative art, of dancing and music, we shall find elements which may prove almost completely refractory to scientific analysis and yet will have to be recorded. Here the anthropologist may have to cease to be a mere analytic man of science. He may have to become almost an artist"[136].
Malinowski's Aussage ist auch dann treffend, wenn die Bezeichnung

133 Lee Khoon Choy, „Indonesia between Myth and Reality", Singapore 1977, S. 124 – dort vor allem der Hinweis auf ‚wayang-suluh', das in einer Kurzform eigens für die Erläuterung von Familienplanung kreiert wurde. ‚suluh' heißt u.a. erleuchten, informieren.

134 ‚Semar' ist der älteste Sohn von ‚Sang Hyang Winang' (oder Sang Hyang Tunggal) dem göttlichen Urvater der Pendavas und Kuravas und ist zuständig für das Gute auf der Welt. Obwohl nach Allah und seinem Vater an dritter Stelle in der Hierarchie des ‚wayang' rangierend, wurde er in seiner Jugend zu häßlichem und clownhaftem Aussehen verurteilt, da er im Wettstreit mit seinem Bruder Bathara Guru einen Berg verschluckte, um seine größere Stärke zu beweisen.
Die ‚Neue Ordnung' (orde baru) Suhartos erhielt kurz nach der Machtübernahme den Namen ‚super-semar' als Abkürzung ‚*su*rat *per*intah *se*belas *ma*ret', ‚Erlaß vom II. März'; mit diesem Schriftstück übergab Sukarno die Macht an den Generalleutnant Suharto.

135 vgl. Pink, P.W., a.a.O., bes. Kap. 8 „Überlieferter und erfundener Text", S. 49 ff

136 Malinowski, B., Vorwort in: Montagu, A.M.F., „Coming into Being among the Australian Aborigines", zitiert nach Zoete, de B. und Spies, W., „Dances... a.a.O., S. 20

‚primitive' im indonesischen Zusammenhang unangebracht ist. Speziell in den Tänzen und traditionellen Kampfarten steckt eine Tiefe von Normen und Werten, die für den Fremden allenfalls ahnbar werden und für den europäischen teilnehmenden Beobachter selbst nach vielen Jahren immer zur Voraussetzung hat, die eigenen und immanent gewordenen Methoden des Auffassens und Verstehens lediglich als eine Möglichkeit zu begreifen.

Deshalb und weil bereits eine Fülle kenntnisreicher Beschreibungen, speziell der indonesischen Tänze erarbeitet wurde, soll hier auf deren erneute Beschreibung verzichtet werden[137]. Wichtiger erscheinen Hinweise auf die vorhandene Literatur und Versuche, diese Tiefe in den Rahmen pädagogischer Überlegungen einzubeziehen, bzw. deren Wirkungsweise verständlicher zu machen.

Die besondere Fremdheit der Tänze und Kampfarten, die in ihrem Charakter eng beieinander liegen, mag daher kommen, daß das gesprochene oder geschriebene Wort – auf das hin in Europa immer mehr erzogen wird – fehlt, und der fremde Beobachter auf seine zu wenig ausgebildeten – zumindest anderen – sinnlichen Wahrnehmungen angewiesen ist.

Die Islamisierung des 16. Jahrhunderts hat nicht nur die Lebensvorstellungen und Daseinsbedingungen zunehmend stärker verändert, sondern für Indonesien typischerweise unter dem Mantel des täglichen Seins und Scheins die traditionelle javanisch-hinduistische Kultur gefördert und zu einer verborgenen, fast geheimen Art der Verbindung von geistiger mit körperlicher Kultur geschaffen.

Gerade die Tänze und traditionellen Kampfarten spielen eine wichtige Rolle in der geschlechts-spezifischen Sozialisation. In allen Kulturen wird das Bild vom eigenen und vom anderen Geschlecht über die körperlichen Ausdrucksformen wie Sport, Kampf, Spiel und Tanz mitbestimmt. In Indonesien sind die Bewegungen bemessen, harmonisch, die Schritte eher verhalten als ausladend und weitgreifend. Diese Kontrolle körperlicher Bewegung kann bis zur Trance gesteigert werden, in der dann allerdings überschnelle, abrupte Bewegungen und Sprünge möglich sind, die meist den Tieren nachgeahmt werden, bzw. in der Trance Tiere dargestellt werden können bis hin zu deren Lebens- und Ernährungsweise[138].

137 Soerjadiningrat, P.A., „Tari Djawa dan Sunda", Jakarta 1949; Zoete, de B., und Spies, W., a.a.O.; Holt, C., a.a.O.; Ave, J., „Festival Jakarta 78, Pesta Seni Tradisional Antar Bangsa", Jakarta 1978; Baum, V., „A Tale from Bali", Kuala Lumpur, Singapore, Jakarta, 1973 (Oxford University Press)

138 Der Verf. hatte 1970 einmal die Gelegenheit an einem Trance-Tanz (Kuda-Lumping) in einem westjavanischen Dorf teilzunehmen, in dessen Verlauf das Medium sich in einen Fischotter o.ä. verwandelte und mit den Zähnen unter Wasser im Fischteich des Dorfes mehrere Fische fing und an Land ohne zuhilfenahme der Hände roh aufaß. Danach versank das Medium in einen dreitägigen Tiefschlaf.

Ohne weiter auf die Beziehung der Geschlechter und deren Entwicklung eingehen zu können, muß gesagt werden, daß durch die Tänze eine erzieherische Leistung vollbracht wird, die sich in der starken inneren Haltung und einem Körpergefühl ausdrückt, welches das andere Geschlecht miteinbezieht, was wiederum von großer Bedeutung für das Leben der Geschlechter miteinander und deren – nicht nur – körperliches Verständnis füreinander ist.
Die traditionellen Kampfarten sind aus rituellen Tänzen entstanden und wurden zunächst von den Priestern – als den Hütern der Kultur – mehr als Konzentrations- bzw. Meditationsübungen entwikkelt und geübt, denn als konkrete Techniken der Verteidigung. Während der Jahrhunderte kolonialistischer Fremdbestimmung entstand eine bis heute anzutreffende – und fast allgemeine – Haltung, daß die vorgegebene Ordnung des geschriebenen Rechts nur Instrument einer äußerlichen Macht ist, gegen die es gilt, eigene, innere Werte zu setzen, die sich physisch und praktisch äußern können müssen.
Wie im ‚wayang' auch, sind die Tänze und Kampfarten auf eine – irdische – Harmonie abgestellt, deren Bezüge und Orientierung zugleich in Beziehung steht zur harmonisch-kosmischen Ordnung. Unabhängig von der jeweils praktizierten Religion sind dabei die Begriffe von Dualismus und Dialektik inkorporiert und praktiziert.

Tänze

Ähnlich der Sprachentwicklung des indonesischen Archipels, sind auch die Tänze durchsetzt mit Elementen der indischen, arabischen, portugiesischen und holländisch-europäischen Kultur. Die stark regionale Unterschiedlichkeit bezieht sich sowohl auf die Vielfalt der Tänze, als auch auf Inhalt, Form und die Gelegenheit ihrer Vorführung.
Bis auf wenige Ausnahmen[139] ist ihnen das Prinzip einer Erdhaftigkeit, bzw. der Hinwendung zur Erde gleich. Die meisten Bewegungen erfolgen in gebückter, kniender, kriechender oder sitzender Haltung, wobei die Bewegungen des Körpers, speziell der Arme und Hände in Richtung zur Erde gehen. Dabei sind die Bewegungen der Hände und Finger ebenso kompliziert und komplex wie die der Füße und Zehen. Die Tanzbewegungen sind meist langsam, getragen und harmonisch ineinanderfließend. Der beanspruchte Raum eines Tänzers ist eng begrenzt, was den Eindruck von Dichte verstärkt. Als choreographische Formation werden meist Kreise und

139 Die Ausnahmen sind auf Kampftänze beschränkt, bei denen hohe und weite Sprünge zum Repertoire gehören. vgl. Holt, C., a.a.O., S. 97

Linien benutzt, die sich bilden, teilen und einander abwechseln. Ständiges Accessoire ist ein bunter Schal, dessen Enden mit den Armen oder den Händen so bewegt werden, daß sie den Bewegungen des Körpers folgen oder eine Veränderung vorwegnehmen.
Haartracht und Kostüme sind kunstvoll gearbeitet, reich verziert, oft mit Blumen geschmückt und von der Art des Tanzes abhängig. Obwohl Männer und Frauen bzw. Kinder in vielen Tänzen gemeinsam auftreten, überwiegen die monogeschlechtlichen Tänze. Enger körperlicher Kontakt oder Berührungen werden vermieden und meist nur durch Gesten angedeutet[140].
Die Aufführungen sind nicht an feste Plätze oder Zeiten gebunden, diese hängen vielmehr von den Anlässen ab, zu denen die Tänze veranstaltet werden.
Alle wichtigen Punkte des individuellen und gemeinschaftlichen Lebens sind begleitet von speziellen Tänzen, deren Inhalte Beschwörungen an die Weisheit des Lebens sind. Leben, Wohlergehen und Tod sind dabei von zentraler Wichtigkeit. Das sich im Tod bestätigende Leben und der Zusammenhang von Leben und Fruchtbarkeit zeichnet den Kreis der Tanzinhalte zur Geburt und späteren Beschneidung eines Kindes[141], zur Aussaat und Ernte, zur Einweihung eines Hauses, zur Hochzeit, zum Tod. Die meisten der indonesischen Tänze sind Gebete an das Höhere, an die Ahnen, an Gottheiten oder Geister und dienen ihrer Anrufung oder Vertreibung, wenn zu befürchten ist, daß böse Geister den gewollten harmonischen Rhythmus stören möchten oder könnten[142].
Besondere Bedeutung kommt dabei den Trancetänzen zu, da sie über die Medien einen direkten Kontakt zu den angerufenen Verstorbenen oder Gottheiten herstellen. Trancetänzer genießen daher auch besondere gesellschaftliche Achtung, da sie in ihrer – allen Zuschauern unzweifelhaften – Besessenheit zu direkten Instrumenten höherer Mächte werden, deren Verehrung immer mit großer Furcht verbunden ist[143].
Die Tänze stehen in Beziehung zu einem Konglomerat aus animisti-

140 Ausnahmen gehen auf europäische Einflüsse zurück; in Bali besonders auf Walter Spies, der vor allem in den dreißiger Jahren die traditionellen Tänze mit moderner europäischer Choreographie verband, woraus zum Teil neue Tänze entstanden. (z.B. kecak) vgl. Spies, W., „Schönheit und...“; a.a.O., Zoete, de B., Spies, W., „Dance and Drama...“, a.a.O.; Holt, C., „Art...“, a.a.O., S. 102

141 Beschneidungen werden nach einem stark islamisch beeinflußten Ritus bei Knaben im Alter von 9-11 Jahren vollzogen.

142 Geertz, C., „The Religion of Java“, Illinois, 1960, S. 16 ff. sowie S. 51 ff.

143 In Gesprächen mit dem Verf. fiel immer wieder der Satz: „Geister? Nein, daran glaube ich nicht...aber ich habe Angst vor ihnen!“ Dahingehend interpretierbar, daß ‚Glaube‘ als identisch mit dem Vermerk in der Identitätskarte gleichzusetzen ist, während die ‚Angst‘ Merkmal des nicht offiziellen Individuums und seiner religiösen Zugehörigkeit wiedergibt.

schen, hinduistischen, islamischen und – deutlich weniger – auch christlichen Glaubensvorstellungen und Riten, die in krassem Widerspruch zur offiziellen, statistischen Wirklichkeit der fast 90 prozentigen islamischen Glaubenszugehörigkeit stehen.
„... one of the great fascinations of the Indonesian dance world lies in the simultaneous existence of dances which in other places might be stages in a long historical evolution: from primitive dance rhythms accompanied only by chanting or drums, through complex rituals, to sophisticated theater arts with polyphonous music. In Indonesia, one cannot trace a general evolutionary line. All stages are present"[144].
Dennoch unterliegen alle Tänze transformatorischen Prozessen, die heute hauptsächlich in ihrer Säkularisierung liegen. Der Vergnügungs-, Freizeit- und Erholungsaspekt gerät selbst auf den Dörfern immer mehr in den Vordergrund; allerdings ohne gleichzeitig ihren Vermittlungs- bzw. Erziehungs- und Bildungsaspekt zu verlieren. Selbst einem – aus westlicher Sicht – aufgeklärten Studenten einer beliebigen indonesischen Großstadt sagen die Tänze mehr als nur die Erinnerung an eine eher unangenehme und deshalb abgelegte Vergangenheit. Dieses ‚mehr' besteht dabei aus der Suche und dem Wiederfinden seiner Identität in den Tänzen; und diese liegt immer in den Bereichen von Harmonie und Balance als individuelle und gesellschaftliche Leistung[145]. Dem Tanz als averbale Möglichkeit der Vermittlung des Zusammenhangs von kulturellem und sozialem Leben kommt deshalb eine wichtige und in ihrem Gehalt nicht anzuzweifelnde Bedeutung zu.

Traditionelle Kampfarten – ‚pentjak-silat'

Die spezifisch indonesischen Kampfarten sind unter dem Begriff ‚pentjak-silat' zusammenzufassen. ‚pentjak' bedeutet ein System der Selbstverteidigung oder „skillful body movements in variation of self-defense"[146]; ‚silat' bezeichnet dabei die kämpferische Anwendung von ‚pentjak'.
Während ‚pentjak' mehr die Tanzkomponente hochtrainierter rhythmischer und harmonisch verbundener Bewegungsabläufe ausdrückt, liegt in ‚silat' der praxisbezogene Aspekt von Verteidigung und Angriff. Beide Komponenten bedingen sich gegenseitig. „... silat cannot exist without pentjak; pentjak without silat is purposeless"[147].

144 Holt, C., a.a.O., S. 104
145 Wickert, U., a.a.O., S. 177 f.
146 Draeger, D.F., „Weapons and Fighting Arts of the Indonesian Archipelago", Tokyo, 1972, S. 32
147 ders., a.a.O., S. 32

Die Wurzeln des ‚pentjak-silat' liegen in sehr frühen chinesischen Einflüssen, die mit den ersten Völkerwanderungen auf den Archipel gebracht wurden[148].
Die ersten bildhaften Beweise des späteren ‚pentjak-silat' fanden sich auf den Riau-Inseln, die zwischen der malayischen Halbinsel und der Ostküste von Sumatra liegen. Die Fresken des buddhistischen ‚Borobudur'-Tempels, sowie des hinduistischen ‚Prambanan'-Tempels in Zentral-Java halten bereits typische Bewegungen fest und bestätigen, daß ‚pentjak-silat' seit frühester Zeit mit Waffen verschiedenster Art ausgeübt wurde und gleichfalls ein Produkt indonesischen Synkretismus ist. Chinesische Elemente wurden mit indischen und später arabischen vermischt. ‚pentjak-silat' war zu Beginn seiner Entwicklung den Aristokraten und Priestern vorbehalten, wurde aber bereits in den großen Reichen Scrividjaya, Matharam und Majapahit von ganzen Armeen beherrscht.
Die breiteste Entwicklung – und Anwendung – erfolgte im Zusammenhang des Unabhängigkeitskrieges gegen Holland zwischen 1946 und 1949. Der militärischen Überlegenheit der Kolonialisten setzte die indonesische Guerilla-Armee zusammen mit der Bevölkerung die hocheffektiven Mann-zuMann-Kampftechniken ein, die nicht nur einen demoralisierenden Effekt auf die holländischen Truppen hatten, sondern auch eine taktische und infrastrukturelle Kontrolle des Landes durch die Besatzer nicht zuließen.
Entscheidend dabei, ist der spezifische Charakter des ‚pentjak-silat', der trotz seiner heute offiziell registrierten 157 verschiedenen Arten, eines gemeinsam hat, nämlich das Training zur ständigen Bereitschaft in jeder Situation – mit oder ohne Waffe, verteidigend oder angreifend – adäquat und mit voller Energie zu reagieren.
Alle Bewegungen sind mit oder ohne Waffe effektiv, es bedarf keiner bestimmten Kleidung, keiner Beschaffenheit äußerer Umstände, wie Boden, Raum etc. Es bedarf allerdings einer durch hartes Training erreichbaren geistigen Haltung und eines körperlichen Zustands, der eng verwoben ist mit Religion und Mystizismus, mit geistiger

148 Obwohl keine Beweise zu führen sind, liegt diese Vermutung wegen auffallender Stilähnlichkeiten nahe und wird von den indonesischen pentjak-silat Experten geteilt. Die Literatur geht gleichfalls von dieser Annahme aus.
vgl. hierzu: Draeger, D.F., a.a.O., Alexander, H., Chambers, Q., Draeger, D.F., „Pentjak-Silat The Indonesians Fighting Art", Tokyo, New York & San Franzisko, 1970; Koesnoen, R.A., „Pempelaan Diri Tanpa Sendjata", Bandung 1962; Draeger, D.F., Smith, R.W., „Asian Fighting Arts", Tokyo-Kodansha, 1969; Gardener, G.B., „Keris and Other Malay Weapons", Singapore 1936; Van Heekeren, H.R., „The Bronze Age of Indonesia", The Hague, 1958; Yule, H., „Travels of Marco Polo", New York 1903 (Hrsg. von Cordier, H.); Plam, H., „Ancient Art of the Minahasa", Bandung 1958; Marsden, W., „History of Sumatra", Kuala Lumpur 1966 (2. Reprint der 3. Auflage, 1811, London); Hill, A.H., „The Malay Keris and Other Weapons", Singapore 1962; Handoko, „Kumpulan Tecnik Silat", Surabaya, 1972; Kho Ping Hoo, A.S., „Darah Pendekar", Solo 1977

Reinheit und körperlicher Enthaltsamkeit und dabei in enger Verbindung mit dem tatsächlichen Leben steht.
‚pentjak-silat' ist daher nicht vergleichbar mit dem aus Japan kommenden und weltweit Mode gewordenen ‚karate-dó', oder dem koreanischen ‚taekwondó', die Erfindungen des 20. Jahrhunderts sind und nach sportlichen Bedingungen und Kriterien praktiziert werden.
Angewandtes ‚pentjak-silat' endet vernichtend, also im Zweifel tödlich und orientiert sich an der Energie des oder der Gegner, die in die eigene Aktion in einer Weise miteinbezogen wird, daß sie sich schließlich gegen den oder die Gegner selbst richtet. Ein guter ‚pentjak-silat'-Kämpfer wird immer in der Lage sein, durch den bestimmten Ablauf seiner aktiven und reaktiven Bewegungen den Gegner zu Handlungen zu zwingen – ähnlich dem Schach – die über längere Abläufe vorkalkuliert zu seiner Blöße und Niederlage führen.
Es gehört zu den – aus europäischer Sicht – indonesischen Widersprüchlichkeiten, daß ‚pentjak-silat' sowohl in geheimbund-ähnlichen Zirkeln praktiziert wird, als auch mehr oder weniger von jedem gekannt, geübt und in seiner regional verschiedenen Eigenart in den Grundzügen auch beherrscht wird.
Insgesamt steht die Anwendung des ‚pentjak-silat' für die gute und gerechte Sache. Die im entscheidenden Moment notwendigen ‚inneren Kräfte' versagen demjenigen ihren Dienst, der sich selbst damit einen gesellschaftlich ungerechtfertigten Vorteil verschaffen will.
Kenntnis und Beherrschung von ‚pentjak-silat' hat hohes soziales Prestige ohne deshalb mit einem konkreten materiellen Vorteil verknüpft zu sein.
In ‚pentjak-silat' verbinden sich alle Werte von Gerechtigkeit und dem Sinn des Lebens, der auch unter den Bedingungen einer Umbruchgesellschaft in der Würde des Einzelnen als Reflektor der Würde einer harmonischen Gemeinschaft liegt.
Bezeichnenderweise entzog sich ‚pentjak-silat' den Versuchen des Sukarno- und Suharto-Regimes daraus eine Art Volkssport – à la China – zu machen. In ‚pentjak-silat' manifestiert sich bis heute die Stärke des Einzelnen für die gerechte Sache der Gemeinschaft – diese wird aber nicht auf den Staat übertragen; zumindest nicht, wenn der Staat vornehmlich als Urheber von Ungerechtigkeit, Disbalance und einseitiger Parteilichkeit auftritt und auch so verstanden wird.
Die geschriebenen, gemalten (Comics, aber auch Bildtafeln in chinesischen Tempeln), erzählten und verfilmten Geschichten aus der vergangenen, ebenso wie der gegenwärtigen Welt des ‚pentjak-silat' sind ungezählt. Sie handeln durchweg von sozialen Ungerechtigkeiten und deren Korrektur durch einen ‚pentjak-silat'-Helden. Dieser greift jedoch selbst bei eigener Not nicht aus eigenem Ermessen ein, sondern

holt sich auf dem Höhepunkt zunehmend unerträglicher Verhältnisse nach langem Drängen der Betroffenen Rat bei einem ‚guru', dessen ‚ilmu' (Wissen, Weisheit) allgemein anerkannte Instanz ist. Dieser ‚guru', der oft – aber keineswegs notwendigerweise – ein eremitisches Dasein führt, prüft den Helden auf seine Ehrenhaftigkeit und Uneigennützigkeit durch Gespräche über Symbole und Gleichnisse – häufig durch die Übertragung körperlicher Arbeiten. Nach eingehender Würdigung der Gesamtlage erteilt er den entscheidenden Auftrag und überträgt auch ‚tenaga dalam' (innere Kräfte), die auf dem Höhepunkt der folgenden Auseinandersetzung dem Guten, bzw. der gerechten Sache zum Sieg verhelfen, ohne dem ‚Helden' einen materiellen Vorteil zu verschaffen.
Er führt danach sein normales Leben weiter, ist aber von der Gemeinschaft hochgeachtet und wird seinerseits vor wichtigen Entscheidungen gefragt und gehört[149].
Die gerechte Sache hat in der Tradition des ‚pentjak-silat' einen nahezu heiligen, unverletzbaren Wert, der sich auf den ‚guru' – permanent – bzw. dessen Gehilfen – temporär – überträgt.
In der heutigen politischen Realität spielt ‚pentjak-silat' wieder eine zunehmend stärker werdende Rolle. Nahezu alle progressiven und im Konflikt mit dem Regime befindlichen Schüler und Studenten suchen die Nähe zu den traditionellen Kampfarten, ihren Schulen und Lehrern; weniger um sich für eine konkrete Auseinandersetzung mit der Polizei oder dem Militär zu rüsten, als um die spezifische innere Kraft, die Gemessenheit des Urteils, Abstand und Würde durch ‚pentjak-silat' zu erlangen.
In der Konsequenz führt diese Haltung – von außen gesehen – zu einem Harmonisierungseffekt in der politischen Auseinandersetzung, denn getreu der ‚pentjak-silat'-Philosophie kann und muß derjenige am meisten aushalten, ertragen und mit Würde erleiden können, der über die ausgebildeten starken inneren Kräfte verfügt. Aus westlicher Sicht wird dadurch ausgewichen, tatsächlicher Konflikt vermieden und Raum geschaffen für profanen Terror und Willkür in allen Bereichen des öffentlich geregelten Lebens.[150]
Die ‚pentjak-silat'-Welt nimmt innerhalb der traditionellen Sozialisationsagenturen den Platz ein, der am dichtesten verwoben ist mit

149 vgl. dazu die beliebte Geschichtensammlung Kho Ping Hoo, A.S., „Darah Pendekar", a.a.O.

150 Die seit dem Coup d'Etat 1965 im Exil lebenden indonesischen kommunistischen Gruppen, aber auch die seit Jahren in den westlichen Universitäten eingeschriebenen und ihrem Regime gegenüber kritisch eingestellten Studenten werfen ihren Freunden in Indonesien gerade in diesem Zusammenhang vor, sich mit der ‚Reise ins Innere' der Verantwortung zu entziehen, anstatt konkret zu handeln, Widerstand zu üben für sozial gerechtere Verhältnisse. Sie werfen den studentischen Gruppen in Jakarta, Bandung usw. vor, kein politisch alternatives Konzept zu haben und die traditionellen Werte zu benutzen, um ohne Engagement und Risiko im Ansehen der Bevölkerung zu steigen, um schließlich elitäre Funktionen auszuüben.

dem – regional unterschiedlichen – Mystizismus, mit Magie, Religion, Aberglauben – und nicht zuletzt auch mit den mythisch überhöhten Übertreibungen[151].

Auffallend ist, daß ‚pentjak-silat', das durch seine Beherrschung erworbene hohe soziale Ansehen nicht an die Zugehörigkeit einer sozialen Klasse gebunden ist; die strenge und eigene Hierarchie jeder Gruppe oder Schule gehorcht den nie angezweifelten Gesetzmäßigkeiten und Regelungen des jeweiligen ‚guru'.

Die Schüler unterwerfen sich unabhängig ihrer Klassenherkunft, ihres Alters, Geschlechts oder Familienstands bedingungslos den Anweisungen des ‚guru' und der von ihm festgelegten Gruppenordnung. Bei eventuellen Zuwiderhandlungen wird zuerst ein enger Vertrauter des ‚guru' in einem Gespräch mit dem Betroffenen den Grund erfragen und Ermahnungen, mitunter auch Hilfen anordnen. Hat ein Gruppenmitglied aus einer subjektiv oder objektiv vertretbaren ‚gerechten Sache' gegen die Ordnung verstoßen, so wird die Gruppe im Zweifel zu ihm stehen und weiterhelfen. Ist dies nicht gegeben, kann als schwerwiegendste Sanktion der Ausschluß aus der Gruppe vom ‚guru' bestimmt werden, was mit großem Gesichts- und Identitätsverlust verbunden ist, da sich – wie bereits dargestellt – die Identität des Individuums durch die der Gruppe herstellt.

‚pentjak-silat' vermittelt die extrem hohe Wertigkeit abstrakter Macht als Zielvorstellung gerechten und weisen Lebens. Diese Macht manifestiert sich in gedanklichen Leistungen, zu deren Verwirklichung die jederzeit präsente, vernichtende – und deshalb nicht wirklich benötigte – konkrete Macht benötigt wird.

Wird in einem Dorf oder in einem Kampong der Großstadt die Uhr eines unbescholtenen Mitbürgers gestohlen, so genügt oft, daß ein zu Hilfe gerufener ‚pentjak-silat'-Kämpfer vor einer Nachbarschaftsversammlung – oder bei einem konkreten Verdacht auch direkt – erklärt, weshalb es richtig ist, die Uhr zurückzugeben: In aller Regel wird sie in den folgenden Tagen wie zufällig irgendwo wiedergefunden.

Dieses einfache Beispiel[152] verdeutlicht, daß ‚pentjak-silat' in sei-

151 Auf die stark geheimbündischen ‚pentjak-silat'-Praktiken der chinesischen Minorität Indonesiens kann an dieser Stelle nicht eingegangen werden; ebensowenig auf die speziellen Techniken, Waffen und Rituale.
Der Verf. hat eine Reihe eigener Erfahrungen in der Ausübung mit ‚pentjak-silat' sammeln können. Als herausragendes Beispiel soll nur eine Gruppe in Bandung erwähnt werden, die aufgrund innerer Konzentration und jahrelangen harten Trainings in der Lage ist, sowohl einen Trainingspartner, als auch einen oder mehrere Gegner über größere Distanz (bis zu 20 m) in dessen Bewegungen zu manipulieren, d.h. ohne physischen Kontakt, zu schlagen, umzuwerfen, festzuhalten etc. Dazu liegen dem Verf. sowohl Foto- als auch Filmmaterialien vor; zudem gehört zu dieser Gruppe ein deutscher Projektleiter, dessen Erfahrungen gegebenenfalls zur Verfügung stehen.

152 Das Beispiel hat sich im Juni 1976 in einem Kampong Jakartas zugetragen

ner gelebten Tradition weder Kampf, noch Sport, oder Beides ist, sondern eine Instanz zur Vermittlung von Werten und Normen, die auf ein harmonisches Zusammenleben der Gemeinschaft und auf die Würde jeden – auch des ‚Schuldigen' – Individuums ausgerichtet ist.

Religion, Mystik, Magie und Zauberei

Was Evans-Pritchard für die Sozialanthropologie fordert, nämlich „das Verhältnis der Religion zum sozialen Leben im allgemeinen aufzuzeigen[153] und dabei die Definition von Religion auf „Ahnenkult, totemistische Bräuche, Fetischismus und sogar Magie und Hexerei"[154] ausdehnt, gilt ebenfalls für die vergleichende Pädagogik.
Im Rahmen dieser Arbeit wird bewußt auf eine Darstellung sowohl der anthropologisch-theologischen Diskussion über Religon als auch der Beschreibung der praktizierten Religionen, der Magie und Mystik, sowie ihrer konkreten Ausformungen verzichtet.
Diese Beschränkung wird zugunsten der Phänomene eingegangen, die im pädagogischen Sinne und im Zusammenhang der außerschulischen Sozialisationsagenturen relevant sind[155].
Der gleichzeitigen Nennung der Begriffe Religion, Mystik, Magie und Zauberei ist der Gedanke zugrunde gelegt, daß es sich dabei um kollektiv erlebte Phänomene bzw. um Überzeugungen und Praktiken handelt, die auf allgemeinen, die Bedürfnisse der Gesellschaft reflektierenden Beziehungen zu sich selbst, zum Individuum, sowie zur irdischen und kosmischen Umwelt basieren[156].
Auf die indonesischen Kulturen bezogen bedeutet dies die Anerkennung einer grundlegend dem Westen gegenüber insofern verschiedenen Anschauung, als es nicht – wie bei der christlichen Religion und Weltanschauung – um die Maximierung des ‚Guten' gegen das ‚Böse' geht, sondern um die Ausgewogenheit zwischen ‚Gut' und ‚Böse' und – als besonderes Spezifikum – damit um die Reduzierung jeweils extremen Begreifens, Fühlens und Handelns[157].
Die Oberbegriffe wie Religion, Magie usw. widersprechen einander im südostasiatischen, bzw. indonesischen Raum – im Gegensatz zur

153 Evans-Pritchard, E.E., „Religion", in: „Institutionen in primitiven Gesellschaften", Frankfurt, 1967, S. 25
154 ders., a.a.O., S. 20
155 Eine kurze und übersichtliche Zusammenfassung der Entwicklung der anthropologisch-theologischen Diskussion von Comte bis zum „modernen anthropologischen fieldworker" gibt der Essay von Evans-Pritchard, a.a.O., S. 20-30, sowie in Kap. IV, bes. IV/3., 4., 5., 6., in Girtler, „Kulturanthropologie", a.a.O., S. 215-231
156 Mauss, M., „Soziologie und Anthropologie", München 1974/75 (2 Bde.), S. 158; Girtler, R., „Kulturanthropologie", München 1979, S. 224
157 Geertz, C., „The Religion of Java", Glencoe/Illinois, 1960, S. 310

abendländischen Kultur – nicht, sondern bilden ein „Gerüst, an das von außen kommende Bestandteile angebaut und in das sie eingebaut wurden“[158]. Damit wird eine synkretistische Struktur der Gesellschaft beschrieben, wobei „Synkretismus aufgefaßt werden (kann), als eine der möglichen Reaktionen auf eine ... Situation der Verunsicherung durch Begegnung zweier Systeme; eine Reaktion, die das Ziel verfolgt, die Verunsicherung aufzugeben, und die dies in einer ganz bestimmten Weise zu erreichen sucht, nämlich durch Aufhebung der Grenzen des Systems und damit Aufhebung des Konkurrenz-Charakters...“[159].

Das Problem von Deskription und Analyse dieses Bereichs liegt darin, daß es sich „um mehr als nur um Motive oder institutionelle Elemente, um mehr als komplexe Institutionen, unterteilt in Religion, Recht, Wirtschaft etc. (handelt). Wir haben es mit ‚Ganzheiten‘ zu tun, mit gesellschaftlichen Systemen in ihrer Gesamtheit“[160].

Damit Religion, Magie, Mystik und Zauberei gesellschaftlich wirksam werden kann, „muß die Gesellschaft präsent sein“ und die Mitglieder der Gesellschaft, die „Individuen einer Gruppe (müssen) gleichzeitig dasselbe Einverständnis haben“[161].

Dieses gemeinschaftliche Einverständnis wird durch die Vielfalt der ineinandergreifenden traditionellen Medien als Sozialisationsagenturen hergestellt.

Überkommene Basis jeden Indonesiers – gleich welcher Religionszugehörigkeit oder persönlichen Glaubens – ist das tief verwurzelte dialektische oder auch dualistische Begreifen von Leben und Tod, Individuum und Gemeinschaft, Welt und Kosmos.

Knapp 90 Prozent der Indonesier bekennen sich zum Islam; 4 Prozent sind Protestanten, weitere 1,5 Prozent Katholiken und die verbleibenden 3,5 Prozent verteilen sich auf Hinduisten, Buddhisten, Taoisten oder Anhänger des Konfuzianischen Glaubens[162]. Obwohl die christlichen Missionare über Jahrhunderte aktiv waren – und noch sind – gelang es ihnen nur auf Nord-Sulawesi, Ambon, im südlichen Malukku und an der Westküste Sumatras eine 50 bis 90prozentige Glaubenszugehörigkeit zu bewirken. Ihr dennoch überproportionaler Einfluß im öffentlichen Leben ist hauptsächlich auf die weit überdurchschnittlich guten Schulen, vor allem des Jesuiten-Ordens zurückzuführen.

158 Nilsson, M.P., „Geschichte der griechischen Religion“, Bd. II, München 1961, S. 728

159 Wiessner, G., (Hrsg.), „Synkretismusforschung, Theorie und Praxis“, Wiesbaden, 1978, S. 12

160 Mauss, M., „Die Gabe“, Frankfurt 1968, S. 177 vgl. Aufsatz zur strukturellen Heterogenität etc.

161 Girtler, R., a.a.O., S. 224, M. Mauss interpretierend.

162 Dalton, B., „Indonesia Handbook“, Singapore, 1977, S. 23; Fremerey, M., „Unterentwicklung und Entwicklung in Indonesien“, 1977, Frankfurt, S. 1; (Manuskript des Beitrags zu: Nohlen, D. und Nuscheler, F. (Hrsg.) „Handbuch der Dritten Welt“, Bd. 4

Hinzu kommt, daß die chinesische Minderheit überwiegend katholisch ist und über ihr Quasi-Monopol an Handel und Wirtschaft einen starken Einfluß ausübt, wenn z.B. vor den christlichen Weihnachts- oder Osterfeiertagen alle Geschäfte entsprechend dekoriert sind, das Warenangebot mit Geschenkartikeln übersäht ist und die Werbesendungen in Fernsehen und Radio die Selbstverständlichkeit dieser Feste suggerieren.

Offiziell kann es in Indonesien keine Nicht-Gläubigen geben, da die ‚Fünf Prinzipien' (panja sila) der Verfassung (den amerikanischen ‚Bill of Rights' oder der englischen ‚Magna Carta' als Basis politischer und sozialer Ordnung vergleichbar) an erster Stelle den „Glauben an Gott" festlegen und von jedem Individuum verlangen[163]. Obwohl der Islam zu einer Art Staatsreligion geworden ist, beinhaltet das Gebot des „Glaubens an Gott" die Toleranz anderen Religionen gegenüber[164].

Alle Bereiche des öffentlichen und privaten Lebens reflektieren islamische Traditionen; stark durchsetzt mit vorislamischen, animistischen, hinduistisch-buddhistischen und christlichen Elementen, sodaß besonders der Bereich von Glauben und Religion zu einem ständigen ‚einerseits und andererseits' wird.

Obwohl der überwiegende Teil der Männer nach islamischem Recht die Ehe mit mehreren Frauen (gesetzlich bis zu vier) eingeht, bestehen z.B. in Westsumatra die letzten matriarchalischen Gesellschaften; obwohl im ‚Koran' sämtliche Bereiche des täglichen Lebens verbindlich geregelt sind, verläuft es in einer Weise, die mehr von der Rücksicht auf die unzähligen Geister und Beseeltheiten der Natur bestimmt ist. Einerseits besteht die Möglichkeit der Vielehe, andererseits promulgiert die Regierung, besonders Präsident Suharto, aber auch seine Minister – einschließlich des islamischen Religionsministers – die Einzelehe[165]. Obwohl keine offizielle Eröffnungsfeier oder Staatsrede im Fernsehen ohne Berufung auf die Allmacht Allahs beginnt und arabisch ausgesprochen wird, ist es gerade die Re-

163 PanjaSila: I. Gebot = Glaube an Gott den Allmächtigen

164 Das Massaker an hunderttausenden von Kommunisten 1965 muß auch unter dem Aspekt ihres atheistischen Status' gesehen werden, gegen den zu kämpfen mit Unterstützung der Verfassung zur Angelegenheit eines Heiligen Krieges gemacht werden konnte. Die Diskussion darüber, was ‚Religion' ist, bzw. als solche im Sinne der Verfassung anzuerkennen ist, nahm in den letzten Jahren stark zu und gipfelte in einem unter großen Schwierigkeiten angenommenen Parlamentsantrag (1977/78) auch die javanischen ‚kebatinan-Sekten' und mystischen Zirkel als Religion anzuerkennen. Gleichzeitig wurden jedoch die Gesetze verschärft, die sich mit der Möglichkeit der Missionierung und Konversion befassen.

165 Über die Zahl der Eheschließungen des ehemaligen Vizepräsidenten und Sultans von Jogjakarta Hamengkubuwono werden indes keine Angaben gemacht. Die Zahl der von ihm bewußt offiziell nicht anerkannten Kinder wird auf über 40 geschätzt. Die Nichtanerkennung der Kinder erklärt er selbst damit, das Sultanat nach seinem Tode abzuschaffen, da es ein Anachronismus sei.

gierung – sowohl die Sukarnos als auch die Suhartos – die in ständigem Konflikt mit einer radikalen orthodox-islamischen Minderheit liegt und deren Einfluß durch geschicktes Manövrieren zurückdrängt[166]. Obwohl Suharto – wie jährlich hunderttausende von Indonesiern unter großem finanziellen und physischen Aufwand – eine Pilgerreise nach Mekka unternahm, holt er sich Rat von javanischen Mystikern.

Die Reihe der Beispiele ließe sich beliebig fortsetzen und verdeutlicht, daß der Glaube zwar als Dogma besteht, die konkrete Ausgestaltung jedoch undogmatisch-synkretistisch ist.

Bedeutsamer als die einzelnen Gesetze, Regeln und Vorschriften, bzw. deren Einhaltung sind ihre ritualen und sozialen Aspekte.

Drei Phänomene sollen deshalb exemplarisch vorgestellt werden:

1. das ‚Selamatan-Ritual' – streng formalisierter Akt des Feierns und Essens als Symbol mystischer und sozialer Gemeinschaft auf Java zu allen wichtigen Ereignissen des öffentlichen und privaten Lebens;
2. die ‚Pesantren' – nichtstaatliche Koranschulen mit Internat und religiöser, handwerklicher sowie landwirtschaftlicher Unterrichtung;
3. der ‚dukun' – nicht formal ausgebildete anerkannte Autorität, die mit der Fähigkeit begabt ist, direkteren Zugang zu den Ursachen der Ereignisse, Um- und Zuständen des Lebens zu haben, und dessen Kenntnisse in allen Lebenslagen benutzt, geordert und bezahlt werden können[167].

Das ‚Selamatan-Ritual'

Es gibt keine Kultur ohne entscheidende und für die Gesellschaft zentrale Riten des Essens, die nach sozialen Schichten unterschiedlich sind. Dennoch ist wenig Literatur zu finden, die sich mit der Bedeutung des Essens für das jeweilige Gesellschaftssystem auseinandersetzt.

Aus diesem Grund soll das gemeinsame rituelle Essen – das ‚Selamatan-Ritual' besonders hervorgehoben werden.

„At the center of the whole Javanese religious system lies a simple,

166 Letztes Beispiel ist die zwangsweise Vereinigung von 4 islamischen Parteien anläßlich der politischen Wahlen 1972 zur ‚Vereinigten Entwicklungspartei' (PPP/Partai Persatuan Pembangunan) mit dem – eingelösten – Ziel inneren Zerwürfnisses und der Folge geringeren äußeren Einflusses.

167 In der Ehtnologie wird häufig der Begriff des Schamanen benutzt, der dem des indonesischen ‚dukun' als Übersetzung am nächsten kommt, da im Sanskrit ‚Sramana' oder ‚Pali samana' etwa ‚Weisheitsmann' oder auch ‚Asket' bedeutet. vgl. Findeisen, W., „Schamanentum", Stuttgart, 1957; Ohlmarks, A., „Studien zum Problem des Schamanismus", Lund, 1939

formal, undramatic, almost furtive, little ritual: the selamatan (also sometime called a kendurèn)[168].

Geertz setzt den ‚selamatan'[169] als javanische Version in den Kontext des in allen Religionen und Kulturen praktizierten rituellen Festmahls, dessen Teilnahme zur entscheidenden Aussage über die Zugehörigkeit zur mystischen und sozialen Gemeinsamkeit einer Gruppe oder Gesellschaft wird.

Ein ‚selamatan' muß bei allen bedeutsamen Anlässen gegeben, d.h. für die betreffende Umgebung, Nachbarschaft, Gruppe oder anderweitig zusammengesetzten Gemeinschaft von einer Familie, einer Instanz oder einem Individuum ausgerichtet werden, um die bösen Geister und damit verbundenes Unheil abzuwenden.

Dazu gehören die Einweihung eines Hauses, einer Straße oder eines Flugzeugs ebenso wie Geburt, Beschneidung, Hochzeit, Tod, Krankheit, die Ernte, oder die bewußte Veränderung eines Zustandes, eines Namens. Auch im Anschluß an schlechte Träume, vor politischen Diskussionen usw. muß ein ‚selamatan' gegeben werden.

Der festliegende und oral tradierte Ritus wird je nach Anlaß an bestimmten Stellen akzentuiert, das speziell zubereitete Essen geringfügig variiert; die Stimmung der Beteiligten ist bewußt feierlich getragen.

Ein ‚selamatan' aus Anlaß einer Geburt auf dem Dorf, wird der Nachbarschaft von den älteren Kindern des Auftraggebers, bzw. Gastgebers nach Sonnenuntergang ca. 15 Minuten vor dessen Beginn mitgeteilt. Die Mitteilung beinhaltet bereits die Einladung, sowie die Verpflichtung und Zusage ohne eine weitere Verständigung.

Eingeladen wird jeder Mann der näheren geographischen Umgebung. Diese setzen sich nach Eintreffen in dem größten Raum oder vor dem Haus in einem Kreis ohne Sitzordnung um das aufgebaute und von den Frauen des Haushalts – bzw. je nach Größe auch den Frauen der Verwandtschaft – besonders reichhaltig und symbolisch bunt gefärbte Essen und beginnen ein allgemeines und unverbindliches Gespräch, bis der Gastgeber die Zeremonie mit einer Rede beginnt.

Sie besteht aus dem Dank an der Anteilnahme der Gekommenen als Zeugen der Reinheit seiner Absicht, als deren materielles Zeichen der ‚selamatan' abgehalten wird und spricht den Wunsch aus, daß alle Beteiligten in gleicher Weise an den Segnungen teilhaben mögen, die sich aus der Zeremonie ergeben. Deren Datum wird durch einen religiösen Spezialisten des javanischen Kalenders und seiner mystischen Bedeutung vorher errechnet und festgelegt.

168 Geertz, C., a.a.O., S. 11 (die unterschiedliche Schreibweise erklärt sich aus der seit dem Erscheinungsjahr (1960) wiederholt geänderten offiziellen Schreibweise der ‚Bahasa Indonesia')

169 Die ‚Bahasa Indonesia' kennt keine Artikel. Der Verf. schließt sich deshalb mit der maskulinen Bestimmung ‚der selamatan' dem Sprachgebrauch deutsch- und indonesich-Kundiger an. (wie: ‚der Festakt')

Die Rede fährt weiter mit der Erklärung des Anlasses und endet mit Beschwörungen an die unzähligen männlichen, weiblichen, häßlichen, schönen, alten und jungen Geister des Hauses, der Umgebung und des Dorfes, sowie mit vielen Entschuldigungen für die unangemessene schlechte Qualität der Rede, des Essens und der gesamten Ausrichtung der Feier, ihrerseits verbunden mit der Hoffnung, daß sich dadurch niemand verletzt oder beleidigt fühle.
Danach beginnt im Auftrag des Gastgebers ein Freund, der des arabischen zumindest soweit mächtig ist, daß er einige Suren aus dem Koran vorsingen kann – oder ein islamischer Geistlicher – mit einem Gebetsgesang, der in den Pausen durch ein gemeinsames ‚amin' (Amen) akzentuiert wird.
Es folgt die Aufforderung zum Essen, wobei wiederum zwei Freunde das Essen in gleichmäßige Portionen aufteilen, auf junge Palmblätter legen und verteilen. Da angenommen wird, daß reden während des Essens Unglück bringt, werden einige Bissen schweigend mit der rechten Hand[170] zum Mund geführt und gegessen. Das Essen wird unterbrochen, die Erlaubnis zum Gehen erbeten und das – dem rituell-sakralen Charakter des Festes entsprechend nur angerührte – Essen eingepackt, mit nach Hause genommen und dort von der ganzen Familie gegessen. Der ‚selamatan' ist zu Ende.
Auffallendster sozialer Aspekt des Rituals ist die völlige Gleichbehandlung der männlichen Gäste, Feind und Freund, Bettler, Dieb, Polizist und Großbauer haben denselben Status. Die Frauen und Kinder sind in den ganzen Bereich der Vor- und Zubereitung, sowie der Ausschmückung des Ortes eingespannt und betrachten die Zeremonie an der Grenze zum Schatten oder durch einen Türspalt. Alle Beteiligten verstehen sich während der Zeremonie als einander gleich, als nahe und in der Gemeinsamkeit verbunden. Diese Gemeinsamkeit wiederum schützt vor den ungezählten und die Ordnung zerstören wollenden Geistern.
Die Geister gehen auf animistische Vorstellungen im Tylor'schen Sinn zurück und bestehen aus Seelen Verstorbener, aus Geist-Kopien, aus Geist-Seelen, die unverwundbar und auf ewig nach dem Tod existieren, vor allem aber ihrer Existenz in Form von Menschen, Tieren und unbeseelten Gegenständen wie Bergen, Häusern und Bäumen Gestalt verleihen können[171].
Sie werden zum Problem, da sie an der Entwicklung der Welt nicht nur weiterhin Anteil nehmen, sondern auch in ihrem Sinne ordnend eingreifen, was infolge der Zeit- und Generationsunterschiede zu Unordnung für die aktuell Lebenden führen muß.

170 Die linke Hand gilt als unrein, weil mit ihr die Rektalhygiene besorgt wird.
171 Tylor, E.B., „Primitive Culture", London, 1871, als Begründer einer Theorie des Animismus.

Der ‚selamatan' beschützt die Ordnung, die Harmonie und die Balance der Gemeinschaft und ihrer Individuen dadurch, daß sie sich als harmonische Gemeinschaft präsentiert und besticht die Geister damit, daß die Farben und das starke Aroma der Speisen auf ihre vermuteten Wünsche und Gelüste hin zubereitet wurden. Der ‚selamatan' wird zu Ehren der Geister ausgerichtet.

„This tendency to state the implications of social behaviour in psychological terms, according to its ultimate effect on the individual's emotional equilibrium, and to state those implications negatively, is characteristic"[172].

‚Negativ' wird dabei als Abwehr verstanden, da der ‚selamatan' nicht das Gute herbeiruft, sondern das Böse abwehrt – im Unterschied zum Christentum, wo die Anrufung Gottes, das Böse vertreiben hilft.

Der Verzicht auf einen ‚selamatan' bringt im Bewußtsein der Indonesier unweigerlich Unglück; alles Schlechte, Unangenehme und Tragische würde darauf zurückgeführt werden. Hat ein ‚selamatan' stattgefunden und geschieht dennoch Unheil, so erscheint dieses vergleichsweise akzeptabel, denn es hätte noch viel schlimmer kommen können, wäre der ‚selamatan' nicht abgehalten worden!

Dieses Gemeinschaftsritual hat seine Bedeutung trotz allgemeiner Modernisierung, trotz elektronischer Medien, Blue-Jeans und Honda behalten. Selbst in den urbanen Zentren der Millionenstädte wird der ‚selamatan' weiterhin praktiziert. Lediglich „die schmale Spitze der Einkommens- und Besitzpyramide (der) kleine(n) urbane(n) Oberschicht (ca. 5 %), die sich vor allem aus Spitzenbeamten, Militärs sowie einer kleinen Gruppe von Unternehmern und Freiberuflern zusammensetzt"[173], vermittelt den Eindruck, als erfolge ihre Teilnahme am ‚selamatan' mehr aus Gründen des sinnentleerten ‚sehens und gesehen werdens'; vielleicht auch aus jener verletzenden Rücksicht den vermeintlich ‚Rückständigen', ‚Unmodernen' gegenüber, die typisch ist für die gesellschaftlichen Aufsteiger der oberen Mittelklasse – nicht nur in der dritten Welt.

Der ‚selamatan' erscheint als das ausgeprägteste Gemisch von animistischen und islamischen, je nach Örtlichkeit auch buddhistischen und hinduistischen bis christlichen Elementen.

Der ‚selamatan' ist zugleich Symbol und ständiger Bewirker oder Erneuerer der Gemeinschaft und ihrer täglichen Probleme, Sorgen, Nöte und Freuden. Dieses Ritual ist eine Instanz zur Vermittlung sozialen Verhaltens, hoher sozialer Wertigkeit im Rahmen des irdischen und transzendental-kosmischen Ganzen, die nichts und niemanden ausschließt, sondern in hohem Maße integriert.

Obwohl die Frauen und Kinder in der traditionellen Form des ‚se-

172 Geertz, C., a.a.O., S. 14
173 Fremerey, M., a.a.O.

lamatan' im Kern der Zeremonie am Rande stehen – nicht aber dadurch ausgeschlossen sind –, besteht das Zentrum des Rituals aus den speziellen Gerichten, von deren kunstfertiger Zubereitung durch die Frauen die Wirksamkeit auf die Geister abhängt. Und es sind die Kinder, bzw. noch nicht erwachsenen Verwandten, die – in sich bereits Symbole der Reinheit und Arglosigkeit – den ‚selamatan' ankündigen; ähnlich vielleicht dem früheren Brauch in Deutschland, an Weihnachten und Ostern die Glückwünsche der Familie durch die Kinder der Nachbarschaft zu übermitteln. Die Kinder haben damit einen festen Platz und eine verantwortliche, wirkliche – nicht gespielte – Aufgabe, denn sie müssen jeden verständigen, furchtlos auch in das Haus eines Feindes gehen, denn nur durch die Beteiligung aller bekommt der ‚selamatan' seinen Sinn.
Der ‚selamatan' schließt den Kreis zwischen Mann und Frau, Kind und Erwachsenen, Armen und Reichen, zwischen Diesseits und Jenseits.

‚Pesantren'

Zentrale traditionelle Erziehungs- und Ausbildungsinstitutionen sind die nichtstaatlichen ‚pesantren' (oder pondok), die sich um einen ‚kyai'[174], einen religiös-islamischen Führer bilden. Charakteristikum der ‚pesantren' ist ihre völlige Selbständigkeit in organisatorischer, politischer, pädagogischer und wirtschaftlicher Hinsicht.
‚kyai' zu werden ist keine Angelegenheit von Karriere innerhalb religiöser Institutionen, sondern hängt von der Weisheit und Tatkraft des Einzelnen ab, der in Anerkennung seiner Gedanken und Handlungen von einer Dorfgemeinde irgendwann, ohne formalisierten Prozeß und unabhängig seines Alters als ‚kyai' anerkannt wird.
Die ‚kyais' begründen dann ein ‚pesantren; sie bauen sich zunächst ein Haus und unterweisen die Kinder der Nachbarschaft in allem Wissenswerten des täglichen und spirituell-religiösen Lebens. Im Vordergrund stehen dabei landwirtschaftliche und handwerkliche Unterrichtung anhand der zum dörflichen Leben gehörenden Arbeiten im Haus und auf dem Feld des ‚kyai', das die Dorfgemeinschaft manchmal zur Verfügung stellt oder dem ‚kyai' gehört. Aus diesem Kern entwickeln sich die ‚pesantren' z.T. zu beachtlichen landwirtschaftlichen Unternehmungen mit bis zu 1.000 Schülern, die mit-

174 Der Verf. folgt der Schreibweise der Pesantren-Studie des ‚Jakarta Instituts für wirtschaftliche und soziale Forschung, Erziehung und Information' (LP3ES). Vgl. Rhardjo, D., „Pesantren dan Pembarahuan", Jakarta, 1974; Geertz, C., „The Javanese Kijaji: The Changing Role of a Cultural Broker", Comperative Studies in Society and History, 2, 1960, S. 228 ff.

unter von weit her und für viele Jahre von ihren Eltern in den internatsähnlichen Schulbetrieb geschickt werden.
Die Schüler – ‚santris'[175] – sorgen in geleiteter Selbstverwaltung für den Bau ihrer Häuser, Schlaf- und Lernplätze, kochen und waschen selbst, teilen die notwendigen Gemeinschaftsarbeiten, unterrichten die jeweils Jüngeren und erwirtschaften durch den landwirtschaftlichen und handwerklichen Betrieb – der ab einer bestimmten Größe nicht nur der Subsistenz dient – Überschüsse, die nach gemeinsamen Beratungen entweder in Landkauf, in eine Bibliothek, in Stipendien oder den Bau eines Fischteichs investiert werden.
Obwohl die Mehrzahl der über 50.000 ‚pesantren' monogeschlechtlich betrieben wird, gibt es auch einige koedukative ‚pesantren'[176].
Die Zahl der Schüler läßt Rückschlüsse auf das Vertrauen der Dorfgemeinschaft zu einem ‚kyai' zu, deren Selbstverständnis eine Einordnung in staatliche Zusammenhänge oder Curricula-Bestimmungen des Erziehungsministeriums nicht zuläßt. Die geistige und tatsächliche Stärke der ‚kyais' und ihrer ‚pesantren' liegt in ihrer Unabhängigkeit, in der Ablehnung jeder formalen Autorität[177].
Die ‚pesantren' gehen mit einiger Wahrscheinlichkeit auf hinduistische Gemeinschaften zurück, die sich in relativer Abgeschiedenheit einem Denken und Arbeiten in religiösem Sinne widmeten[178]. Die ‚pesantren' sind jedoch nicht vergleichbar mit einem „strictly ruled monastery system of medieval Catholicism, but (is) a system in which each elderly religious scholar is settled into his own academy, while students come and go more or less casually ... supporting themselves by working, doing as much chanting as they wish, discussing religion with their fellows ... a santri is not an apprentice saint; he is merely a young man becoming adult in a religious environment,

175 ‚santri' heißt sowohl ‚Schüler eines pesantren', als auch der Teil der javanischen Bevölkerung, der im islamischen Sinne gläubig ist und den Regeln des Koran weitgehend folgt.
vgl. dazu und zur Definition der ‚abangan' - ‚santri' - ‚prijaji' -Einteilung der javanischen Gesellschaft: Geertz, C., a.a.O., S. 5 ff.

176 z.B. das aus säkularer Sicht moderne ‚pesantren' in Pabelan, ca. 30 km von Jogjakarta/Zentraljava

177 Der ‚kyai' des Pesantren Pabelan sagte zu einer fact-finding-mission der Erziehungswissenschaftlichen Fakultät der Universität Frankfurt (Prof. Dr. Böhme, Prof. Dr. Jouhy, G. Dressler), die mit Unterstützung der Friedrich-Naumann-Stiftung 1975 die Erziehungsinstrumente Indonesiens untersuchte: „Wir sind alle Menschen und wenn ich ein Gespräch mit dem Erziehungsminister oder Präsident Suharto habe, so in ihrer Eigenschaft als Menschen, denn kein Mensch ist über einem anderen Menschen; über dem Menschen ist nur Gott".
Vgl. Böhme, G., Jouhy, E., Dressler, G., „Evaluierung massenwirksamer Erziehungsinstrumente in Indonesien", Frankfurt, 1975

178 Berg, C.C., „Indonesia", in Gibb, H.A.R., (Hrsg.) von „Whiter Islam? A Survey of Modern Movements in the Muslim World", London 1932, S. 257; Dhofier, Z., „Santri-Abangan dalam Kehidupan Orang Java: Teropong dari Pesantren", in ‚Prisma', Nr. 5, Jakarta 1978, S. 71

growing to maturity with the droning chants of Islam echoing in his ears“[179].

Abdurrahman Wahid geht im Rahmen seiner Studie[180] der Frage nach, inwieweit ‚pesantren‘ eine Subkultur darstellt und wegen des subkulturellen Charakters nicht in den Gesamtentwicklungsprozeß der letzten Jahrhunderte integrierbar war und eben deshalb seinen eigenständigen Charakter, die ‚pesantren-santri-Identität‘ erhalten hat. Wahid sieht den subkulturellen Aspekt der ‚pesantren‘ in ihrer gesellschaftlichen Sonderstellung und in den Grenzen, die von der Gesellschaft in ihrem Verhältnis zu den ‚pesantren‘ gezogen werden.

Geertz schreibt: „When the boy is ten or twelve and seems self-reliant, he is finally allowed to go off somewhere to pondok, returning home from time to time for short periods (and for circumcision), finally settling down in his own home when his parents have arranged a marriage for him. From than on he does his daily prayers, goes to mosque on Fridays, contributes to the support of pondoks if he can afford to, and visits his old ‚kijajis‘ from time to time for advice, spiritual counsel, and even for a little curing“[181].

Die ‚pesantren‘ sind über ihre unmittelbaren Aspekte religiös dominierter, nichtformaler Erziehungseinrichtungen, Zentren spiritueller und praktischer Beratung einschließlich traditioneller Heilkunde, oft auch verbunden mit der Unterweisung in ‚pentjak-silat‘ und ‚adat‘, dem ungeschriebenen und an der Gewohnheit fortentwickelten traditionellen Recht[182].

Wenn Subkultur in vereinfachter Weise als abweichendes Verhalten definiert werden kann, so ist ‚pesantren‘ in Bezug auf Durkheim, Parsons und Wahid organisiertes abweichendes Verhalten als Wegbereiter sozialen Wandels[183].

Abweichend von der Normalität des Lebens ist dabei das hohe Maß einer als Norm nicht nur vermittelten, sondern tatsächlich gelebten – und auch von außen beanspruchbaren – geistigen und körperlichen Reinheit, aus der die Kraft zu harmonischem, menschenwürdigem Denken und Handeln erwächst. Die Funktion der ‚pesantren‘ als Institutionen passager durchlebten abweichenden Verhaltens liegt somit in der Anpassung von Individuen an die vorgegebenen gesell-

179 vgl. Anm. 185

180 Wahid, A., „Pesantren sebagai Subkultur“ in: „Pesantren dan Pembaharuan“, a.a.O., S. 39 ff

181 Geertz, C., a.a.O., „The Religion...“, S. 179

182 Emmerson, D.K., „Indonesias Elite, Political Culture and Cultural Politics“, Ithaca and London, 1976; besonders die Beschreibung des Lebens in einem ‚pesantren‘ - S. 86-92

183 Durkheim, E., „Les formes élémentaires de la vie religieuse“, Paris 1912; ders., „Les règles de la méthode sociologique“, Paris 1895; Parson, T., „The Social System“, Glencoe, 1951; Wahid, A., a.a.O., S. 59 f

schaftlichen Strukturen und reduziert die Bedürfnisse nach Konformität und Abweichung auf den Wert von Harmonie und Balance[184].

Wie im historischen Exkurs dargestellt, war der indonesische Unabhängigkeitskampf primär eine säkulare Bewegung, die allenfalls von den ‚kyais' und anderen geistlichen Führern als Mittel zum Zweck gesehen wurde, um nach der Unabhängigkeit einen islamischen Staat auf der Basis des Korans zu gründen. Orthodoxe und fanatische Moslems erschwerten danach nämlich die Heranbildung und Konsolidierung des neuen Staates sowohl in der Ära Sukarno, als auch unter Suharto.

Ein staatliches Erziehungs- und Ausbildungssystem auf der Grundlage der ‚pesantren' war deshalb von vornherein ausgeschlossen, weil sie – in Teilen zu Unrecht – als Brutstätten fanatischen Religionskampfes angesehen wurden. Die Führer des Befreiungskampfes legten sich unter der späteren Regierung eindeutig auf ein säkulares Schulsystem formal-westlicher Prägung fest und nahmen Religion als Fach unter anderen in den Lehrplan auf.

Eine der wenigen Ausnahmen stellt das 1926 in West Sumatra von Moh. Syafei in der Art deutscher Landerziehungsheime gegründete ‚pesantren-Internat', „Indonesische Nederlandsche School (INS)"[185] dar, dessen Konzept in der Erziehung zur Freiheit durch gemeinsames Leben, Lernen und Arbeiten bestand, und heute noch besteht.

Im Unterschied zu den staatlichen Schulen sind die ‚pesantren' nicht auf staatliche Hilfen angewiesen, lehnen sie sogar ab, um die Unabhängigkeit nicht zu verlieren[186].

Sie stehen alternativ neben den allgemeinen Schulen und modernisieren bzw. säkularisieren ihre Curricula nach den Modellen ‚Mutter-pesantren', deren ‚kyais' eine herausragende und meinungsbildende Kraft auf die anderen haben.

Ein Beispiel ist das ‚pesantren pertanian Darul Fallah' in der Nähe Bogors in Westjava, das 1960 auf einem 20 Ha. Gelände gegründet wurde. Die prozentuale Verteilung des Lehrangebots sieht folgendermaßen aus[187]:

184 Merton, R.K., „Social Theory and Social Structure", Glencoe, 1957

185 Edwar, „Model Pendidikan di Sumatra Barat: Kasus INS kayu Tanam", in: „Pesantren dan Pembaharuan", a.a.O., S. 155 ff. (Übers.: Erziehungsmodell in Westsumatra: das Beispiel INS Kayu Tanam)

186 Es sind dem Verf. zwei Fälle bekannt, wo ausländische Unterstützung (NOVIB/Holland und Friedrich Naumann Stiftung/BRD) im Gegensatz zur staatlich indonesischen akzeptiert wurde, da kein direkt politisch wirksames Kontrollinstrument damit verbunden war.

187 Quelle: M. Saleh Widodo, „Pesantren Darul Fallah: Eksperimen Pesantren Pertanian", in: „Pesantren dan Pembaharuan", a.a.O., S. 23

– allgemeines Wissen und Religion	=	25 %
– Landwirtschaft	=	12,6 %
– technisch-handwerkliche Ausbildung	=	13,1 %
– sozial-ökonomisches Wissen	=	8,8 %
– Erdkunde und Naturwissenschaften	=	10,6 %
– Projektarbeit auf dem Land	=	20,6 %
– Verschiedenes	=	8,6 %

Die ‚pesantren' sind untereinander nicht organisiert, sondern von Fall zu Fall freundschaftlich – auch feindschaftlich – verbunden. Der Abschluß einer ‚pesantren'-Ausbildungszeit unterliegt den eigenen Gesetzen jedes ‚pesantren' und wird in vielen Fällen an weiterführenden Schulen, Fachhochschulen oder Universitäten – vor allem an den privaten islamischen Lehrinstituten – zumindest als Zulassung zur Aufnahmeprüfung anerkannt.

Bei soviel praktizierter und gesellschaftlich akzeptierter Eigenständigkeit der ‚pesantren', ihrer ‚kyais' und ihrer ‚santris', verwundert die Toleranz eines die rasche Industrialisierung wollenden Staates mit militär- und polizeistaatlichem Gepräge, einschließlich technokratisch-westlicher Ausbildung seiner Führung.

Bereits 1935 kritisierte der indonesische Gelehrte T.S. Alisjahbana die ‚pesantren' und forderte „the collaps of the traditions, an end to blind veneration of kyais, the smashing of static, passiv unity, the disappearance of conservatism, and the bringing to life of the individual selfhood of each human being"[188].

Auch heute stehen die traditionellen ‚pesantren' unter der kritischen Beobachtung der aktuellen Machthaber; weniger weil sie den Konservatismus bekämpfen, sondern weil die ‚pesantren' in ihrer Unabhängigkeit politisch nicht zu kontrollieren sind. Unter dem Eindruck vieler Fehlinvestitionen und offensichtlicher Mißerfolge beim Aufbau eines westlich-formalen Schulsystems, sowie in Beachtung der internationalen Diskussion um ‚nonformal', ‚informal', ‚life-long' und ‚out of school' – ‚education', die ihren Niederschlag in mehreren positiv zu beurteilenden ‚pilot-projects' gefunden hat, gewinnen die ‚pesantren' als System von Erziehung und Ausbildung zunehmend staatliche Beachtung[189].

Das überwiegend positive Urteil der Bevölkerung den ‚pesantren', bzw. den ‚kyais' gegenüber hat sich kaum geändert. Dies liegt weniger am Konservatismus der überwiegend ländlichen Bevölkerung, sondern an ihrer überkommenen Fähigkeit, Menschen und Ideen

188 Alisjahbana, T.S., „Didikan Barat dan Didikan Pesantren: Menoedjoe ke Masjarakat jang Dynamisch", 1935, zitiert nach Emmerson, D.K., a.a.O., S. 100

189 vgl. die teilveröffentlichte ‚pesantren'-Studie als erste systematische Untersuchung dieses Faktors, ‚Lembaga Pendidikan, Penelitihan, Penerangan, Ekonomi dan Sosial (LP3ES)', die mit Unterstützung der Friedrich Naumann Stiftung 1974/75 durchgeführt wurde.

nicht an dem zu messen, was sie sagen, sondern, was sich im konkreten Leben anfangen läßt.
Der Maßstab der Beurteilung ist dabei identisch mit der öffentlich nachprüfbaren Haltung der ‚kyais', den Unterschied zwischen Denken und Handeln möglichst gering zu halten, bzw. die subjektiven Bedürfnisse so zu gestalten, daß sie zu objektivierbaren, von allen und gemeinsam realisierbaren Bedürfnissen werden.

Der ‚dukun'

Der indonesische ‚dukun' gehört zu den schillerndsten Phänomenen der traditionellen Kultur; in ihm vereinen sich nicht nur alle Möglichkeiten menschlichen Glaubens, sondern auch des traditionellen Wissens über die Zusammenhänge von Körper und Seele, von Natur und Kultur, von Welt und Kosmos.
Der ‚dukun' ist mit ‚ilmu' (Wissen, innere außergewöhnliche Kräfte) begabt, das ihn befähigt, Krankheiten zu heilen, die Zukunft oder die Vergangenheit zu sehen, den Willen anderer Menschen und Tiere zu beeinflussen, böse Geister zu bannen und gute Geister als Beistand zu holen.
Einem ‚dukun' wird allgemein konzidiert, daß er auf magische Weise und mittels mystischer Praktiken Zugang zu Ursachen und Abläufen hat, von denen die Menschen, die Tiere, die ganze Natur und Kultur betroffen sind.
Fast alle ‚dukuns' erwerben ihre Fähigkeiten von ihren Vätern oder nahen männlichen Verwandten, die bereits als ‚dukuns' gearbeitet haben und ihre Lehre und Fähigkeiten übertragen[190]. Weibliche ‚dukuns' sind seltener und praktizieren meist als Hebammen, Abtreibungsspezialisten, im Bereich der Massage als Heilmittel, sowie als Hersteller und Verkäufer von Kräuterheil- und Schönheitsgetränken.
Ihre gesellschaftliche Stellung ist so geachtet wie gefürchtet. Ein ‚dukun' arbeitet im Auftrag und gegen Bezahlung entsprechend der materiellen Situation des Auftraggebers, wobei sich die Bezahlung nach dem Gewicht richtet, das seiner Arbeit beigemessen wird. Die Heilung eines Kopfschmerzes ist deshalb billiger, als das Aufdecken eines Betrugs oder das Bewirken von Krankheit oder Tod für einen entfernt wohnenden Geschäftspartner. Nicht selten wird die Abtretung der eigenen Seele für gewünschten materiellen großen Wohlstand aufgrund der Mithilfe eines ‚dukun' verlangt[191].

190 Geertz, C., „Religion...", a.a.O., S. 88 ff.
191 Wickert, U., „Im Jahr...", a.a.O., S. 96 ff dies., „Immer im Januar", Weinheim und Basel 1979

Um im Falle angewünschter Zauberei den nachteiligen Wirkungen zu entgehen, hilft nur die Arbeit eines stärkeren ‚dukun'. Besonders exponierte Persönlichkeiten des politischen und wirtschaftlichen Lebens halten sich daher häufig und ganz in der Tradition der indonesischen Aristokratie einen ständigen ‚dukun', dessen Arbeit darin besteht, das eventuell von einem Widersacher georderte und mittels eines anderen ‚dukun' bewirkte Übel bereits im Ansatz zu erkennen und durch mächtigere Kräfte unwirksam zu machen[192].

Ein ‚dukun' lebt ohne bestimmte äußerliche Unterschiede zu seinen Mitbürgern im Dorf oder einem Stadtviertel; es unterscheiden ihn keine Standeszeichen, Titel oder besonderer Wohlstand von der Gemeinschaft, in der er lebt. Es sind auch nicht die mystisch beladenen Gegenstände seines Besitzes oder seiner Kleidung[193], sondern die tatsächlichen oder vermuteten Beweise seiner Kunst, die ihm zu Ansehen und Respekt verhelfen.

Ein ‚dukun' „is protected against the inevitable ambivalence with which the public views the curer of souls in any culture by social „normality" of his role, by the regularity of the traditionalized procedures he employs, by the strictness of his discipline and the depth of his learning, by his insistence that he cures with the aid of God, by his pseudoparental status, and by his own usually sound enough civic reputation – these ‚bourgeois virtues' balancing off the morally equivocal forces with which he deals and the possibilities for doing evil with which is presented"[194].

Es gibt ausgesprochen ‚weiße' und ‚schwarze dukuns' im Sinne von ‚weißer und schwarzer Magie', deren Kräfte sich an den Objekten ihrer Arbeit messen; meist vereinen sich jedoch ‚weiß' und ‚schwarz' in einem ‚dukun', da z.B. die Kenntnisse über Heilungsprozesse auch die Entstehung der Krankheit beinhalten[195].

Das tägliche indonesische Leben ist voller Geschichten und tatsäch-

192 Typisch ist die, dem Verf. 1972 berichtete Geschichte eines Gouverneurs in West-Sumatra, der bei einer politischen Versammlung sprach und plötzlich von einem Teilnehmer in seiner Nähe das Trinkwasserglas aus der Hand geschlagen bekam. Der Mann wurde überwältigt und im Gefängnis verhört, da man ihn für einen Attentäter hielt. Er bat darum, die Scherben des Glases chemisch analysieren zu lassen, da er behauptete, daß das Wasser von einem ‚dukun' vergiftet worden sei, um den Gouverneur zumindest für die Dauer seiner Kampagne auszuschalten. Die Laboranalyse bestätigte seine Angaben und nach seinem Wissen und seiner Motivation befragt, gab er preis, von seinem (‚dukun') Vater ohne Wissen des Gouverneurs mit der Aufgabe betraut worden zu sein, den Gouverneur vor Anschlägen zu schützen, um so eine viele Generationen zurückliegende Verpflichtung dessen Familie gegenüber, abzutragen. Der Mann wurde freigelassen und arbeitete fortan mit Wissen des Gouverneurs als dessen ‚dukun'!

193 z.B. Ringe mit Steinen seltener Färbung oder Struktur; Amulette; beseelte Waffen vor allem der ‚kris'; im Haus verwahrte Knochenreste; Akupunkturnadeln; mitunter auch eine rot oder blau leuchtende Lampe in oder vor dem Haus.

194 Geertz, C., „Religion...", a.a.O., S. 100

195 Weck, W., „Heilkunde...", a.a.O., S. 216 (Heilmittel) und S. 244 (Gifte)

licher – oder zumindest als tatsächlich vermuteter – Beweise für die Möglichkeit, den konkreten, naturwissenschaftlich nachweisbaren Grundlagen des biologisch-physikalischen Lebens und seiner Umweltbedingungen durch besondere innere Kräfte – die auch unbeseelten Gegenständen gegeben sein können – eine andere als die ‚natürlich' anzunehmende Entwicklung zu geben.
Die ‚dukuns' – jedes Dorf hat einen oder mehrere, die sich oft gegenseitig als Schwindler anschwärzen – als geheimnisvollste Instanz indonesischer Realität aller Lebens- und Wirkungsbereiche, vermitteln damit die Möglichkeit eines Eingriffs in die gott- und geistgewollte Schicksalshaftigkeit irdischen Lebens, ohne in Widerspruch z.B. zur islamischen Religion zu geraten, wo das Schicksal unverrückbar und vom Menschen nicht wirklich gestaltbar vorbestimmt ist.
Das Phänomen der ‚dukuns' ist zweifellos der Kulminationspunkt indonesischen Synkretismus und Schnittpunkt zwischen Mythos und Realität[196]. „In a country like Indonesia, particularly in Java, the fertile soil of spiritualism absorbs all kinds of religions and than accultaralizes them into beliefs and practices which have unique features and characteristics of their own. Nothing remains pure ... nothing is absolutly black or completely white. It is always grey and, even then, in different shades and tones"[197].

196 Lee Khoon Choy, „Indonesia...", a.a.O., vor allem die Kap. 8 und 13
197 ders., a.a.O., S. 4

III. Teil
Die Entwicklung moderner Sozialisation

Erziehung und Lernen als nationale Aufgabe

„Heute bietet die nationale Unabhängigkeit, die Bildung neuer Nationen in den unterentwickelten Gebieten total neue Aspekte. Den einzelnen Ländern fehlt dort überall, abgesehen von einigen Schau- und Prunkstücken, die nötige Infrastruktur: sie haben zu wenig Schulen ...“[198].
Die Schule, d.h. der formalisierte Lern- und Ausbildungsbereich wurde in der 1. und 2. Entwicklungsdekade trotz umfangreicher Kritik[199] zu einem der Hauptindikatoren von ‚Entwicklung‘. Das ‚United Nations-Research Institute for Social Development‘ (UNRISD) erarbeitete Entwicklungs- und Strukturindikatoren für Erziehung, die im sozialen und demographischen Bereich der Aufstellung den größten Raum einnehmen[200]. Ein Indikator ist jedoch „in der Regel ... eine Teil- oder Ersatzmaßeinheit oder ein indirektes Maß für nichtmeßbare Faktoren oder Ziele (sowie soziale Gerechtigkeit, Bildung oder eben Entwicklung)“[201].
Der 1977 verstorbene E.F. Schumacher fragt in seinem berühmt gewordenen Buch „Small is Beautiful“ – „Can education help us to finish the sentence, to turn the potentiality into a reality to the benefit of man?“ Und er definiert weiter, daß „the essence of education, ... , is the transmission of values, but values do not help us to pick our way through life unless they have become our own, a part, so to say, of our mental make-up“[202].
Wie stark und offensichtlich die vermittelten Werte durch die Instrumente traditioneller Erziehung zum „mental make-up“ Indonesiens gehören, versuchte der erste Teil dieser Arbeit auch unter dem Gesichtspunkt zu zeigen, daß eine indikatoren-fixierte Darstellung der tatsächlichen Situation Indonesiens wenig nahe käme. Der folgende Bereich des formalen Erziehungs- und Ausbildungsbereichs als In-

198 Fanon, F., „Die Verdammten dieser Erde“, Frankfurt 1966, S. 75
199 vor allem: Freire, P., „Pädagogik der Unterdrückten“, Reinbek, 1973; Illich, I., „Entschulung der Gesellschaft“, München, 1972; ders., „Schulen helfen nicht“, Reinbek
200 United Nations., „Report on the International Definition and Measurement of Standards and Levels of Living“, New York, 1954, abgedruckt in: Nohlen, D., und Nuscheler, F., (Hrsg.) „Handbuch der Dritten Welt“, Hamburg, 1974, Bd. I., S. 331 (vgl. S. 356/Quantifizierte Zeitreihenanalyse von Unterentwicklung/Entwicklung nach Nohlen/Nuscheler)
201 Nohlen, D., und Nuscheler, F., a.a.O., S. 326
202 Schumacher, E.F., „Small is Beautiful“, London 1973, S. 66

strument moderner Sozialisation im Rahmen der national formulierten und angegangenen Aufgabe ist gleichfalls nicht als Indikator, sondern als Komponente, als „Faktor, der Teil des Entwicklungsprozesses ist", zu verstehen[203].

Erziehung und Lernen

Die Frage nach den Lernprinzipien, Lernkapazitäten und Lernnotwendigkeiten ist zugleich die Frage danach, ‚was', ‚wann', ‚wem', ‚warum' und ‚wofür' gelernt wird. Generell ist „Erziehung weder ein Prozeß, der sich auf das Verhältnis Erwachsener-Kind beschränkt (Entfaltung des kindlichen Individuums), noch auf die mechanistisch-kausale Determination: Welt-Individuum (schichtenspezifische Determination des Lernens), noch auf die Scheindialektik: Triebstruktur und Gesellschaft (psycho-analytische Entwicklungstheorie der libidinösen Phasen); Erziehung ist ein Prozeß, der sich nicht nur in Institutionen der Gesellschaft, wie Familie und Schule vollzieht und nicht nur zwischen isolierten Personen, den „mündigen, aufgeklärten Gebildeten" gegenüber „unmündigen Ungebildeten", abläuft"[204].
Allein die Überlegung wieviele Stunden ein Kind und besonders ein Erwachsener mit formaler Erziehung zubringt, führt zu der Aussage von Ivan Illich, daß „die zweite große Illusion auf der das Schulsystem beruht, in der Annahme (besteht), daß Lernen meistens ein Ergebnis von Unterricht sei. Gewiß kann Unterricht unter bestimmten Umständen zu gewissen Arten des Lernens beitragen. Die meisten Menschen aber erwerben den größten Teil ihres Wissens außerhalb der Schule;"[205].
Lernen auf dem indonesischen Dorf bedeutet für ein Kind in erster Linie die Gesetze, Normen und Werte der älteren Geschwister, der Eltern, Großeltern und der Gemeinschaft zu kennen, um möglichst frühzeitig Arbeiten im Haus, in der Erziehung der noch Kleineren, auf dem Feld und bei der Vorbereitung und Durchführung von Festen ausüben zu können. Die Kinder des Dorfes lernen nicht über eine Verkleinerung der Realität mit Spielzeug, z.B. Puppenstube, Kaufladen, Eisenbahn, sondern haben bereits im Alter von 5 oder 6 Jahren festumrissene Aufgaben[206]. Diese bestehen aus Behilflichkeiten im Haushalt, beim Marktgang, bei der Ernte auf dem Reisfeld oder

203 McGranaham, D., „Development Indicators and Development Models", in: Journal of Development Studies, Bd. 8/1972, S. 91 ff.
204 Jouhy, E., „Zum Begriff der emanzipatorischen Erziehung", S. 145
205 Illich, I., „Entschulung der Gesellschaft", München 1972, S. 31
206 Eine Reihe von typischen Spielen städtischer Kinder in I. ist beschrieben in: Wickert, U., „Im Jahr...", a.a.O.; vgl. auch: Schwartzman, H.B., „Transformations, The Anthropology of Children's Play", New York 1978, S. 30 und S. 155 ff.

im Hüten von Gänsen, Ziegen und Wasserbüffeln. Daneben gilt es auf die noch jüngeren Geschwister aufzupassen oder in die Vorbereitungen von Festen dadurch eingespannt zu sein, daß Verzierungen aus Flechtarbeiten oder anderes anzufertigen oder das Fest selbst anzukündigen ist.
Zudem sind die Kinder in die häufig anzutreffende Heimarbeit für die kleinen Fabriken der Textil-, Zigaretten- oder Kunsthandwerksindustrie eingespannt und stellen einen wichtigen ökonomischen Faktor dar[207].
Lernen heißt also, sich möglichst rasch in den Realitäten des dörflichen und städtischen Lebens zurechtzufinden, um die vorgegebenen Aufgaben erfüllen zu können.
Lernen ist also kein Vorgang, für den eine bestimmte Uhrzeit vorgesehen ist, währenddessen das Kind von anderen Aufgaben freigestellt ist. Lernen ist die Integration und Beteiligung am realen Leben der Gemeinschaft. Zum realen Leben gehören auch die Verbindungen von rationaler Erkenntnis zu Religion und Mystizismus; gehört auch das Kennen all der kleinen, großen, bösen und guten Geister, die überall anzutreffen sind, die es abzuwehren oder gütig zu stimmen gilt. Das Kind bekommt seinen Platz in der Gemeinschaft durch frühe Verwobenheit in ein dichtes Netz von Aufgaben, Verboten, Geboten und Verpflichtungen. Die Kenntnis allen Wissenswertens erhält das Kind nicht durch geleitetes Spiel und formalisierten Lernprozeß, sondern durch fast ungeleitete Partizipation an den Realitäten des Lebens seiner Umgebung.
Die Schwierigkeiten bei der Einführung allgemeiner Schulpflicht ergeben sich deshalb daraus, daß schulisches Lernen im allgemeinen keinen direkten Bezug zu den Lebensumständen und Aufgaben der Kinder hat und kein Wissen vermitteln wird, das zur Erfüllung dieser Aufgabe augenscheinlich mehr beiträgt, als der Gang zum Markt oder auf das Reisfeld während derselben Zeit.

Die staatlichen Schulen

Das indonesische Schulsystem umfaßt eine sechsjährige Grundschule, eine sechsjährige Höhere Schule, die in einen unteren und einen oberen Zyklus unterteilt ist, sowie Akademien und Universitäten mit drei- bis fünfjährigen Studiengängen.
1971 waren 15,7 Millionen Schüler in der Grundschule, 2,6 Mil-

207 White, B., a.a.O., S. 8 ff.

lionen in der Höheren Schule und 0,3 Millionen an den Universitäten u.ä. eingeschrieben[208].

Ein Drittel der Kinder und Jugendlichen im Alter von 7 bis 12 Jahren – 6,3 Millionen – sind an keiner Schule eingeschrieben; sie besuchten entweder nie eine Schule oder traten vorzeitig wieder aus. Nur 25 % absolvierten die Grundschule erfolgreich nach sechs Jahren; die Klassenwiederholungsrate beträgt 12 %. Der Zugang zur Schule ist regional stark unterschiedlich. Die städtischen Gegenden bieten mehr, die ländlichen Gebiete deutlich weniger Möglichkeiten. Den 15,7 Millionen eingeschriebenen Grundschülern standen 1971 insgesamt 88.000 Schulen und ca. 500.000 Lehrer zur Verfügung.

Die Qualifikationen der Lehrer liegen in der Regel weit unter den Erfordernissen und variieren gleichfalls regional. Die Curricula sind den lokalen Bedürfnissen nicht angepaßt und die verschiedentlich durchgeführten Reformen haben an der überkommenen Unterrichtspraxis wenig geändert. Abschreiben und Auswendiglernen sind die Hauptbeschäftigungen der Schüler in überfüllten Klassen mit Schichtunterricht, um der Raumnot Herr zu werden.

Die jährlich aufgewendeten Kosten pro Grundschüler belaufen sich auf 5 US-Dollar, ein niedriger Betrag im Vergleich mit anderen Entwicklungsländern[209]. Einen vergleichsweise hohen Eigenbeitrag davon leisten die Eltern mit ca. 20 %.

Parallel zur staatlichen Grundschule stehen die hauptsächlich islamischen privaten Religionsschulen – Madrassah – zur Verfügung. Im Grundschulbereich entfallen etwa 20 % der eingeschriebenen Schüler auf die Religionsschulen, von denen ca. 2 % staatlich unterhalten werden.

Die Höhere Schule ist ungewöhnlich differenziert, in sich aber starr auf Fakultäten fixiert, und bietet im unteren Zyklus neun und im oberen Zyklus zwölf unterschiedlich spezialisierte und im Lehrplan entsprechend ausgerichtete Schultypen an.

208 „Statistik Persekolahan Seluruh Indonesia Tahun 1971", BPP, Jakarta, 1973, Hrsg.: Office of Educational Development, Ministry of Education, Republic of Indonesia
vgl. die i.A. des Bundesministeriums für wirtschaftliche Zusammenarbeit verfaßte Studie: Lempilius, C., „Indonesien, Erziehungssektor – Teilanalyse", Hamburg 1974
(Die Studie legt umfangreiches Material vor und analysiert die Daten im Rahmen neuerer Entwicklungsländerdiskussion; besonderen Wert erhält die Arbeit durch die vieljährigen praktischen Arbeitserfahrungen des Verf. in I. und die darauf basierenden Gewichtungen der Daten, Angaben und Interviews)

209 Ausgaben p.a. pro Grundschüler:

Indonesien	–	5 US $
Thailand	–	20 US $
Philippinen	–	25 US $
Malaysia	–	75 US $
Japan	–	180 US $
Niederlande	–	300 US $

Zahlen aus: „Comparative Education Indicators" World Bank Group, 2/1974

Ein derartig auf Berufsgruppen spezialisiertes Schulsystem erscheint hingegen nur dann sinnvoll, wenn der Schule oder Universität eine adäquate Arbeitsmöglichkeit gegenübersteht. Das ist nicht der Fall. Außerdem gilt auch für Indonesien, daß ein großer Teil der Absolventen den angestrebten Beruf nach absolvierter Ausbildung nicht ausübt. Häufig nutzt er diese Qualifikation, um die Universität zu besuchen oder um einen ganz anderen Beruf zu ergreifen. 1971 übten 80 % der Absolventen berufsqualifizierender Höherer Schulen in Indonesien nicht den angestrebten Beruf aus, sondern wechselten zur Universität.

Kaum weniger als die Hälfte aller Schüler, die die Höhere Schule besuchen, scheiden aus den unterschiedlichsten Gründen schon vor dem Abschlußjahr aus und haben aufgrund des spezialisierten Unterrichts ohne Abschluß nur allergeringste Chancen einen geeigneten Arbeitsplatz zu finden.

Die ‚drop-outs', die Schulabgänger ohne Abschluß der Höheren Schule, sind nur ungenügend vorbereitet auf die praktischen Probleme des außerschulischen Lebens.

Die Situation an den Universitäten unterscheidet sich von den anderen Bereichen formalisierten Lernbetriebs nur dadurch, daß die zuvor angedeuteten Probleme und Unzulänglichkeiten noch zugespitzter und auffälliger sind, da der akademische Ausbildungssektor insgesamt überblickbar ist. Die Unmöglichkeit ein einmal gewähltes Studienfach vor dem Abschluß zu wechseln oder das Verbot Vorlesungen einer benachbarten Fakultät zu hören, sind Beispiele für die Ineffizienz des ganzen Bereichs in qualitativer und quantitativer Hinsicht.

Die Einschreibquoten betragen im Verhältnis zur entsprechenden Altersgruppe:[210]

in der Grundschule	80 %
in der Höheren Schule	18 %
im Universitätsbereich	3 %

Die Quote der Absolventen beträgt:[211]

in der Grundschule	23 %
in der Höheren Schule	60 %
im Universitätsbereich	30 %

Der überwiegende Teil (85 %) der Kinder und Jugendlichen lebt auf dem Land und entstammt den armen Familien, die sich den regelmäßigen Schulbesuch der Kinder nicht nur wegen des Schulgeldes und den Aufwendungen für Lehrmittel nicht leisten können, sondern

210 Inklusive der vor dem Abschluß Ausscheidenden. Im Vergleich dazu Malaysia mit 90 % – 33 % – 2 % und die Niederlande mit 95 % – 66 % – 9 %. Quelle: „Comparative Education Indicators", a.a.O.

211 Im Vergleich dazu Malaysia mit 90 % – 60 % – 80 % und die Niederlande mit 95 % – 71 % – 77 %. Quelle: „Comparative Education Indicators", a.a.O.

kaum auf die Arbeitskraft ihrer Kinder verzichten können[212]. Umgekehrt proportional zu den Stufen von Schulbesuch und Ausbildung steht daher die Unterrichtsbeteiligung der Kinder der armen städtischen und ländlichen Bevölkerung, der Bauern und Landarbeiter. So ergab eine Untersuchung[213], daß nur 25 % der 1971 eingeschriebenen Studenten aus Bauernfamilien stammten, die ca. 70 % der Arbeitskräfte stellten. Andererseits entstammten 20 % der Studenten, Familien mit akademischem Hintergrund, die ihrerseits nur 2 % der Arbeitskräfte stellen.
Im Gegensatz zur traditionellen außerschulischen Ausbildung liegt den formalen Ausbildungsinstitutionen kein gesellschaftliches Konzept zugrunde, keine Vorstellung oder Vision von einem künftigen Indonesien, zu dessen Verwirklichung an Schule und Universität ausgebildet wird. Das derzeitige formale Erziehungssystem entstammt noch den ersten Anfängen nationalstaatlicher Existenz und der ehemaligen Wichtigkeit ein Schulsystem überhaupt erst aufzubauen und national zu verbreiten.
Aus Mangel an fast allem – an Erfahrung, Lehrern, Schülern, Schulen und Lehrmitteln erschien Schule und Unterricht, wie auch immer, besser als keine Schule.
Diese Situation ist unterdessen überholt und die bis zum Sturz Sukarnos 1965 begründete Furcht der Zentralregierung vor separatistischen Bewegungen einzelner Regionen und Inseln ist nicht mehr begründet und sollte daher eine engere Orientierung der Lehrpläne an der je verschiedenen traditionellen Kultur- und Lebensvorstellung nicht mehr verhindern.
Der formale Erziehungs- und Bildungsbereich kann erst dann zu einem integrativen und traditionellen Werte dynamisierenden Faktor werden, wenn die traditionellen Werte und Normen aufgegriffen und in die Lehrpläne eingearbeitet werden.
Die Richtigkeit dieser Aussage wird nur von wenigen Persönlichkeiten und Entscheidungsinstanzen im Erziehungssektor angezweifelt[214]. Die erfolgreiche Implementierung hängt allerdings weniger von der individuellen Einsicht ab, sondern von der Schwerfälligkeit des Apparats, sowie von Prioritäten, die unter dem Entwicklungsdruck nur allzugerne in den statistisch meßbaren, indikativen Bereich gelegt werden.
Ein Präsidentenerlaß festigte erst 1974 die Zuständigkeit „für die Koordinierung und Überwachung des heterogenen staatlichen und

212 vgl. White, B., „The economic importance ...“, a.a.O.
213 „Statistik Mahasiswa Perguruan Tinggi Negeri“, 1972, BPP, Ministry of Education, Jakarta
214 vgl. die Gespräche und Interviews der fact-finding-mission der Universität Frankfurt, Böhme, G., Dressler, G., Jouhy, E., a.a.O., S. 12-64

privaten Erziehungs- und Ausbildungswesens“[215]. Die bisherige Zergliederung der Bildungszuständigkeiten in mehrere Ministerien, zentralistische Verwaltung, mangelnde örtliche Schulaufsicht und Informationsrückkoppelung sind nur einige Erklärungselemente für die niedrige Effizienz und Durchsetzungsfähigkeit von Reformen der augenblickliche Bildungsverwaltung“[216].
Vor allem die Weltbank, UNESCO, Ford Foundation und bilaterale Institutionen förderten seit 1969 sowohl Untersuchungen analytischer, als auch experimenteller Art im Sinne einer an den historischen, kulturellen, wirtschaftlichen und sozialen Gegebenheiten orientierten Möglichkeiten und Bedürfnissen. Die Fünf-Jahres-Pläne Repelita II und Repelita III[217] reflektieren z.T. die gewonnenen Erfahrungen, sind aber noch stark von hard-ware dominierten Prioritäten bestimmt, wenn man zur Beurteilung weniger die wortreichen Erklärungen, sondern die Daten zu den geplanten und getätigten finanziellen Investitionen, so für ein Satelliten-Kommunikationssystem betrachtet.

Der außerschulische staatliche Erziehungs- und Bildungsbereich

Seit der Unabhängigkeit Indonesiens erklärt sich der Staat für die Bildung seiner Bürger zuständig. Art. 31 der Verfassung gewährleistet dem Bürger das Recht auf Bildung.
Wesentlicher Träger formalisierter außerschulischer Erziehungs- und Bildungsprogramme ist der Staat, d.h. die Ministerien und Verwaltungsapparate aller Ebenen. Zu unterscheiden sind dabei die Programme, die als Aus- und Fortbildungsmaßnahmen der Verwaltung, bzw. ihrer Angestellten und Beamten bis hinunter zur Dorfebene für offene oder halboffene Zielgruppen konzipiert sind.
In der Programmpraxis verwischen sich allerdings die Konzeptionen allgemeinbildender Maßnahmen mit denen fachspezifischer Ausbildung zu einem wirren Bild unzähliger Maßnahmen, mit Kompetenzstreitigkeiten, mangelhafter Implementierung und weitgehend fehlender Wirkungskontrolle.
Die theoretischen Ansätze und gesellschaftlichen Zielsetzungen reichen von dem Wunsch nach allgemeiner Persönlichkeitsqualifizierung (Erziehungsministerium) über die Schaffung des sozialverantwortlichen Gemeinschaftsmenschen (Sozialministerium), der Implementierung

215 Keputusan Presiden Nr. 15/74 (Präsidentenerlaß, Anm. d. Verf.)
216 Lempelius, C., a.a.O., S. 11/111
217 Repelita II = 1974-1979
Repelita III = 1979-1984
die Prioritäten des Erziehungs- und Bildungsbereichs für Repelita II, vgl.: Lempelius, C., S. 111 ff.

der Panca-Sila-Philosophie (Innenministerium) bis hin zur Bildung als funktionale Notwendigkeit (Gesundheitsministerium)[218].

Ein wichtiges Korrektiv zu den überzeugenden Broschüren und mündlichen Berichten der Funktionäre dieser Programme sind die Zahlen zur finanziellen staatlichen Förderung des nonformalen Erziehungsbereichs.

Im Haushaltsjahr 1972/73[219] betrug das Budget des Generaldirektorats für Erwachsenenbildung und Jugend im Erziehungsministerium knapp eine Million DM, d.h. 1 % des Gesamterziehungsbudgets; die Gehälter der Beamten sind dabei abgezogen.

Die Finanzsituation der anderen staatlichen Träger bewegt sich in der gleichen Größenordnung und die Differenz zwischen Anspruch und Wirklichkeit ist somit besonders groß. Lehrmittel, Fortbildung der Ausbilder oder Kommunikationsmöglichkeiten sind praktisch nicht vorhanden, weshalb in der Regel nur solche Maßnahmen zur Durchführung kommen, die entweder von privaten Trägern wie Stiftungen, Industrie- und Handelskammern und religiösen Institutionen finanziell, organisatorisch und infrastrukturell unterstützt werden oder durch Eigenfinanzierung der Teilnehmer ermöglicht werden. Da dies nur für den kleinen städtischen und gewerbetreibenden Bevölkerungsanteil möglich ist, sind die staatlichen nonformalen Maßnahmen im Erziehungsbereich nahezu überwiegend zur Farce geraten[220].

Hinzu kommt – nicht nur als Konsequenz der beschriebenen Farce – daß die Bevölkerung aufgrund ihres über die Jahrhunderte der Kolonialzeit hinweg gewachsenen Mißtrauens gegenüber allem, was sich als ‚Staat' ausgibt, den Mangel an staatlichen nonformalen Erziehungsmaßnahmen nicht als solchen empfindet.

Zu dieser Einstellung tragen auch die Erfahrungen bei, daß bei eventuellen politischen Machtwechseln – wie 1965 Sukarno/Suharto – auch diejenigen verfolgt werden, die z.B. an einem Fortbildungskurs teilgenommen haben, der subjektiv vielleicht erst in dritter Priorität von einem Lektor durchgeführt wurde, der einer bestimmten Partei angehörte und deshalb besucht wurde. Ohne Unterschied nämlich wurden auch die zahllosen Kultur- und Sozialarbeiter der Kommunistischen und Sozialistischen Partei verfolgt und ohne Prozeß in Lagern eingesperrt, die von ihren Parteien die Gelegenheit bekommen hatten zu einer Arbeit, die sich an den traditionellen Bedürfnissen der Bevölkerung orientierte.

Die Haltung der Bevölkerung ergänzt sich somit im negativen Wir-

218 vgl. die umfangreiche Übersicht in:
Lempelius, C., „Indonesien...", a.a.O., S. 45-57

219 Haushaltsjahr = jeweils vom 1. April bis 31. März

220 Auf eine Darstellung der Einzelmaßnahmen wird deshalb verzichtet und verwiesen auf: Lempelius, C., „Indonesien...", a.a.O., S. 45-58

kungsbereich mit den Mängeln der Maßnahmen in finanzieller, organisatorischer und infrastruktureller Hinsicht, weil die Programme deshalb objektiv und aus der Sicht der Adressaten zu staatlich verordneten Bewußtseinshaltungen, technischen Durchführungsbestimmungen und zu Machtdemonstrationen eingesetzter Funktionäre werden[221].

Als Beispiel unter vielen kann der Hinweis auf die nie in ganzer Breite und Tiefe aufgeklärten Korruptionsskandale im Bereich landwirtschaftlicher Fortbildung dienen.

Mittels Landfunk, Kursen und reisenden ‚on the job-Beratern' wurde die zweifellos richtige Konsequenz höherer Ernte bei richtiger Benutzung von Düngemitteln verbreitet. Die Düngemittel wurden über den staatlichen Verwaltungsapparat angeboten, wobei regionale und lokale Militärs z.T. die notwendigen Transportmittel stellten. Um ein guter Bauer zu sein, mußten Düngemittel gekauft werden, die allerdings auf rätselhafte Weise zunehmend verknappten, bzw. zu erhöhten Schwarzmarktpreisen von den staatlicherseits autorisierten Verteilungsstellen zwangsweise gekauft werden mußten. Häufig verpfändeten die Bauern ihr weniges Land, um dem staatlichen Druck Genüge zu tun.

Die Konsequenz dieser Aus- und Fortbildungsmaßnahme im landwirtschaftlichen Bereich war die zusätzliche Verarmung und Abhängigkeit der Betroffenen von den Instanzen einer für sie fernen Macht.

Dieses Beispiel wird zwar den ungezählten und z.T. individuell hochmotivierten und ehrlichen Sozialarbeitern nicht gerecht, charakterisiert jedoch die allgemeine Situation, in der sich die nonformalen staatlichen Maßnahmen im Erziehungs- und Ausbildungsbereich befinden.

Die gedruckten und elektronischen Medien
– Presse, Rundfunk, Fernsehen, Kino –

Den modernen Medien ist eines gemeinsam, nämlich ihr Potential zu massenhafter Wirksamkeit. Die Betonung liegt deswegen auf Potential, weil als Bedingung ihrer Wirksamkeit eine hochdifferenzierte Infrastruktur, entsprechende Kaufkraft der Bevölkerung und ein Bewußtsein gehört, das den Medien, ihren Möglichkeiten und Grenzen, angepaßt ist.

Eine Kultur, die überwiegend oral tradiert und dazu einer interpersonellen Kommunikation auf der Basis persönlicher Verpflichtungen

221 Der Verf. bezieht sich dabei auf Gespräche mit Adressaten und kritischen Initiatoren des ausgesprochenen Bildungsbereichs i.R. seiner fünfjährigen Arbeitserfahrungen in Indonesien.

bedarf, wird sich schwer tun mit aktuellen Nachrichten außerhalb des eigenen Kontextes, mit abstrakter Vermittlung von Wissenswertem, besonders aber mit unverbindlichen Unterhaltungsaspekten.
Vereinfacht besteht das Prinzip moderner Medien darin, durch individuellen Konsum einer massenhaft verbreiteten Mitteilung Gemeinsames herzustellen.
Die Arbeiter und Angestellten einer Fabrik in einem beliebigen hochindustrialisierten Land unterhalten sich z.B. über das von allen individuell gesehene Fußballspiel vom Vorabend. Der javanische Bauer unterhält sich über das gemeinsam gesehene Wayang-Spiel des Vorabends, wobei ihm weniger das Spiel wichtig war, sondern die Gelegenheit zu eigener Kommunikation mit Bekannten, Freunden und Verwandten.
Den modernen Medien ist das Prinzip der Vereinzelung immanent; ein Prinzip, das der indonesischen Gesellschaft zuwiderläuft.
Das Bewußtsein als Voraussetzung moderner Kommunikation, das Bedürfnis also zu umfassender Information, ohne den Zwang persönlicher Verpflichtungen und Verbindlichkeiten ist nicht der dörflichen Bevölkerung, sondern der etwa 5 %igen städtischen Mittel- und Oberschicht inhärent.
Da diese zahlenmäßig marginale, entscheidungsbildend aber bedeutende Schicht mittels ihrer Verwaltungs- und Geschäftsbefugnisse die Verfügungsgewalt über die nationalen Investititonen hat, ist der Sektor moderner Medien sowohl durchwachsen mit enormer Korruption im Beschaffungsbereich, als auch mit den vorgegebenen Interessen einer Elite, die ihre Autorität über die Beherrschung der Macht und der Sozialtechniken als die „Autorität der Wissenden" durchsetzt[222].
Es wäre allerdings falsch, die modernen Medien einzig im Dienst eines zentral gesteuerten elitären Machtapparates zu sehen, denn es ist gerade der massenwirksame Charakter der Medien, der unkontrollierbar vielschichtige Prozesse auf irreversible Weise in Gang setzt. „The communications revolution has been a double-edged sword, however. It has mobilized the population, increased the level of national consciousness and created the conditions for possible national integration: but it has also generated demands for more ‚modernity' than can be delivered and has resulted in a ‚revolution of rising frustrations' (Lerner and Schramm, 1967)[223]. Increased communication may also generate reactions against modernity by

222 Jouhy, E., Böhme, G., Deutscher, E., „Abhängigkeit...", a.a.O., S. 15
223 Lerner, D., „The Passing of Traditional Society", Chicago, 1958; ders., „Toward a Communication Theory of Modernization", in „Communications and Political Development" (Pye, l.W./Ed.) 1963, Princeton University Press; ders., „Communication and Change in the Developing Countries, Honolulu, 1967; Schramm, W., „Mass Media and National Development: The Role of Information in Developing Countries", Stanford University Press, 1964

activating traditionalist groups (Huntington, 1965)[224], especially since in developing countries the political arena is often dominated by the more modernist groups. The alliance between such incompatible ideologies as Marxism and religious ideologies is one possible outcome of this phenomenon. Increased communication may also mobilize minority ethnic groups who were once relatively indifferent to politics but who have now acquired national consciousness and demand a hearing on a part with the dominant national group"[225].

Die modernen Medien spielten an den dramatischsten Punkten der Geschichte der Republik Indonesia eine entscheidende Rolle.

Die Proklamation der Unabhängigkeitserklärung am Vormittag des 7. August 1945 durch Sukarno (und Hatta) wurde zwar nur vor einer kleinen Gruppe von Freunden verlesen; Adam Malik, heutiger Vizepräsident und damaliger Angestellter bei der japanischen Nachrichtenagentur ‚Domei' benutzte jedoch die kleine Radiostation in Jakarta, um dieses bedeutende Ereignis als Nachricht national und international zu verbreiten und damit zur Geltung zu verhelfen[226].

Am 30. September 1965 besetzt Oberleutnant Untung mit einer kleinen militärischen Einheit die Zentrale von Radio Republik Indonesia (RRI) in Jakarta und verkündet über den Äther, daß eine Bewegung der Infanterie und der Luftwaffe die Macht übernommen habe, um einem antirevolutionären, Anti-Sukarno-Putsch am 5. Oktober zuvorzukommen. Am 1. Oktober gegen Abend hat Generalmajor Suharto die Lage militärisch in der Hand und verkündet über den nun seinerseits besetzten Sender, daß die Ziele der Untung-Gruppe konterrevolutionär sind, die Bewegung zerschlagen sei und die Bevölkerung sich ruhig verhalten solle. Der Weg zur ‚Orde Baru', zur ‚Neuen Ordnung' Suhartos war geebnet[227]; und das Medium Radio spielte eine entscheidende Rolle. Studentische Gruppen, die den neuen Kurs mit z.T. großer Militanz unterstützten, setzten Anfang März 1966 einen kleinen Schwarzsender in Jakarta in Betrieb und sendeten Alternativprogramme zum staatlichen Radiomonopol. Bereits ein Jahr später operierten allein in Jakarta ca. 150 solcher Sender, die von der ‚Neuen Ordnung' unterdessen als nützlich anerkannt worden waren[228]. Die studentische Tageszeitung ‚Harian KAMI' der ‚KAMI-Bewegung' wurde kurz nach ihrem ersten regelmäßigen Er-

224 Huntington, S.P., „Political development and political decay", in: „World Politics", Nr. 17 (3), 1965, S. 386-411

225 Teheranian, M., „Communication and National Development", in: Teheranian, M., Hkimzadeh, F., Vidale, M.L., „Communications Policy for National Development, A Comperative Perspective", London 1977, S. 20 f.

226 Penders, C.L.M., „The Life and Times of Sukarno", Oxford University Press, Kuala Lumpur und Singapore, 1975, S. 96

227 „Supersemar, Surat Perintah ...", a.a.O., S. 3

228 Douglas, S.A., „Political Socialisation and Student Activism in Indonesia", University of Illinois Press, 1970, S. 162

scheinen am 17. Juli 1966 zu einer der meinungsbildendsten gedruckten Medien des neuen Regimes[229].
Als am 15. Januar 1974 aus Anlaß des Besuchs des japanischen Ministerpräsidenten Tanaka, die bislang stärksten Anti-Suharto-Demonstrationen begannen, in deren kurzem Verlauf Hunderte von Häusern und Autos als Symbole des Luxus und der Korruption angezündet wurden, mußten die privaten Radiostationen vorübergehend ihren Betrieb einstellen, da einige Sender aktuell über das Geschehen berichteten, mit den Demonstranten sympathisierten und die Ereignisse aus ihrer lokalen Isolierung herausholten. Ein Teil der politisch motivierten Sender war sofort bereit in den Untergrund zu gehen und installierte versteckte Notsender. Die militärisch rasch zusammengeschlagene Bewegung und die – im Sinne des Regimes – kluge Entscheidung der ‚Behörde zur Aufrechterhaltung von Sicherheit und Ordnung' (KOPKAMTIB), die privaten Stationen mit einigen Auflagen nach zwei Tagen zur Sendung wieder freizugeben, verhinderte den Schritt in den Untergrund und die nationale Ausweitung der Demonstrationen.
Noch zur Sukarno-Zeit machte ein hoher Beamter des Informationsministeriums, dem der Bereich Radio, Fernsehen und Presse unterstand, folgende Aussage, die noch heute charakteristisch ist für die Medienpolitik des Staates gegenüber seinen eigenen Institutionen und gegenüber den privaten Medienträgern: „... the main advantage of the state's monopoly in radio and television broadcasting was the essentially negative one of preventing undesiderable messages from reaching the public, rather than the positive opportunity for guiding public opinion through skillful and persuasive presentation of political ideas"[230].
Zutreffend schreibt Böckelmann im Zusammenhang allgemeiner Funktionsbestimmung von Massenkommunikation[231], daß „für das politische Entscheidungssystem (...) die Auswahl und Bevorzugung bestimmter Themenkomplexe eine doppelte Funktion (hat): Sie strukturiert als professionelle ‚öffentliche Meinung' die politische Auseinandersetzung und legitimiert zugleich die Zielfunktionen der Entscheidungen, die im Bereich dringlich gemachter Themen fallen."
Die indonesische Entwicklung von Massenmedien und Massenkommunikation ist ein Beispiel für die Rapidität moderner Veränderung.
Eine 1966 veröffentlichte Studie zum Vergleich internationaler Kom-

229 ders., a.a.O., S. 163. Die KAMI-Bewegung wurde etwa ab 1968 zu den ersten und entschiedensten Kritikern der ‚Orde Baru'; ihre wichtigsten Mitglieder wurden zum Teil eingesperrt und später mit Stipendien verschiedenster Herkunft ins westliche Ausland abgeschoben und mundtot gemacht. (z.B. Arief Budiman, Nono Makarim u.a.) Die Zeitung mußte ihr Erscheinen schließlich auf politischen Druck 1972 einstellen.
230 zitiert nach: Douglas, S.A., a.a.O., S. 88
231 Böckelmann, F., a.a.O., S. 52

munikationseinrichtungen, plaziert Indonesien auf einer Gesamtliste von 109 Ländern noch fast am Ende als Nummer 100, wobei 54 generelle Indikatoren und 12 speziell die Massenmedienentwicklung messende Kriterien zugrunde gelegt wurden[232].
Während 1952 in ganz Indonesien noch 294.668 Radioempfangsgeräte gezählt wurden[233], findet sich fast dieselbe Anzahl Fernsehgeräte 1974 (ca. 270.000) allein in Jakarta[234].
Unterdessen gehört Indonesien zu den wenigen Ländern mit einem eigenen Kommunikationssatelliten, der aus 36.000 km Höhe auf der Frequenz von 6 und 4 Gigahertz (GHz) die Kapazität von entweder 5.000 gleichzeitig übertragenen Telephongesprächen oder 12 SW-Fernsehprogrammen hat und dessen angegebene Kosten-Ertragsrelation von 1,54 zumindest Einblick in den bereits verplanten Kommunikationsboom zuläßt[235].
Es wird heute kaum mehr möglich sein, ein Dorf auf den etwa 3.000 bewohnten Inseln zu finden, das kein Radio besitzt[236]. Selbst batterie- oder generatorbetriebene Fernsehgeräte – die in einem eigenen Programm von der Regierung an öffentlichen Plätzen aufgestellt werden – gehören heute zum Alltag vieler Dörfer und ihrer Bewohner; noch mehr der Kassettenrecorder.
Die Massenmedien elektronischer und gedruckter Art sind zu einem festen Bestandteil des öffentlichen und privaten Lebens geworden; eine Einzeldarstellung soll deshalb ihre spezifischen Aspekte im Hinblick auf die Eigenschaft als Faktoren moderner Sozialisation aufzeigen.

Presse

Kurzzeitstudien während politischer Kampagnen vor Wahlen in verschiedenen Entwicklungsländern haben gezeigt, das von den gedruckten Medien wie Zeitungen, Zeitschriften, Magazinen, ein sehr geringer positiver oder negativer Effekt ausgeht[237].
Dies entspricht weniger der ungenügenden Professionalität ihrer Produzenten oder der mangelhaften Vertriebsstruktur, sondern den Traditionen vorwiegend oral tradierender Kultur. Voraussetzung des Zu-

232 Farace, V.R., „A Study of Mass Communication and National Development“, in: „Journalism Quarterly“, Nr. 43, S. 305-313
233 Agassi, J., „Mass Media in Indonesia“, (MIT-Public.), Cambridge Mass., 1972, S. 64
234 „Jakarta TV Audience Survey“, i.A. von TVRI durchgeführte Studien von P.T. In-Search Data, (unveröffentlicht), Jakarta 1974, S. 15
235 „Sistim Komunikasi Satelit Dan Manfaatnya Bagi Indonesia“, Hrsg. vom Generaldirektorat für Post und Telekommunikation, Jakarta, 1974, S. 5 und S. 20
236 Die Aussage beruht auf der Erfahrung eigener Reisen zwischen 1970 und 1978, sowie auf Berichten von Bezugspersonen.
237 Rao, L.Y.V., „Effect (and Effectiveness) of Mass Communication“, Kap. V in „The practice of Mass Communication“, Reports and Papers of Mass Communication/UNESCO, No. 65, 1972, S. 44

gangs zu gedruckten Medien ist außerdem die ausreichende Kenntnis der Schrift, in der sie verfaßt werden; ferner eine Einkommensstruktur, die regelmäßige Ausgaben für Information und Unterhaltung möglich macht.
Eine Untersuchung über gedruckte Medien in den Landkreisen Cirebon und Sukabumi (Westjava) ergab, daß 10,54 % der Befragten regelmäßig eine national verbreitete Zeitung lesen; 14,03 % gaben an, eine lokale Zeitung regelmäßig zu lesen; 48,11 % lasen überhaupt nicht. Dieselbe Studie veröffentlichte zu den genannten Landkreisen folgende Daten[238]:

Art	*Benutzung der Befragten*
Tageszeitung	16,53 %
Zeitschrift	6,27 %
Bücher	3,13 %
Broschüren	3,69 %
nie etwas gelesen	32,59 %
weiß nicht	30,48 %
	92,69 %

Die auflagenstärkste national verbreitete Tageszeitung (1977: ca. 70.000) ‚Kompas' (Jakarta) wurde einer Erhebung zufolge zu 20 % deshalb gelesen, weil der abgedruckte Stellenmarkt für die Arbeitsuchenden unumgänglich war. Das Leseinteresse verteilt sich dabei unter den 491 Kontrollpersonen wie folgt[239]:

Kurzgeschichten	60,49 %
Lustiges/Witze	26,48 %
Erziehung	24,85 %
Stellenmarkt	17,11 %
Politik	13,03 %
Sport	12,22 %
Unterhaltung	10,39 %
Wirtschaft/Finanzen	8,76 %
Wohnviertelverbesserung	8,15 %
Industrie	4,28 %
Landwirtschaft	3,87 %
Kriminalität	3,87 %
Religion	3,26 %
Rätsel	1,83 %
Comics	1,63 %

238 Susanto, A., „Komunikasi & Media", in „Prisma", Nr. 3, Jhrg. 3, Jakarta, 1974, S. 9
239 Karamoy, A., Sablie, A., „Komunikasi & Pemuda", in: „Prisma", Nr. 3, a.a.O., S. 43 (nach Prioritäten neu zusammengestellt/Anm. des Verf.)

Die Zeitungen, aber auch Bildmagazine, Rätselhefte und wissenschaftliche Journale, werden von 3 bis 5 Personen pro Ausgabe gelesen, sodaß bei einer Gesamtauflage aller gedruckten Tages- und Wochenblätter von etwa 1,5 Millionen, knapp 5 % der Gesamtbevölkerung erreicht werden.

Zu unterscheiden ist zwischen ‚pers kota' (städtische Presse) und ‚pers därah' (ländliche Presse), wobei außer Jakarta, Bandung und Surabaya alles zur ‚pers därah' gezählt wird. Die ländliche Presse – darunter fallen auch die Presseerzeugnisse der Millionenstadt Medan/Nordsumatra – erscheint täglich, wöchentlich oder zweiwöchentlich mit Auflagen von jeweils 500 bis 5.000 Exemplaren pro Ausgabe.

Die Druckmaschinen sind veraltet und stammen z.T. noch aus der Kolonialzeit; mitunter wird noch mit Handsatz gearbeitet. Es mangelt an allem, sodaß die Spirale – schlechte Qualität (Redaktion/Layout) = weniger Leser = kein Kapital = steigende Kosten = noch schlechtere Qualität = noch weniger Leser = Kredit usw. – für die meisten Kleinzeitungen im Bankrott endet.

Die relativ großen Zeitungen Jakartas (Auflagen bis zu 80.000 Exemplare) – Pos Kota, Kompas, Sinar Harapan, Berita Buana – haben sich im Zuge der allgemeinen infrastrukturellen Verbesserung eigene Vertriebsnetze aufgebaut, wobei der Lufttransport zu den Inseln Sumatra, Bali, Kalimantan, Sulawesi eine zunehmend größere Rolle spielt.

Eine besonders starke Entwicklung durchliefen die erst seit den Jahren 1972/73 auf den Markt gekommenen Frauen-, Jugend- und Elternmagazine. Die vierzehntägig erscheinende Frauenzeitschrift ‚femina' erreichte z.B. nach siebenjährigem Bestehen eine Auflage von über 120.000 Exemplaren. Sie richtet sich an die Mittel- und Oberschicht und kostet mit 700 Rupiahs (1979) soviel wie der Tageslohn eines Hilfsarbeiters.

Insgesamt bietet die Entwicklung des Pressebereichs ein klägliches Bild. Das Medium bringt eine größere Möglichkeit staatlicher Zensur mit sich als die ungezählten life-Sendungen der privaten Radiostationen. An Herstellung und Vertrieb sind höhere fachliche Voraussetzungen gebunden; die Kette notwendiger Glieder von der Nachricht zum Leser ist wesentlich länger als bei Radio oder Fernsehen. Außerdem werden an den Konsumenten größere Anforderungen gestellt; ein Radio anzuschalten bereitet weniger Mühe, als das Besorgen einer Zeitung; die Kosten einer täglich bezogenen Zeitung sind pro Monat fast so hoch, wie ein billiger Radioapparat made in Hongkong; die Nachrichten sind selten, der Unterhaltungswert des geschriebenen Wortes in einer traditionellen Sprechkultur ungleich geringer. Hinzu kommt die hohe Analphabetenrate, sowie die Umständlichkeit des Zeitungslesens im bäuerlich-tropischen Kontext.

Dennoch ist viel getan worden zur Verbesserung, speziell der Situation ländlicher Zeitungen; vor allem von ausländischen westlichen Organisationen. Die Zeitung, das geschriebene Wort ist zu wenig aus der westlichen Kultur wegzudenken, als daß die Entwicklung in diesem Bereich nicht als vordringlich empfunden worden wäre. Die Ausbildungskurse, in-house-consulting Programme und z.T. sogar finanzielle Hilfen haben aber zumeist nur eine Abwanderung der zusätzlich Ausgebildeten in die Metropolen und ihre Zeitungen erbracht[240].

Die Presse ist ein städtisches Medium und eng verbunden mit der Entwicklung städtischen Bürgertums in den jetzt hochindustrialisierten Ländern.

Das wachsende Bürgertum Indonesiens fühlt sich indes mehr verbunden mit den Medien ihrer Zeit, dem Radio, dem Fernsehen, den Telephonnachrichten.

Daneben gelten nach wie vor die persönlichen Verbindungen als Garant einer Nachricht und deren Wahrheitsgehalt; das im Westen für Objektivität geltende geflügelte Wort ‚es stand in der Zeitung', erregt unter Würdigung der indonesischen Gesamtumstände deshalb eher Mißtrauen und Zweifel.

Rundfunk

Die ersten Rundfunksendungen wurden Mitte der zwanziger Jahre von Jakarta durch den Sender ‚Batavia Radio Vereinigung' (BRV) übertragen. Wenig später vergab die holländische Kolonialregierung die Lizenz zur Gebührenerhebung; ‚BRV' wurde umbenannt in ‚Nederlands Indische Radio Omroep Maatschappiy' (NIROM) und sendete in holländischer Sprache.

Im Zuge der Unabhängigkeitsbewegung und dem Postulat nach einer einheitlich indonesischen Sprache, bildeten sich zwischen 1933 und 1936 in verschiedenen Städten Radiovereinigungen zur Förderung und Verbreitung der Bahasa Indonesia[241]. Mit der Auflage belegt, die Sendekapazität im Frequenzbereich des 60-100 m Bandes bei maximal 250 Watt zu halten, dürften diese Sender nur in einem Radius von 5 km von wenigen Intellektuellen zu hören gewesen sein. 1938 wurden die Vereinigungen zusammengefaßt, erhielten eine geringe staatliche Subvention und ein Büro in Jakarta[242].

Während den Holländern das Radio im Wesentlichen für den Kontakt

240 vgl. die Erfahrungen und Programme des ‚Instituts für wirtschaftliche und soziale Forschung, Erziehung und Information' (LP3ES), Jakarta. Enthalten in einem unveröffentlichten Bericht an das Informationsministerium in Jakarta, 1976

241 „Almanak Pers 1954/55", Jakarta; zitiert nach Agassi, J., a.a.O., S. 53

242 „Report of survey mission on the production and marketing of low-cost receivers in Asia" (UNESCO), 1964, Teil II-4, S. 5

mit der Heimat und im innerinsulären Verkehr diente, benutzten die japanischen Besatzer ab 1942 das neue Medium als politisches Propagandainstrument. Sie registrierten sämtliche Geräte und versiegelten die Frequenzen, um damit ihr Informationsmonopol zu sichern. Nach der Erklärung – und späteren Übertragung – der Unabhängigkeit übernahmen die indonesischen Angestellten die unterdessen modernisierten Stationen der japanischen Weltkrieg-II-Verlierer, organisierten bereits im September 1945 eine nationale Konferenz und gründeten dabei ‚Radio Republic Indonesia' (RRI). Mit dem 1. April 1946 wurde RRI als Regierungsbehörde betrachtet, das Personal vom Informationsministerium ernannt, d.h. daß der Rundfunk von Anbeginn der Republik Indonesia als kontrolliertes Regierungsinstrument im Dienste der Revolution angesehen wurde[243].

„Thus, even during the ‚liberal' period radio was a rather different medium than the press. It was wholy oriented to an anti-foreign, nationalistic ideology. However, its leadership seems to have had some reservations as to a monolithic approach to the heterogeneous Indonesian population"[244].

Die Anzahl der Empfangsgeräte hatte sich mit 108.500 1941 in den weiteren 10 Jahren knapp verdoppelt.

Dabei kamen[245]:

1951	auf 1.000	Einwohner	3	Geräte	(213.000)
1961	"	"	8	"	(780.000)
1966	"	"	12	"	(1.360.000)

Die UNESCO veranstaltete 1966 die erste große Konferenz zum Thema ‚Meeting on Radio and Television in the Service of Education and Development in Asia' und stellte nach vorangegangenen Erhebungen fest, daß 12 asiatische Staaten – einschließlich Indonesiens – weit unter dem Minimum von 5 Radioempfängern pro Hundert der Bevölkerung lagen. (RI = 1966 = 1,2/100)[246] Zieht man die hohe Konzentration von Geräten in den Städten hinzu (ca. 1/5 allein in Jakarta), verschiebt sich das statistische Bild noch ungünstiger.

Andererseits wurde Ende der 60er Jahre damit begonnen, Hörerclubs auf dem Land als Zielgruppe eines speziellen landwirtschaftlichen Programms, aufzubauen[247].

243 Vgl. zur Rundfunkentwicklung anderer Dritt-Welt-Länder: Adhikarya, R., „Broadcasting in Peninsular Malaysia", London, 1977, S. 27 ff.; Sanders, R., „Broadcasting in Guayana", London, 1978, S. 20 ff.

244 Agassi, J., a.a.O., S. 55

245 dies., a.a.O., S. 64

246 Im Gegensatz zu Japan mit 1966 = 18/100, vgl. „Radio and television in the service of education and development in Asia", UNESCO – Reports and Papers on Mass Communication Nr. 49, Paris 1967, S. 9

247 Mit zunehmend größerer technischer und personeller Hilfe der Bundesrepublik Deutschland bis zur Einstellung, bzw. Umfunktionierung des Projekts auf Veranlassung des indonesischen Informationsministers.

1972 waren 4.811 Hörerclubs auf Java, Sumatra und den östlichen Inseln gegründet; 42 von 49 RRI-Studios und 62 von 100 landkreiseigene Sender sendeten insgesamt 165 Stunden Landfunkprogramm pro Woche.

Der Erfolg des Programms war zwangsläufig gering, da die technische, organisatorische und motivatorisch notwendige Infrastruktur stets nur dort herzustellen war, wo die ausländischen Experten allein durch ihre arbeits- und statusbezogene Existenz Druck auf die Dorfvorsteher und andere Autoritäten ausübten, da man um den direkten Draht dieser Experten zu den höchsten Stellen der Verwaltung in Jakarta wußte[248].

Ein anderes Großprogramm zur Benutzung des Mediums Radio wurde 1974 im Schulfunk und Lehrerfortbildungsbereich (inservice training) in Jogjakarta/Zentraljava und Semarang/Mitteljava in Zusammenarbeit der UNESCO, des Erziehungsministeriums und RRI begonnen[249].

Die mehrjährigen Versuche des pilot-projects erbrachten außer zusätzlichen Arbeitsplätzen für die Mitarbeiter des Projekts keinen nennenswerten Erfolg. „Educational broadcasting works in a vacuum as long as conditions of reception are inadequate“[250]. Dieses Vakuum zu füllen ist allerdings nicht eine Frage, in welch kurzer Zeit „essential preconditions“ wie „supply and continuous maintenance of receivers“[251] u.a. zu erfüllen sind, sondern ob die Summe der festgestellten Teilmängel die Einführung einer neuen Erziehungstechnologie überhaupt zuläßt, bzw. ob dieses – aus der Sicht westlicher Erziehungstechniker – Vakuum tatsächlich besteht, also von den Betroffenen als solches empfunden wird. Die verneinende Antwort im Falle Indonesiens strukturiert somit den Mißerfolg des ganzen Programms.

Die privaten Radiostationen sind seit 1968 per Regierungsdekret gezwungen, auf kommerzieller Basis zu arbeiten und die Programme in Form eines schriftlichen Programmhinweises dem Informationsministerium zu melden. Die Nachrichtensendungen von RRI müssen übernommen, bzw. mitgesendet werden. Ca. 300 Stationen produzieren in ganz Indonesien vorwiegend Unterhaltungs- und Reklamesendungen. Ihr Sendebereich ist mit der verordneten Begrenzung auf 1 Kilowatt günstigenfalls auf einen Radius von 30 km beschränkt, liegt jedoch in der Regel aus topographischen und technischen Grün-

248 „Rural Broadcast Report“, Bericht des Landfunkprojekts an das Landwirtschaftsministerium, Jakarta, 1972, bes. die ‚Progress Reports‘ der Projekte in Klaten/Java, Bukittinggi/Sumatra, Bali

249 „Educational Broadcasting Experimental Project in Jogjakarta“, (Projectdesign), Jakarta, 1973; „Educational Broadcast System“ (Survey-Report), UNESCO, Jakarta, 1973; Johnstone, J.N., „The Indonesian Educational Simulation Model“, Jakarta, 1976; Carl Duisberg Gesellschaft e.V. (cdg)., „Mass Media and National Development: The Role of Radio and Television“.

250 „Radio and television ...“, UNESCO, Nr. 49, a.a.O., S. 25

251 „Radio and television ...“, UNESCO, Nr. 49, a.a.O., S. 25

den darunter. Eine Untersuchung[252] hat allerdings ergeben, daß der Beliebtheitsgrad der privaten Stationen weit über dem von RRI liegt, was zum einen mit dem unverbindlichen Unterhaltungsaspekt zu tun hat, andererseits die Sendungen in direktem Bezug zur Umgebung des Senders, d.h. zu den täglichen Ereignissen und Problemen der Bevölkerung stehen.

Untersuchungen über die Unterschiedlichkeit der Einschaltquoten bei privat-kommerziellen und staatlichen Sendern, stoßen auf die Schwierigkeit, daß die Befragten aus Angst vor Repressionen eine verständliche Scheu haben, korrekte Auskünfte zu geben. Hinzu kommt der Umstand, daß nur ein geringer Teil der Geräte angemeldet ist und präzise Antworten bei Befragungen zur nachträglichen Bestrafung der mehrheitlichen Schwarzhörer führen würden. Das Faktum ständiger Hintergehung staatlicher Instanzen – speziell im fiskalischen Bereich – ergibt auch erhebliche Ungenauigkeiten bei Untersuchungen über die Struktur und Organisation der privaten Sender.

Versuche, ausbildende und erzieherische Sendungen in den privaten Stationen einzuführen, blieben von wenigen Ausnahmen abgesehen, in sich selbst stecken[253].

1975/76 wurde auf Initiative des Senders Arief Rahman Hakim (ARH) in Jakarta die ‚Vereinigung privater Radiostationen Indonesiens' (PRSRI) mit dem Ziel gegründet, ein politisch wirksamerer Gesprächspartner der staatlichen Kontrollorgane zu sein. Außerdem sollten durch interne Absprachen manche Programme zur selben Zeit an allen Orten gesendet werden, um somit der Effizienz des satellitenunterstützten RRI ohne hard-ware-Aufwand gleichzukommen. Die Vorhaben scheiterten jedoch an der zunehmend stärker gewordenen Konkurrenzsituation der Sender untereinander, sowie an der begründeten Angst mit einem solchen Schritt den Widerspruch des Staatsapparates zu provozieren und die Lizenz zu verlieren.

Das Medium Radio ist, die Verbreitung betreffend, das effektivste moderne Medium. Einfluß auf die Sozialisation hat das Kommunikationssystem Radio jedoch nur in den Randgruppen städtischer Jugendlicher und wiederum eingegrenzt auf die Schlagersendungen der privaten Stationen. Die Nachrichtensendungen werden eher als lästige Unterbrechung empfunden, denn als Information, was sowohl bedingt ist durch die Struktur der staatlichen Nachrichten, als auch durch das Desinteresse am öffentlichen Leben. Die Übertragungen von ‚wayang' werden in ländlichen Gebieten zwar gehört, aber nur als schlechter Ersatz für die Nichtteilnahme an der Aufführung. In-

252 vgl. die unveröffentlichte Studie über Hörergewohnheiten in Jakarta, des ‚Instituts für ... (LP3ES)'

253 „Kurikulum Dan Metode Siaran Pendidikan, Pemuda", (Evaluierungsseminar, LP3ES/ARH), Jakarta, 1975

haltlich verfolgt werden solche Mitschnitte der traditionellen Kultur nur von den Erwachsenen, die entweder den ‚lakon' oder den ‚dalang' aus persönlichem Erleben kennen. Kinder und Jugendliche akzeptieren solche Übertragungen meist nur als akustischen Hintergrund.
Radio ist aus der indonesischen Realität nicht mehr wegzudenken. Allerdings ist das Prinzip Radio, d.h. das Prinzip der Einwegkommunikation den Prinzipien der gesellschaftlichen und sozialisierenden Kommunikation Indonesiens nicht entsprechend.

Fernsehen

Das Fernsehen wurde aus Anlaß der als antiimperialistisch konzipierten ‚Asian Games', einer Anti-Olympiade Sukarnos 1962 eingeführt.
Bis 1968 wurden ca. 2 Stunden pro Tag gesendet, die in der Regel aus den Reden politischer Führer oder anderen Staatsereignissen bestanden. Daneben wurden tonlose Werbung, traditionelle Musik und einige Dokumentarfilme gesendet[254].
Unterdessen entspricht das Programm formal den Angeboten hochindustrialisierten Länder; es wird vom Kinderprogramm bis zum ‚Wort zum Sonntag' alles gesendet, was zur Vielfalt des Programms beiträgt[255].
Inhaltlich entbehrt das Programm allerdings jeder kritischen Auseinandersetzung mit den Realitäten des öffentlichen und privaten Lebens und ist regierungsgleichgeschaltet.
1974 wurde festgestellt, daß, bei einer geschätzten Gesamtzahl von knapp einer Million, 270.000 Haushalte Jakartas (Jakarta = ca. 6 Millionen Einwohner) ein Fernsehgerät besitzen[256]. Über die Hälfte der Besitzer kamen aus der Mittelschicht der Beamten und Kaufleute. Pro Gerät kamen durchschnittlich 4 Zuschauer, wobei der Prozentsatz der Frauen über dem der Männer lag. Über die Hälfte der Zuschauer hatte ein Alter unter 30 Jahren, 18 % waren Studenten. Signifikant ist, daß nur 22 % der tatsächlichen Zuschauer den über 50 % Haushalten mit Fernsehgeräten entstammen, was damit zu erklären ist, daß der Besitz – nicht der Gebrauch – eines Fernsehempfängers Statussymbol der Mittelschicht ist, während die kaufkraftschwächere Bevölkerung (unter 90,-- DM Monatseinkommen) 22 % der Zuschauer stellte, ohne selbst ein Gerät zu besitzen.

254 Benda, H., Damais, L.C., in: „Indonesia", Vol. I. 1967, S. 221; Crawford, A., „The Djakarta Daily Press", Dissertation. University of Syracuse/USA, 1967, S. 291 f.
255 Das Fernsehausbildungszentrum in Jakarta wurde i.R. der bundesrepublikanischen Technischen Hilfe bis 1978 technisch, organisatorisch und personell aufgebaut und gefördert.
256 „TV-Audience-Survey", a.a.O., S. 15

Fernsehgeräte werden in den Wohngebieten der Mittelschicht so aufgestellt, daß Nachbarn durch das offene Fenster oder von der Veranda aus mitsehen können.
Dienstag und Sonntag haben die geringste, der Samstag die höchste Einschaltquote. Mit 66 % hatte die Coca-Cola Reklame gemeinsam mit Lux-Seife den höchsten Erinnerungswert[257].
Die Entwicklung des Fernsehens ist eindeutig hard-ware orientiert und entsprechend inhaltlos sind die Programme, deren großer Teil Billigkonserven westlicher Produktion ohne indonesische Synchronisation sind.
Douglas fand in seiner Untersuchung zwischen 1965 und 1967 heraus, daß die Studenten der Metropolen im Fernsehen nur „an amount of recreational diversion in an environment in which psychological pressures were great and social entertainment was scare", suchen[258].
Diese Situation entspricht nahezu unverändert der des Jahres 1977.
Die Programme des Erziehungsministeriums Fernsehen mit in die außerschulischen, nonformalen Aus- und Fortbildungsvorhaben mit einzubeziehen, blieben bis Ende 1977 im Planungsstadium stecken. Dies lag zum einen an den vielen Rätseln, die sinnvolle Curricula aufgaben, zum anderen an den hohen Produktions- und Konsumtionskosten.
Eine Modellrechnung für 120 Stunden Fernseherziehungssendungen mit 200.000 studentischen Zuschauern ergab einen 3,65 mal höheren Kostenfaktor im Verhältnis zum Radio[259].

Der Focus der Untersuchungen und Berechnungen zielt einstweilen auf die urbanen studentischen Gruppen ab und kennzeichnet damit den geringen Wert, den das Fernsehen aus der Vielfalt organisatorischer, infrastruktureller, finanzieller und kultureller Hindernisse für die breite, vorwiegend ländliche, Bevölkerung hat. Dort, wo Fernsehen auch auf dem Dorf existiert, sei es als öffentlich angebrachtes Geschenk der Regierung oder daß ein kapitalkräftiger, meist chinesischer Kaufmann ein Gerät besitzt, ist es mehr die Novität des Mediums als der transportierte Inhalt, der die Zuschauer bindet.
Die Entscheidung der indonesischen Regierung, die, für dieses Medium verfügbaren Mittel vorläufig in die Schaffung einer Infrastruk-

257 „TV-Audience-Survey", a.a.O., S. 5
258 Douglas, S.A., a.a.O., S. 101
259 Jamison, D.T., Klees, S.J., Wells, S.J., „The Cost of Educational Media, Guidelines for Planning and Evaluation", London, 1978, S. 117; s. bes. Kap. IV: „Cost Functions For Instructional Radio and Televesion". Ein Fernsehgerät kostete 1979 soviel wie der 10- bis 15-fache Monatslohn eines Land- oder ungelernten Fabrikarbeiters.

tur der Übermittlung über Satellit und Bodenstationen zu investieren, entsprang der Erkenntnis, daß dieses Medium mindestens für die nächsten 10 Jahre aus den angegebenen Gründen nicht zu einem Massenmedium werden kann, es aber gilt, die notwendige Infrastruktur zu schaffen; außerdem mag dabei das ausgeprägt zentralistische Denken – Zentral- gegen Regionalproduktion – ebenso eine Rolle gespielt haben, wie die Versuchung, einer wirklichen und inhaltlichen Beschäftigung mit dem Medium einstweilen aus dem Weg zu gehen.
Symptomatisch für die Scheu der Entscheidungsträger gegenüber der Direktheit speziell dieses Mediums sind die stets ohne Originalton gesendeten Reportagen und Nachrichten.
Die Furcht, daß die allabendlich gebrachten Western und Schnulzen vorwiegend amerikanischer Provenienz einen negativen Einfluß auf die traditionellen Werte und Normen haben, ist deshalb unbegründet, weil die dabei zum Ausdruck kommenden – westlichen – Werte weder verstanden, noch akzeptiert werden, sondern allenfalls vom szenischen Ablauf her als ‚komisch' oder ‚spannend' rezipiert werden.

Kino

Die Begeisterung Sukarnos für den westlichen Film drückte sich nicht nur in einem Gespräch mit Marshall McLuhan und der Filmszene Hollywood 1956, sowie dem darauf bezogenen Attribut „revolusioner dan radikal" aus, sondern in den Lizenzen für westliche Filme, die schwarz auf weiß eine Welt zeigten, in denen jeder ein Auto, Strom und einen Eisschrank besaß[260].
Der westliche Film der 50er und 60er Jahre beherrschte den indonesischen Markt und sollte zeigen, daß sich die Entbehrungen lohnen werden, daß Unabhängigkeit und Revolution ein dem Westen gleichwertiges, bzw. durch das amerikanische Vorbild, der ehemaligen Kolonialmacht Holland überlegenes Leben erbringen wird.
Die Entwicklung des indonesischen Films fand bis in die Anfänge der 70er Jahre nicht statt, was weniger an mangelnden Ideen oder know-how lag, sondern an der Dominanz einer Erwartungshaltung der Zuschauer, gekoppelt mit den erdrückenden Produktionen des Auslands, vor allem Amerikas, Indiens und Japans.
1974 wurde in der Tageszeitung ‚Kompas' ein Artikel veröffentlicht, der diese Zustände anprangerte und danach fragte, wann endlich der indonesische Bauer mit seinem Wasserbüffel, die Hausangestellte,

260 Marshall McLuhan, „Understanding Media: The Extension of Man", New York, 1964 (6. ed.) S. 257

das Fahrrad statt phantastischer Autos im indonesischen Film zu sehen wären[261].

Die Breitwand und Farbfilme des Auslands zogen das Publikum mehr an, als die oft sehr guten schwarz-weiß Produktionen, deren Inhalte sich an den Problemen der einfachen Bevölkerung orientierten. Folglich fand sich kein Produzent, der bereit war, Geld in ein absehbares Verlustgeschäft zu investieren. Hinzu kam die Empfindlichkeit der Zensurbehörde (Informationsministerium) gegenüber extensiv ausgebreiteten eigenen Problemen, da anders als beim Fernsehen, das groß ausgebreitete Bild nebst Ton, die Glaubwürdigkeit des Gezeigten vermittelte. „In the short-term, it has been shown that the film is reasonably effective in conveying information, but not as effective in changing behaviour, although the effects are not negligible“[262].

Zu dieser durchweg städtischen Situation trug die neuartige und spezifische Architektur der Kinos Rechnung. Die traditionell unbekannten, allgemein zugänglichen großen Gebäude im Zentrum der Stadt vermittelten durch ihre bloße Existenz bereits die Wahrhaftigkeit des Gezeigten. Die ‚Lichtspieltheater‘ hießen „Roxy, Rex, Capitol, Royal, Grand“ und indonesische Bezeichnungen wie „Seni Sono“ (indonesisch etwa: Selbstkunst oder javanisch: Gesunde Kunst) stießen auf ablehnende Verwunderung.

In den Dörfern hat das Kino bis einschließlich 1979 den Stellenwert städtischen Zeitvertreibs, an dem teilzuhaben gelegentlich als erstrebenswert erscheint; vor allem für die Jugendlichen.

Eine Reihe von reichen Ländern, darunter auch die Bundesrepublik Deutschland, ließen in den 60er und anfänglichen 70er Jahren speziell ausgerüstete Kleinbusse mit Projektoren und Leinwänden über die Dörfer fahren, um Kulturarbeit zu betreiben; die Filme über europäische Alpenlandschaften oder Fußballweltmeisterschaften zogen zwar Zuschauer an, erfüllten aber nicht den Zweck, die europäische Art des Lebens und Handelns zu vermitteln. Nach anfänglicher Begeisterung schliefen diese Unternehmungen zunehmend ein und sind heute nicht mehr anzutreffen.

Der erste sozialkritische Film, der sich in Farbe und Breitwand der Realitäten einer Hausangestellten Jakartas annahm und dabei das politische und ökonomische Umfeld mit beleuchtete, wurde mit großem Erfolg in allen Kinos gezeigt[263]. So wenig sein Happyend

261 Goenawan, M., „Sebuah Pengantar untuk Film Indonesia Mutakhir, Catatan Tahun 1974“, in „Prisma“, a.a.O., Nr. 3, 1974, S. 49; Sumardjo, J., „Image Indonesia dalam Film Nasional Kita“, Kompas, vom 16.4.74

262 „The practice of mass communication: Some lesson from research“, Unesco Reports and Papers on Mass Communication, Nr. 65, S. 44

263 „Inam, Pelayan sexy“, 1976 (Filmtitel)

den Möglichkeiten der Gesellschaft entsprach[264], sosehr typisch waren dennoch die Einzelsequenzen und standen damit in einer Linie mit Filmen wie „Anjing-anjing Geladak" (1972), „Tabah Sampai Akhir" (1973), „Di Mana Kau Ibu" (1973) und „Si Mamad" (1973), die sich zwar alle konfliktbeladener Themen der ‚orde Baru' annahmen, doch stets in schließlich so menschlich versöhnlicher Weise, daß die Kritik an den vielen ‚wenns', ‚aber' und ‚so ist es eben' versickerte.

Die Filmklasse am städtischen Kulturzentrum Jakartas (Taman Ismail Marzuki/TIM) ist besetzt mit Studenten, die intellektuell und künstlerisch-schaffend völlig abgehoben experimentiert und dabei mit allen Mängeln materieller Beschränkung, persönlich und in ihrer Arbeit, auskommen müssen, was wiederum die Themen ihrer Arbeit bestimmt und sie von der Bevölkerung umsomehr entfernt, als es eben ihre eigenen Themen sind.

Unterdessen sind in Jakarta 40 % der Kinos reine Luxustheater, die soviel Eintritt kosten, wie der Wochenlohn eines schlecht bezahlten Arbeiters[265]. Daß der Prozentsatz mit zunehmender Tendenz so hoch ist, gibt zwar Aufschluß über das wachsende Bürgertum in den Städten, zeigt jedoch, daß das Medium Film unter den gegebenen politischen und wirtschaftlichen Verhältnissen noch weit davon entfernt ist, zu einem Instrument massenwirksamer Sozialisation zu werden.

264 Die Hausangestellte heiratet schließlich einen skurrilen Bauunternehmer und bekehrt ihn zum sozialen Wohnungsbau, dessen Startkapital durch den erzwungenermaßenen abgelegten Schmuck der Hochzeitsgäste gebildet wird.

IV. Teil
Ein Modell der Verbindung traditioneller und moderner Sozialisationsinstrumente

Zusammen mit einer kleinen Gruppe von politisch und pädagogisch engagierten Redakteuren der privaten Radiostation „Arief Rachman Hakim“ (ARH)[266] in Jakarta versuchte der Verfasser in den Jahren zwischen 1973 und 1978 ein Modellprojekt zur Verbindung traditioneller und moderner Sozialisationsinstrumente zu konzipieren, zu realisieren und begleitend zu evaluieren[267].
Eine Reihe von nationalen und internationalen Seminaren wurden in enger Verbindung zu diesem Pilotprojekt durchgeführt und dienten sowohl der Konzeptionskontrolle, als auch der Verbreitung der während und durch die Arbeit gewonnenen Erkenntnisse und Möglichkeiten[268].
Besonders vor dem Hintergrund der in der Bundesrepublik Deutschland – noch – nicht gegebenen Möglichkeiten, alternativ zu den öffentlich-rechtlichen Hörfunkanstalten, mit dem Medium Rundfunk zu arbeiten, erscheint es nicht nur wichtig auf eine solche Möglichkeit hinzuweisen, sondern bestehende Konzeptionen und Erfahrungen darzustellen – auch und deshalb, weil diese Erfahrungen in einem Land der Dritten Welt erarbeitet wurden.

Konzeption der außerschulischen Erziehungs- und Bildungsprogramme – „Radio Pendidikan Pemuda“ (RPP)

Im Folgenden soll zunächst ein Abriß der Konzeption gegeben werden, die zur Realisierung des Projekts „Radio Pendidikan Pemuda“ (Erziehungs- und Bildungsfunk für Jugendliche) in den Jahren 1974/75 geführt hat. Praxisbedingte Modifikationen, sowie ein Evaluierungsseminar im September 1975 ergaben eine Reihe von Veränderungen, die aus Gründen der Transparenz im Weiteren nachgestellt werden.

265 Goenawan, M., a.a.O., S. 49 ff.

266 Der Sender ist nach einem Studenten benannt, der in den Wirren des Umsturzes 1965 von den Palastwachen Sukarnos erschossen worden war.

267 Der entscheidende Förderer dieses Vorhabens war die Friedrich Naumann Stiftung.

268 Die Seminare wurden vom ‚Lembaga Penelitian, Pendidikan, Penerangan, Ekonomi dan Sosial (LP3ES)‘, Jakarta, der staatlichen indonesischen Erziehungsplanungsbehörde (BPP), der Friedrich Naumann Stiftung, Jakarta, sowie der Gajah Mada Universitas, Jogjakarta, durchgeführt.

Allgemeine Ziele des Projekts RPP/ARH

Die Konstruktion und der Zustand des indonesischen Erziehungssystems stehen in erheblichem Gegensatz zu den Bedingungen und Erwartungen der – hauptsächlich städtischen – jugendlichen Betroffenen[269]. Untersuchungen des „Instituts für wirtschaftliche und soziale Forschung, Erziehung und Information (LP3ES/Jakarta) in fünf ausgewählten Minusgebieten Jakartas ergaben, daß trotz einer Verbesserung des konventionellen Erziehungsangebots im materiellen Bereich nur ein geringer Teil der Jugendlichen (ca. 15 %) befähigt war, dieses Angebot für sich zu realisieren.
Die Intention des Projekts zielte deshalb darauf, die formalen Erziehungsinstitutionen um eine unkonventionelle, nicht formale Bildungsmöglichkeit zu erweitern. Das Projekt setzt damit parallel zu den unbefriedigenden staatlichen Angeboten dort an, wo ein latent und manifest artikuliertes Lerninteresse ohne die sozial und ökonomisch zwangshaften Indikationen realisiert werden kann, nämlich im außerschulischen privaten Lebensbereich des einzelnen Jugendlichen.
Die orale Tradierung alles Wissenswerten hat in Indonesien eine bereits dargestellte lange Tradition. Zudem ist eine ausgesprochen zögernde Haltung der Bevölkerung all dem gegenüber festzustellen, was staatlicherseits verordnet wird. Die jahrhundertelange koloniale Erfahrung hat eine Identifikation staatlicher Organisation mit einer Art Feindbild entstehen lassen und begründet heute auch die besonderen Möglichkeiten des privaten Teils des Mediums Funk im Erziehungs- und Bildungssektor.
Art und Inhalt des konzipierten privat betriebenen Funkprogramms richtete sich hauptsächlich an die schulisch nicht erfaßten städtischen Jugendlichen in ihrer vertrauten Lebenssituation. Die Jugendlichen sollten dadurch befähigt werden, ihre Umwelt so zu verstehen, daß die Voraussetzung für die Befähigung aktiver Partizipation am kulturellen, sozialen, ökonomischen und politischen Geschehen Indonesiens geschaffen werden.

Definition und sozio-ökonomische Bedingungen der Zielgruppe

Die Grundlage des informellen Bildungsprogrammes stellte eine Untersuchung in fünf Stadtteilen Jakartas dar. Zum einen wurden damit Daten über eine Zusammensetzung und den Ausbildungsstand der Jugendlichen aufgenommen, zum anderen sollten die bis dahin nie systematisch überprüften Hörgewohnheiten festgestellt werden.

269 Die hier zusammengefaßte Konzeption wird aus der Sicht des Jahres 1974 wiedergegeben. (Anm. d. Verf.)

Aus den Ergebnissen dieser Untersuchung wurde die Zielgruppe definiert. Dementsprechend wendet sich das Programm an Jugendliche männlichen und weiblichen Geschlechts zwischen zwölf und siebzehn Jahren, mit drei- bis vierjähriger Schulausbildung und geringer Beschäftigungsquote.
47 % der Zielgruppe besuchten zur Zeit der Untersuchung unregelmäßig eine Schule, 20 % gingen Gelegenheitsarbeiten nach, 25 % gingen weder zur Schule noch einer irgendwie gearteten Arbeit nach. 60 % der befragten Jugendlichen waren männlichen, 40 % weiblichen Geschlechts. 31 % waren zwischen zwölf und fünfzehn Jahren, 41 % zwischen sechzehn und 19 Jahren. 34 % der Befragten lasen gelegentlich eine Zeitung, 39 % nur äußerst selten. Die lesenden Jugendlichen lasen zu 60 % Kurzgeschichten, 20 % Comics, 17 % Anzeigen für Gelegenheitsarbeiten und 3 % Artikel mit Bildungscharakter.
42 % der Befragten hörten abends Radio, 41 % morgens. 81 % der Jugendlichen hatten Zugang zu einem Radio, wobei sich in 15 % aller Haushalte zwei Empfänger befanden. Die Empfangsgeräte waren jedoch lediglich zu 59 % Mittelwellengeräte, der Rest verteilte sich auf wenige UKW- und hauptsächlich Kurzwellengeräte mit schlechtem Empfang.
Insgesamt 21 % der Bevölkerung Jakartas (1971 = 4,5 Millionen, 1974 inoffiziell auf 5,5 bis 6 Millionen geschätzt) sind Jugendliche zwischen fünfzehn und vierundzwanzig Jahren. Etwa die Hälfte dieser Jugendlichen lebt in den ärmsten Gebieten Jakartas, so daß die Zielgruppe etwa 300.000 Personen, d.h. Jugendliche zwischen zwölf und siebzehn Jahren umfaßte. Knapp 10 %, also ca. 30.000 Jugendliche haben bereits vor Aufnahme des Jugendfunkprogramms den privaten Sender Radio Arief Rachman Hakim regelmäßig gehört. Rückschlüsse auf die Einschaltquote, die sich nach Angaben des Senders aus den Leserbriefen ergaben, ließen auf etwa 30.000 Jugendliche schließen. Die Gesamtuntersuchung umfaßte 24 offene und geschlossene Fragen, die in etwa einstündigen Interviews mit 500 ausgewählten Jugendlichen ermittelt wurden. Die Ergebnisse entsprachen zum größten Teil den zuvor nicht abgesicherten Annahmen.

Der konzeptionell-experimentelle Charakter des Projekts

Voraussetzungen

Ein Ergebnis des Machtwechsels Sukarno/Suharto 1965 war die Aufhebung des Meinungsmonopols der Regierung über den staatlichen Radiosender RRI. In der Republik Indonesia ist daher eine Situation

vorzufinden, die relativ selten ist und neben dem offiziellen staatlichen Radio RRI einer Vielzahl von kommerziell betriebenen Privatsendern die Produktion und Sendung erlaubt. Ebenso wie es sich anbietet, zur Ergänzung und Unterstützung der formal-education durch die Schule den staatlichen Sender RRI als Schulfunk zu benutzen, bietet sich der privat betriebene Teil dieses Mediums als Initiator außerschulischer Bildungsprogramme an.
Mit Unterstützung der UNESCO betrieb das Erziehungsministerium drei pilot-projects (in Surabaya, Jogjakarta, Semarang), deren Sinn es war, über einen Zeitraum von zwei Jahren hinweg zu überprüfen, inwieweit das Medium Funk einerseits zur Lehrausbildung, andererseits zur Unterstützung des konventionellen Schulunterrichts herangezogen werden kann. Die dabei angewandte Konzeption stand damit in keiner Weise in Konkurrenz zu der dieses Projekts.

Konzeption

Der große Anwalt informeller Erziehungssysteme Ivan Illich schreibt in mehreren seiner Publikationen: „Eine weitere schwerwiegende Illusion, die eine Stütze des Schulsystems darstellt, ist die Annahme, daß die meisten Kenntnisse und Fertigkeiten das Resultat irgendeiner Form des Schulunterrichtes sind. Unter bestimmten Bedingungen kann ein derartiger Unterricht gewisse Kenntnisse und Fertigkeiten vermitteln. Die meisten Menschen erwerben jedoch den größten Teil ihres Wissens außerhalb der Schule ...“[270].
Besonders in den Ländern der Dritten Welt ist diese mitunter provozierende These durch das Verhältnis der Zeit zu erhärten, die in der Schule verbracht und in Beziehung steht zu der Zeit und den Erfahrungen in und mit der Umwelt des Individuums.
Illich schreibt weiter: „Die meisten Lernprozesse sind unorganisiert und selbst dort, wo es sich um bewußtes Lernen handelt, sind meistens Zufälligkeiten entscheidend ... Daß ein großer Teil der Lernprozesse auch heute ein Zufallsprodukt oder Nebenprodukt irgendeiner den Bereichen von Arbeit oder Freizeitbeschäftigung zugerechneten Tätigkeit ist, mindert jedoch in keiner Weise die Bedeutung von geplanten Lehrverfahren für geplante Lernprozesse und die Notwendigkeit ihrer Verbesserung“[271].
Jede angebotene Radiosendung, einerlei ob sie im Zusammenhang mit einem Erziehungsauftrag sinnvoll erscheinen mag, oder ob sie

270 Illich, I., „Deschooling of Society“ (in eigener Übersetzung d. Verf.) vgl. die deutsche Ausgabe: Entschulung der Gesellschaft, a.a.O., S. 31
271 Illich, I., a.a.O., S. 31 ff. (in der deutschen Ausgabe)

gerade zur Vermittlung eines bestimmten Wissens (so auch Werbung) besonders geeignet ist, ist Teil eines bestimmten Lernprozesses des Hörers. Aus diesem Grunde galt es sich zu vergegenwärtigen, von welchen Faktoren Lernprozesse im allgemeinen abhängig sind.
Lernprozesse sind einmal abhängig von den sogenannten psychosozialen Grundkomponenten der uns zwar allgemein, jedoch nicht individuell bekannten Sozialisationsphasen. Die Art und Weise, in der zunächst Kinder, dann Jugendliche und schließlich auch Erwachsene von Stufe zu Stufe ihre Entwicklung mit den jeweils auf sie zukommenden Problemen und Aufgaben fertig werden, wird gewöhnlich als Begabung verstanden. Dabei muß berücksichtigt werden, daß eine Person trotz ausgefeiltester Untersuchungsmethoden zwar als Ganzes erfaßt, aber nicht verstanden werden kann, sondern zunächst nur relativ isolierte Phänomene dieser Person, die wir zu einem mehr oder weniger grob gerasterten Bild zusammenfügen.
Speziell das Radio als Einweg-Kommunikationssystem stellt deshalb immer die Aufgabe, daß die Lernprozesse, deren Erfolg oder Frustration nicht durch ein solches Programm verursacht werden, unbekannt sind.
Ein weiterer und besonders wichtiger Aspekt der Konzeption eines informellen Bildungsprogrammes über das Medium Radio ist die allgemeine Lernmotivation des Hörers und seine besondere Motivation für den aktuell angebotenen Lernschritt.
Der Erfolg des intendierten Lernprozesses wird in besonderem Maße von der Didaktik und der Methode abhängig sein, die ihrerseits motivierend und lernschrittleitend sein soll, da zunächst nicht davon auszugehen ist, daß sich der Hörer der Teilnahme an einem Lernprozeß bewußt ist.
Konkret wird also davon ausgegangen, daß der Hörer für die Sache selbst, für den angebotenen Stoff, nur geringe Motivation aufbringt, da dessen Motivation zunächst nur darin besteht, Radio zu hören, bzw. sich Unterhaltung zu verschaffen.
Aus diesen Gründen wurde das Programm so angeboten, daß es
1) in Beziehung zur konkreten Lebenssituation des Hörers stand,
2) seine bewußt oder unbewußt erlebten Erfahrungen ansprach und eine dadurch hergestellte Assoziationsbrücke stimulatorisch wirken sollte,
3) alternative Verhaltensmuster beim Hörer verdeutlicht wurden, die kombiniert mit vermehrtem Wissen, neue und konkrete Perspektiven ermöglichen sollten.

Die Ergebnisse der im Rahmen vorgegebener politischer Beschränkungen durchgeführten Untersuchung über die Zielgruppe und ihre Hörgewohnheiten beschreibt zwar den Hörer als Mitglied einer Gruppe, die sich durch spezifische ökonomische, soziale und psychologische

Bedingungen definiert, das Individuum jedoch in seiner Anonymität beläßt.
Es war also nicht möglich, auf die sogenannten Talente und variablen Lernmöglichkeiten und Lerngeschwindigkeiten Rücksicht zu nehmen. Das Programm mußte daher mit einer jeweils aktuell neugeschaffenen Motivation arbeiten, die in Verbindung stand mit einer konkreten und erkennbaren Lernperspektive, ausgerichtet auf einen konsequenten und längerfristigen Lernprozeß der Zielperson. Der angebotene Stoff mußte daher ausgewählt und so aufbereitet werden, damit der Hörer zur selben Zeit mit einer Lernmethode versehen wurde, die auch außerhalb dieses Programms nützlich sein mußte, was positiv auf die ganze Lernperspektive und konsequent auch auf die Motivation des Hörers zurückwirken sollte.
Weiterhin mußte der Stoff so angeboten werden, daß der Hörer ohne zusätzliche Lehrmittel wie Bücher und anderes auskommen und eventuelles Anschauungsmaterial (z.B. bei kleineren naturwissenschaftlichen Experimenten) seiner häuslichen oder nachbarschaftlichen Umgebung entnehmen konnte.

Pädagogische und didaktische Konstruktionen

Das Prinzip der Konzeption besteht aus einer horizontalen und einer vertikalen Gliederung. Die horizontale Gliederung bezieht sich auf den angebotenen Stoff als Wissen. Die vertikale Gliederung bezieht sich –
in Teil A auf das Wissen selbst (15 Minuten),
in Teil BI auf die Beziehung des angebotenen Stoffes zur Gesellschaft (15 Minuten),
in Teil BII auf die Beziehung des angebotenen Stoffes zum Individuum (15 Minuten),
in Teil C auf die unterhaltungsorientierte Auflösung des insgesamt Angebotenen, z.B. durch einen Folksong, Interviews oder Ähnliches (15 Minuten).
Diese vier Teile bilden eine Programmeinheit, d.h. an jedem Tag einer Woche eine Stunde Programm. Am Beispiel eines beliebigen Tages hieß dies: Dienstag, Sozialkunde – Gesamttitel: „Der Mensch als Herrscher der Welt" (siehe Anlage/Curriculum, erste Woche).
Daraus ergab sich für die verantwortliche Arbeitsgruppe der Jugendfunkredakteure des Teils A ein Titel: „Menschen arbeiten", dessen Inhalt darin bestand, zu vermitteln, daß Menschen arbeiten, seit wann, wie, für was, für wen.
Im nächsten Teil BI, dem Teil also, der den Bezug des Wissens zur Gesellschaft herstellen sollte, ergab sich für die entsprechende Ar-

beitsgruppe der Titel: „Alte Menschen und Beschäftigung". Die Frage also, die ja häufig zum Problem wird: was können alte Menschen arbeiten, sollen sie überhaupt noch arbeiten, oder müssen sie arbeiten? Daraus ergab sich wiederum für die nächste Arbeitsgruppe des Redaktionsteams des Bereichs BII, des Teils also, der den Bezug zum Individuum herstellen sollte, ein möglicher Titel wie: „Wie lebt Großvater". Die Sendung bestand dann aus einer Situation, die jedem potentiellen Hörer geläufig war und dadurch das zuvor angebotene Wissen in die normale Lebenssituation einbettete.
Für die Arbeitsgruppe C ergab sich wiederum aus den drei vorangegangenen jeweils 15 Minuten ein möglicher Titel: „Wie helfen wir Jugendlichen den alten Menschen und was könnten wir tun?" Dieser Teil bestand aus Interviews und Berichten über entsprechende Aktivitäten, einem Lied oder ähnlichem[272].

Das angebotene Lehrmaterial

Der angebotene Lehrstoff war horizontal gegliedert. Dies bedeutete:
- Montag = Geographie, Allgemeinwissen,
- Dienstag = Sozialkunde, Bürgerkunde,
- Mittwoch = Religion, Naturwissenschaften,
- Donnerstag = andere Länder,
- Freitag = Geschichte,
- Samstag = Sprache, Kultur,
- Sonntag = Musik.

In den angegebenen Fächern wurde ein Generalthema herausgegriffen, das über einen Zeitraum von ca. 4-6 Wochen behandelt wurde.
Das Beispiel Dienstag, Sozialkunde, erhielt für eine Sendefolge den Obertitel „Der Mensch beherrscht die Welt". Der Untertitel der ersten Woche lautete: „Menschen arbeiten". Das Manuskript enthielt Angaben über die Fragen seit wann, in welchen Gebieten (Landwirtschaft, Dienstleistung, Industrie), wie – als Individuen oder in Gruppen, wofür – für die unmittelbare Produktion oder mit einem Gewinn, einschließlich der Angabe von Gründen für die Arbeitsteilung zwischen Frauen und Männern.
In der zweiten Woche zur selben Zeit hieß das Thema: „Menschen leben zusammen". Das Manuskript enthielt Angaben über die Kernfamilie, die Großfamilie, die Nachbarn, das andere Dorf, die andere Gegend, oder ein anderes Land.
Der Titel der dritten Woche lautete: „Menschen leben in Harmonie und Konflikt". Das Manuskript enthielt Angaben über die verschiedenen Ge-

272 vgl. S. 135

fühle der Menschen, die Ratio der Menschen, die Handlungsfähigkeit von Menschen aufgrund ihrer Erfahrung, ihrer Gefühle und ihres Wissens.
Der Titel der vierten Woche lautete: „Ein Leben hat mehrere Perioden“. Das Manuskript enthielt hierbei Angaben über das Leben eines Menschen als Kleinkind, als Kind, als Jugendlicher, als Erwachsener, als alter Mensch. Daran anschließend folgten Angaben über die verschiedenen Erfahrungen, Gefühle, den Wissensstand und die Gewohnheiten der jeweils entsprechenden Altersstufe.
Das Programm des jeweils nächsten Tages, bei diesem Beispiel „Religion und Naturwissenschaften“, mußte, trotz des anderen Fachgebietes, in enger Beziehung zu den Angeboten des Vortages stehen.
Als sozialkundliches Thema wurde deshalb am Dienstag das Gebiet „Menschen arbeiten“ besprochen. Es folgte am Mittwoch als naturwissenschaftliches Thema „Meine Mutter kocht“. Hörspielartig wurde z.B. das Verhalten von Wasser bei verschiedenen Temperaturen besprochen, sowie die Gewinnung von Öl als Energiequelle erklärt.
Für den darauffolgenden Tag mit dem Fach „Andere Länder“ bot sich dann ein Titel wie „Öl und Europa“ an.
Entsprechend diesem Konzept, das im Prinzip aus einer vertikalen und horizontalen Strukturierung bestand, wurden die Themen durch die Redaktionskonferenz vorgeschlagen und besprochen. Die Redakteure waren in Arbeitsgruppen (entsprechend den Programmteilen A, BI, BII, C) zusammengefaßt und lieferten die Manuskripte jeweils zwei Monate vor der eigentlichen Sendung zur Produktion ab. Die Produktion wurde von denselben Personen durchgeführt, womit gewährleistet sein sollte, daß die Art der Manuskripte den begrenzten technischen Möglichkeiten des privaten Senders adäquat war.

Erfolgskontrolle

In Abständen von zwei Monaten wurde eine bestimmte Testgruppe durch einen Fragebogen und Interviews überprüft. Dabei kam es im wesentlichen auf die Kontrolle der beabsichtigten Lern- und Handlungsziele an. Das darauf folgende neu erarbeitete Programm ordnete sich dann den Umfrageergebnissen unter. Lagen die Erfolgserwartungen wesentlich über den Resultaten, so mußte das Programm entweder wiederholt oder neu verfaßt und produziert werden.
Unter Lernziel wurde in diesem Fall das gewonnene aktive Wissen verstanden. Mit Handlungsziel war gemeint, in wieweit die betreffende Zielperson in der Lage war, aufgrund des angebotenen Stoffes sowie des adaptierten Wissens in bestimmten täglichen Situationen neu entscheiden und sich anders als bisher verhalten zu können. Das Pro-

gramm war dem Anspruch unterstellt, den lernmotivationsschwachen und sozial weitgehend desorientierten Jugendlichen zu erreichen, Impulse und Motivationen zu geben.
Das Unterhaltungsbedürfnis des durchschnittlichen städtischen Jugendlichen war äußerst groß und auf den Konsum des Massenmediums Radio konzentriert, da seine ökonomische Situation kaum mehr erlaubte.
Allerdings galt es dabei zu berücksichtigen, daß der entscheidende Faktor des Mediums Radio die Zeit ist. Im Gegensatz zu einem Buch oder einer Zeitung, die zu einem beliebigen Zeitpunkt verfügbar sind und entsprechend den Bedürfnissen des Konsumenten beliebig oft gelesen werden können, wird eine Rundfunksendung zu einem bestimmten Zeitpunkt gesendet und ihr Ende ebenfalls zu einem bestimmten Zeitpunkt festgelegt. Weder Anfang noch Ende ist durch den Hörer entsprechend seinen individuellen Bedürfnissen modifizierbar.
Das heißt konkret, daß wenn eine bestimmte Information oder Sendung den Hörer durch einen Zufall nicht erreicht, sie für ihn meist unwiederbringlich verloren ist. Die Überlegung, wie oft eine Sendung oder Sendefolge wiederholt werden muß, um eine ausreichend große Zahl von Zuhörern zu erreichen, ohne den zufällig oder bewußt von Anfang an unbeteiligten Zuhörer zu langweilen, konnte theoretisch nicht gelöst werden.
Der tatsächliche Wert dieser experimentellen Konzeption wurde durch die Praxis des längeren Zeitraums bestimmt, über den damit gearbeitet wurde.

Grenzen des Projekts

Die größten Schwierigkeiten von Theorie und Praxis dieses Jugendprojekts lagen in der inhaltlichen Definition dessen, was angeboten werden sollte. Voraussetzung hierfür war, daß eine präzise Angabe der Sozialisationsphasen und -bedingungen der Zielgruppe möglich gewesen wäre.
Da es bis zum heutigen Zeitpunkt weder eine „Psychologie der Dritten Welt“ noch eine Sozialisationsforschung gibt, die über erste Anfänge hinausgehen, mußten Denkmodelle, Rationalitäten und psychologische Begriffe zu Rate gezogen werden, die in und für die Bedingungen industrialisierter Länder entwickelt worden sind.
Außerdem lag keine Bedarfsanalyse für Indonesien vor, die zumindest den Rahmen für Aus- und Fortbildungsprogramme hätte setzen können. Die Verflechtung der sozialen Gegebenheiten und Anfor-

derungen mit den ständig schwankenden politischen und wirtschaftlichen Verhältnissen machte eine theoretische und konzeptionelle Sicherheit im informellen Erziehungsbereich nahezu unmöglich.
Zudem sollte nicht vergessen werden, daß ein solches Programmangebot nur ein sehr geringer Teil der Einflüsse sein kann, denen ein durchschnittlicher städtischer Jugendlicher ob in Indonesien oder anderswo ausgesetzt ist.
Die Mechanismen des Radios als Einwegkommunikationsmittel kamen zu den Erschwernissen des inhaltlichen Teils.
Die technischen Grenzen wurden vor allem durch die Abhängigkeit von Liefer- und Servicefirmen gezogen. Der beschriebenen Konzeption lag ein äußerst geringer und für westliche Begriffe geradezu abenteuerlicher technischer Aufwand zugrunde. Dies hatte zur Folge, daß sich nur eine lieferfähige Großfirma bereiterklärte, die entsprechenden Ausrüstungsgegenstände zu verkaufen.
Dennoch erschien die kleine technische Auslegung des Projekts am inhaltlichen Anspruch gemessen am operationalsten, da Schwierigkeiten, durch die hohe Motivation und Flexibilität der an der Ausführung beteiligten Gruppe schneller ausgeglichen werden konnten als in einem Großprojekt mit modernster technischer Ausstattung.
Der Erfolg des weiterlaufenden Projekts wird wegen der ständig von außen durch die politischen Rahmenbedingungen veränderten Grenzen vor allem von den Freiräumen abhängig sein, die der Konzeption und Ausführung von den jeweils aktuellen staatlichen Machthabern zugestanden werden.

Programmbegleitender Aufbau von Hörer- und Lerngruppen in Jakarta

Nach Abschluß einer viermonatigen Trainingsphase der mit der Durchführung des Programms beauftragten 13 jungen Journalisten – die nicht alle einen studentischen Hintergrund hatten und nicht älter als 27 Jahre waren –, sowie einer dreimonatigen Vorproduktionsphase, begann die Suche nach einer geeigneten Jugendorganisation als Partner des neuen Programms.
Damit wurde sowohl die Absicht verfolgt, eine ständige Kontrollgruppe zur begleitenden Evaluierung zu schaffen, als auch – und vor allem – auf die traditionellen Lern- und Lebensgewohnheiten in der Gruppe einzugehen.
Eine eigene Organisation aufzubauen erschien auf der Basis der Erfahrungen im Landfunk nicht ratsam, da diesen neu- und nur für diesen Zweck geschaffenen Strukturen die gewachsene Verbindung zum realen Leben fehlte, bzw. nicht von der Gesellschaft, sondern

	Montag	Dienstag	Mittwoch	Donnerstag	Freitag	Samstag	Sonntag
A. Lektionen	Erdkunde Allg. Wissen	Sozialkunde Bürgerkunde	Religion Technik	Andere Länder	Geschichte	Sprache Kultur	Musik
	Südostasien „Malaysia“	„Menschen arbeiten“	„Mutter kocht“	„Industrieländer: Öl und Europa	Indon. Gesch. „Erste Völkerwanderung“	Bah.In. „Das alta malayisch“	Indon. trad. Musik „Angklung“
B.I. Feature Unterhaltung	Individuum	Eltern	Familie	Sexualität	Freunde	Gruppe	Hobby
Existent. Probleme (innerer Zyklus)	„Jugend und Nation“	„Alte Menschen und Arbeit“	„Warum kocht die Mutter?“	„Die Rolle der Frau in industrialisierten Ländern	„Die Notwendigkeit von Freundschaften“	„Frauenorganisationen“	„Lange Haare“
B.II. Feature Unterhaltung	Schule	Arbeit	Image	Motivation	Partizipation	Recht	Gemeinschaft
Existent. Probleme (äußerer Zyklus)	„Erziehungs- u. Schulunterschiede, Indon: Malaysia	„Elterliche Verantwortung“	„Hausfrau“	„Ändert sich das Haushaltsgeld“	„Bevormundung?“	„Frauenarbeit“	„Gemeinschafts- versus Staatsinteresse“
C. Offene Produktion, z.T. life	Jugendmagazin	Jugend-Aktivität	J.-Magazin	J. Aktivit.	J.-Magazin	J.-Aktivit.	J.-Magazin
	„Poesie der Vergangenheit“	„Camping“	„Kochen“	„Pentjak-Silat“	Lieder u. Quiz	„Interviews jugendl. Ideale u. Idole“	„Frauenwelt-Männerwelt“

lediglich von einer Projektidee und deren innerer Logik getragen wurden[273].

Religiöse oder direkt politische Jugendorganisationen schieden deshalb aus, da eine einseitige ideologische Ausrichtung vermieden werden sollte und die Zielgruppe dadurch erheblich eingeschränkt worden wäre.

Mit Unterstützung progressiver Entscheidungsträger in der Erziehungsplanungsbehörde, sowie der Stadtverwaltung Jakartas[274], gelang es, die städtische Jugendorganisation „Karang Taruna“[275] als Partner zu gewinnen.

273 vgl. vorhergehende Kapitel

274 Jakarta ist als Hauptstadt eine eigene Verwaltungseinheit: Daerah Khusus Ibukota Jakarta (DKI) = Besonderes Gebiet der Hauptstadt Jakarta

275 Karang Taruna = wörtlich: Junge Koralle

‚Kt' war während der ‚Orde Baru' auf Initiative des technokratisch-fortschrittlichen Gouverneurs von Jakarta, Ali Sadikin nach dem Muster etwa der „Häuser der offenen Tür" (Frankfurt/M.) gegründet worden. Jeder ‚kampong' (Wohnbezirk) erhielt Räumlichkeiten mit einer bescheidenen Grundausstattung von Mobiliar und Freizeitbeschäftigungsmöglichkeiten. Die Ausstattung variierte allerdings stark im Verhältnis zu den infrastrukturellen und schichtenspezifischen Gegebenheiten der ärmeren, bürgerlichen oder luxuriösen Wohngegenden.

Da die Probleme der motivationslosen, drogenabhängigen, kriminalisierten und zumeist arbeitslosen Jugendlichen nahezu schichtenunabhängig auftraten, wurde in den Unterschieden kein Hindernis der Zusammenarbeit gesehen.

Auf einem verlängerten Wochenendseminar, an dem die Jugendfunkredakteure und die gewählten Gruppenleiter von Karang Taruna teilnahmen, wurden eingehend Ziele, Zweck und Konzeption besprochen, wobei es besonders auf die Aspekte der Lernschritte und ihrer Geschwindigkeit ankam.

Aus anfänglich 15 Hörergruppen – identisch mit den jeweiligen KT-Gruppen – mit ca. 20 bis 40 Teilnehmern wurden im Laufe des ersten Produktionsjahres 1975, 45 Gruppen. Diese etwa 1.000 Jugendlichen aller sozialer Schichten fungierten im Rahmen des Gesamtprojekts als Testgruppe. Anhand von Fragebögen wurde der tatsächlich erzielte höhere Wissensstand überprüft und mittels Einzel- und Gruppengesprächen, sowie mit Rollenspielen zu täglichen Problemen und Konfliktsituationen Veränderungen im Motivations- und Bewußtseinsbereich festgestellt[276].

Der Versuch, den Hörer- bzw. Lerngruppen entsprechend den Erfahrungen und Empfehlungen des Trainingsseminars[277] schriftliches Begleitmaterial zur Hand zu geben, scheiterte aus organisatorischen, infrastrukturellen und finanziellen Gründen. Die Sendungen enthielten jedoch Hinweise darauf, wo kostenloses Informationsmaterial (z.B. bei Botschaften, Kulturinstituten, UNO, etc.) zu besorgen war, verwiesen auf entsprechende Nachrichten und Kommentare in der Tagespresse und luden zu Diskussionen in und vor den bescheidenen Sende- und Redaktionsräumen ein.

Bereits nach wenigen Wochen des Programmbeginns etablierte sich eine – dem Medium Funk an sich fremde – Kommunikation zwischen Produzenten und Konsumenten in einer Vielzahl von informellen Gesprächen in den Räumen des Senders.

276 Diese Untersuchungen wurden mit Rücksicht auf die Befragten und Befragenden wegen der Gefahr politischer Verfolgung nicht veröffentlicht.

277 i.R. des Trainingsseminars – LP3ES/August 1974 bes. die Referate von Jouhy, E. und Dressler, G.

Die stark begrenzten materiellen Verhältnisse des Senders[278] ließen solche Diskussionen mitunter schon deswegen zu life-Sendungen werden, weil die Türe, zu dem auf Sendung geschalteten Mikrophon wegen der klimatisch bedingten Hitze und Feuchtigkeit meist offenstand, da die installierten Klimageräte, bzw. der Generator zur Stromversorgung in aller Regel ausfielen.
Auf diese Weise konnten auch mitgebrachte allerneueste Nachrichten von der Straße, von einem Sonderangebot in einem Jeansgeschäft oder von einer politischen Versammlung in der Universität verbreitet werden. Die Attraktion des Programms lag in der Negation von Perfektion; die Glaubhaftigkeit der mit dem Programm offen und wiederholt erklärten Absicht lag in der Mitte zwischen den wohlkonzipierten und vorproduzierten Sendungen, einer Spontaneität, die von den Jugendlichen Jakartas im stark reglementierten und formalisierten Leben einer modernen Millionenstadt vermißt wurde.
Der Erfolg des Programms wurde rasch von den zuständigen staatlichen Stellen wahrgenommen; von seiten der Erziehungsplanungsbehörde und der Abteilung für nichtformale Erziehung des Erziehungsministeriums mit Anerkennung und dem Angebot, die Sendung zur Vervielfältigung käuflich zu erwerben; von seiten des für Radio zuständigen Informationsministeriums mit Skepsis und von seiten der Behörde für Sicherheit und Ordnung (Kopkamtip), sowie des Geheimdienstes (BAKIN) mit kurzfristigem Sendeverbot während der politischen Unruhen anläßlich des Tanaka-Besuchs 1974.
Gemeinsames Camping von Redakteuren und Zuhörern an verlängerten Wochenenden oder traditionellen Festtagen an mythisch besetzten Orten der Künste oder in der Nähe noch tätiger Vulkane ergänzten die für den Erfolg des Programms notwendige Synthese zwischen traditioneller und moderner Kommunikation und Sozialisation.
Ein vorher nicht abgesprochener, gleichwohl aber durch einen Redakteur individuell während eines solchen Campings inszenierter Zwischenfall kann als Beispiel für das oben gesagte dienen.
Mitten in die spätabendlich ausgelassene Stimmung der etwa 120 Personen stürzte der erwähnte Redakteur mit der hastig ausgerufenen Mitteilung, daß der Militärkommandeur des Distrikts entgegen vorheriger Genehmigung dieses spezielle Zusammensein deswegen nicht erlaube, weil ihm zugetragen worden sei, daß sowohl politisch-kritische Gespräche geführt würden, als auch sexuelle und außereheliche Begegnungen stattfänden.
Die versammelten Jugendlichen reagierten mit Empörung, teils mit Betroffenheit. Die Mehrheit beschloß jedoch nach ausführlicher Dis-

278 Der Sender ARH hat eine Gesamtfläche von ca. 60 m^2!

kussion noch in derselben Nacht eine gewählte Delegation zur Militärkommandatur zu schicken, um den angeklagten Sachverhalt zuzugeben, aber auch ausführlich mit den Rechten zu begründen, die aus dem gemeinschaftlichen Leben, mithin der Tradition entstammen. Sie hielten dabei für besonders erklärenswert, daß aus den veränderten – modernen – Formen keine Gefahr für die ihnen gleichfalls wichtigen traditionellen Werte erwachsen. Als überzeugendstes Argument wurde festgelegt, daß ein Abbruch des Campings die Harmonie des Zusammenseins zerstören würde, wobei allgemein erwartet wurde, daß der Militärkommandeur sich diesem Argument beugen und seine Anordnung widerrufen würde.

An diesem Punkt deckte der Redakteur (damals ein Student der psychologischen Fakultät der ‚Universitas Indonesia'/Jakarta) sein Spiel auf, um die drohende Auseinandersetzung mit dem unvorbereiteten und wahrscheinlich unverhältnismäßig hart reagierenden Militär zu verhindern.

Er wurde dabei zunächst als Abwiegler und Feigling abgetan, der eben diese Auseinandersetzung scheut. Schließlich gelang es dem Chefredakteur des Radios unter Aufbietung aller Autorität die Situation zu beruhigen und in eine Diskussion darüber einzulenken, was passiert wäre, wenn..., warum es passiert wäre und weshalb es nicht passiert ist. Dabei kam es zu sehr ausgewogenen Argumenten über Tradition und Fortschritt, über Konvention und Innovation, sowie über die Abwägung zwischen Allgemein- und Individualinteresse.

Die Bereitschaft, für den aktuell gelebten Wert der Harmonie einzutreten, und dabei erhebliche persönliche Risiken einzugehen, war ebenso groß wie die Zufriedenheit über den mittels ‚musjawarah'[279] erzielten Konsensus, dessen individuell erlebter Wert aus dem gemeinschaftlich erreichten Ziel bestand.

Evaluierung und konzeptionelle Änderung

15 Monate nach Beginn der Jugendfunksendungen fand ein Evaluierungsseminar statt[280], das Gelegenheit bot, die gewonnenen Erfahrungen, Daten und Impressionen sowohl der Initiatoren und Produzenten als auch der Konsumenten zusammenzutragen. An dieser Stelle sollen nur die für den Rahmen der Arbeit signifikanten Punkte dargestellt werden[281].

Da sich herausgestellt hatte, daß ein Großteil der Zuhörer wesentlich jünger aber auch wesentlich älter als erwartet war, wurde die Ziel-

279 Musjawarah = durch Diskussion erreichter Konsens

280 „Seminar Evaluasi Kurikulum Dan Metode Siaran Pendidikan Pemuda", 26 S/D 27. September 1975, Jakarta, LP3ES

281 vgl. dazu die Publikation mit o.g. Titel, Jakarta, 1975

gruppe im Altersspektrum neu definiert und umfaßt fortan die 12 bis 24jährigen schulisch nicht oder nicht mehr erfaßten Jugendlichen. Um der großen Zahl von „Schwarzhörern“, in diesem Fall Eltern, speziell den im Haus arbeitenden Müttern gerecht zu werden, wurde das Programm am jeweils folgenden Vormittag ganz und nicht nur im rein Wissen vermittelnden Teil wiederholt.
Die entscheidendste Änderung ergab sich im Curriculum, sowie im Bereich der Produktion. Beide Bereiche waren viel zu anspruchsvoll und entsprachen weder den auf längere Sicht durchzuhaltenden Möglichkeiten des Angebots, noch den Aufnahmekapazitäten und konkreten Interessen der Hörer.
Das Curriculum stellte sich als zu mechanisch und als zu theoretisch abgestimmt heraus und gab deshalb in der Praxis oft unslösbare oder nur mit erheblichen Abstrichen realisierbare Probleme auf. Als besonders schwierig stellte sich die Verbindung zwischen den einzelnen Bereichen heraus, da zu ihrer praktischen Bewältigung zunächst die theoretische Verarbeitung von seiten der damit befaßten Redakteure nötig gewesen wäre. Deren Probleme und konkrete Lebenssituationen unterschieden sich jedoch – bewußt – kaum von denen der Zuhörer[282], was zwar einerseits wesentliche Voraussetzung für ihre Glaubwürdigkeit war, andererseits jedoch die ‚Professionalität‘ in pädagogisch-didaktischer Hinsicht vermissen ließ.
Das streng geordnete Curriculum wurde deshalb gelockert und inhaltlich im Weiteren davon bestimmt, was die Hörer durch mündliche Anfragen im Sender selbst, oder durch Postkarten[283] als behandelnswert zum Ausdruck brachten. Dadurch kamen dialogisch aufgebaute Sendungen in den Vordergrund, die, insgesamt gesehen, im Spannungsfeld zwischen Tradition und Innovation lagen.
Entsprechend mußte die Produktionsmethode geändert werden. Statt Vorproduktion mit mehrmonatiger Laufzeit, gingen die Redakteure überwiegend zu life-Sendungen über und spielten immer dann, wenn es opportun erschien, die alten Produktionen zur Unterstützung mit ein.
Zum Kern der neuen Konzeption wurde die Sendung ‚Bungdaktur‘[284], deren Erfolg weniger an ihre theoretische Konzeption gebunden war, als an die große Fähigkeit des Chefredakteurs, die Balance zwischen notwendigerweise zu vermittelndem modernem Wissen und traditionell bestimmter Aufnahmemöglichkeit zu halten.
Die Hauptevaluierung, aber auch die vielen kleinen Korrekturen täg-

282 Die festangestellten Redakteure erhielten z.B. ein Monatsgehalt von 30.000 Rp., (1975 = ca. DM 180,--)

283 1975 gingen pro Tag ca. 20 mündliche und ca. 30 schriftliche Anfragen ein, deren Inhalte anhand der o.g. begleitenden Untersuchungen als repräsentativ für die Gesamtzuhörer angesehen werden konnten.

284 ‚Bungdaktur‘ = wörtlich: Bruder Redakteur

licher Produktions- und Sendepraxis haben im Ergebnis – und vielleicht als beispielhafte Erkenntnis für ähnliche Projekte – gezeigt, daß eine Verbindung traditioneller und moderner Sozialisationsmittel möglich und sinnvoll ist, wenn der moderne Bereich nicht deshalb eingebracht und durchgezogen wird, weil er in den hochindustrialisierten Ländern als erprobt, als sinnvoll nachgewiesen und deshalb als insgesamt gültig nachahmenswert vorgegeben und zur Voraussetzung für wie auch immer geartete Unterstützung gemacht wird.
Das Modellprojekt – unterdessen von zahlreichen privaten Radiostationen Indonesiens kopiert – hat zumindest in diesem kleinen – und dennoch in der Konsequenz kaum übersehbaren – Bereich nachgewiesen, daß es in puncto Bildung und Erziehung in der Dritten Welt nicht um die Frage ‚Fortschritt versus Konvention' geht, sondern darum, ob Fortschritt an die innovatorischen Möglichkeiten, die konkreten Gegebenheiten und Lebensvorstellungen der Betroffenen gebunden ist.
Falsch sind deshalb nicht die modernen Techniken der Sozialisation, sondern die ungeprüft übernommenen Inhalte und Werte der Länder, aus denen die Technik kommt, die als der Technik inhärent übernommen werden, und deshalb in der Praxis unweigerlich zum Scheitern führen.

Schlußwort

„There are more things in heaven and earth, Horatio,
Than are dreamed off in your philosophy“
(Shakespeare, Hamlet, I, 5, 166-67)[285]

„Große Erfindungen und Entdeckungen, technische Ausrüstung, politische Macht: all dies sind wohl Gründe für den Stolz des Weißen auf seine Überlegenheit; es bleibt jedoch zumindest zweifelhaft, ob durch diese Errungenschaften das Maß an Zufriedenheit für die Gesamtheit der Menschheit gewachsen ist.“[286]

Der Iran als aktuelles Beispiel für das Versagen und Nichtbegreifen fremder Kulturen verdeutlicht, daß die unmeßbar große Zahl von Untersuchungen, feasibility-studies, öko-sozialen Prognosen und politischen Aussagen, die im Westen angefertigt wurden, die Realitäten des Iran nur im Hinblick auf die – westzentrierten – Meßbarkeiten analysierten und eben jenen Teil der ‚anderen Realität‘ von Bewußtsein und Unterbewußtsein der betroffenen Bevölkerung vollkommen außer Acht ließen. Schwerwiegend wird dieses Unverständnis anderen Teilen von Wirklichkeit gegenüber dann, wenn – immer wieder – nur machtpolitische Konsequenzen zu Lasten der betroffenen Völker gezogen werden, wenn Antworten gegeben werden, die keine Möglichkeiten zu leidlosem Leben beinhalten, sondern offen mit dem Grauen umgehen.

Die hochindustrialisierten Staaten haben eine Vielzahl – vermeintlich – alle Existenzbereiche abdeckender Instrumentarien im Bereich der Kapital-, Entwicklungs- und Sozialstrukturhilfe für die Dritte Welt geschaffen. Eine kritische Theorie und kritisch-praktische Beurteilung der Motivation dieser Maßnahmen verdeutlicht aber, daß damit Werte und Normen verpflanzt werden – oder zumindest werden sollen –, um dem Unverständnis gegenüber den Bedingungen anderer Gesellschaften, das als global verbindlich entgegenzusetzen, was der Westen an Rationalität und Entwicklung – seit vielleicht den ersten Kreuzzügen – hervorbrachte.

Die Bedingungen der Zukunft (vgl. Club of Rome etc.) scheinen wenig Hoffnung auf Frieden, auf Harmonie und Balance zu geben.

Es wäre allerdings falsch, deshalb einen Apell an die Vernunft zu gründen, wenn sie in anderen Bereichen menschlicher Existenz seit jeher weder individuell noch kollektiv die notwendigen Bewältigungen leisten konnte. Es mag kennzeichnend sein, daß gerade in der euro-

285 Shakespeare, Cambridge University Press, 1936, a.a.O.
286 Leiris, M.: „Die eigene und die fremde Kultur“, Frankfurt 1979 (2. Aufl.), Klappentext

päischen Kultur die Vernunft ihren Stellenwert gerade deshalb hatte, weil sich in der Praxis die Ohnmacht der Vernunft nahezu durchgängig gezeigt hat.

Die Hoffnung sollte deshalb in ebenso großem Maße auf die Irrationalität, die Emotionalität und auch auf den Glauben gesetzt werden – nicht meßbare, aber für die zivilisationsgeschichtliche Entwicklung des Menschen mächtige, wenn nicht die mächtigsten – Potentiale für Lösungen gemeinsamen und gemeinschaftlichen Handelns in allen Bereichen menschlicher Existenz.

Es soll dabei nicht der Eindruck entstehen, daß der Suche nach Heilslehren das Wort geredet wird, sondern daß aus dem Bekenntnis zur Emotionalität und Vernunft ein Kräftefeld entstehen kann, das den Angriffen des Fremden gewachsen ist; gewachsen im Sinne von Einbeziehen, Verstehen, Umsetzen. Denn „...sonderbar sein erlaubt auch dem anderen, sonderbar zu sein. Und das ist die Freiheit von Angst und eine Gemeinschaft, auf die man sich einigen kann."[287]

Die Erziehungswissenschaften – und noch mehr die erzieherische Praxis – werden sich den Möglichkeiten widmen müssen, den Sinn vom Werden und vom Sein wieder glaubwürdig zu machen. Die Glaubwürdigkeit besteht dabei nicht in der naturwissenschaftlich-technischen Erklärbarkeit allen Seins, sondern in den Werten und Normen, die diese Erklärungen sinngebend machen.

Es wird dabei um Überschreitungen gehen müssen, um ein Denken über Handeln an nicht begrenzten Wirklichkeiten.

„Wer ‚ich' sagt, schafft unvermeidlich einen Abstand. Jede Eigenheit impliziert Einsamkeit. Das Spüren seiner selbst bildet immer einen störenden Vorhang, wenn es sich darum handelt, dem Anderen als anderem zu begegnen."[288]

Diesen Vorhang transparenter zu gestalten, ihn nicht mehr zu benötigen, sollte zu einem der Hauptanliegen der Pädagogik werden; sie würde sich damit der Chance befähigen, dafür begabt zu sein, dem Rhythmus menschlicher Existenz und Entwicklung die Instrumentarien zu geben, die auch in den schönsten und schrecklichsten Situationen sinngebend wirken. Sinn als Ganzes, als Konflikt und Harmonie, Sinn als Leistung und Balance zwischen dem „Eigenen und dem Fremden".

287 Wickert, U.: „Die eigene Haut", Beltz Verlag, Weinheim 1982
288 Mommaers, D.: „Was ist Mystik", a.a.O., S. 25/26

Günther Böhme
Nachwort

Dieser Beitrag zu dem neuen Forschungsfeld einer Pädagogik in der Dritten Welt greift ein zentrales, wenn nicht das entscheidende Thema dieser Wissenschaft heraus und bietet eine immense Materialfülle, die allenthalben den Sozialwissenschaftler verrät, der mit seinem Gegenstand jahrelangen Umgang hat, sich auf fundierte Erfahrungen ebenso wie auf eigene spezifische Leistungen stützen kann und sich mit hoher Sensibilität den Problemen anzunähern weiß.
Im Zentrum der Arbeit stehen drei Untersuchungsbereiche: die Sozialisationsvorgänge und Sozialisierungsmittel in der traditionellen Gesellschaft Indonesiens (wobei sich eine Beschränkung auf Java von selbst versteht, da anders ein homogenes Gesellschaftsbild nicht gezeichnet werden kann); die Entwicklung moderner Sozialisationsinstanzen und pädagogischer Mittler in Indonesien; die Verbindung moderner Sozialisationsinstrumente mit der traditionellen Kultur am Beispiel eines Rundfunk-Projektes. Schließlich rundet sich das Ganze durch einen – aphoristische Züge tragenden – Bericht über das Leben und die Situation der Kinder in Indonesien ab.
Durchscheinend wird dabei die vom Verfasser geforderte „Praxis für Menschlichkeit", auf welchen kurzen Nenner er die Pädagogik bringen möchte. Das wird besonders eindrucksvoll deutlich in den umfangreichen Erörterungen traditioneller indonesischer Mittler, die sich in den unterschiedlichsten Tönungen, wenn auch mit gemeinsamer historischer und kultureller Basis, in Wayang-Spielen entfalten. Der Leser wird eindringlich belehrt über Möglichkeiten pädagogischer Einwirkung, die dem europäischen Denken fern stehen. Es öffnet sich das Problem, wie sie erhalten werden können sowohl im Interesse kultureller Kontinuität als auch im Interesse einer der Mentalität der zu Bildenden angemessenen Erziehung. Was gleichsam im nachhinein als Entschulung der Gesellschaft vielerorts gefordert wird, erweist sich hier als eine aller Institutionalisierung vorgängige Realität, deren völlige Preisgabe zugleich auch die Preisgabe von Identität bedeuten muß.
Der Verfasser weiß viele Maßnahmen anschaulich zu machen, mit denen der noch junge Staat einerseits seinen Modernisierungsrückstand, andererseits die Labilität im Aufbau der Nation zu überwinden versucht. Erfreulich ist dabei die auch hier geübte Behutsamkeit im Urteil, das sich vorschneller Kritik an einem politischen Verhalten entschlägt, welches offensichtlich nicht immer den Beifall des Ver-

fassers finden kann. Doch bewährt sich hier die Erfahrung, die er mit einer „Gesellschaft im Übergang“ selbst gemacht hat, deren Strukturen und Methoden nur aus der eigenen Situation heraus verstanden werden dürfen. Überall steht dabei die kaum zu lösende Frage im Vordergrund: wie ein kontinuierlicher Übergang möglich ist, der zu Bewahrendes schonend behandelt und doch den Bedingungen der Neuzeit sich selbstbewußt zuwendet.

Anhang I

„Kinder in Indonesien – Beobachtungen zu täglichen Situationen des Dorfes und der Stadt“ (1973-1978)

Das Beschreiben der Wirklichkeit anderer Kulturen in der Art wissenschaftlicher Darlegung und Analyse ist eine Sache; eine andere – und mindestens ebenso wichtige – ist es, darüber zu erzählen.
Die vielen Beobachtungen und Erlebnisse des täglichen Lebens in einem fremden Land sind deshalb im folgenden nachgestellt. Die Erzählungen stehen in engem und erklärendem Zusammenhang mit einer Serie von photographischen Aufnahmen, die unter dem Gesichtspunkt einer je typischen Situation im Leben eines indonesischen Kindes gemacht wurden. Obwohl die Photos hier leider nicht abgebildet werden können und der Text deshalb etwas sprunghaft erscheinen muß, sollen die erzählten Begebenheiten zur Plastizität des so vielfältigen Lebens der indonesischen Kultur im Spannungsfeld zwischen Tradition und Innovation eine sinnvolle Ergänzung abgeben.
Es bleibt dem Leser überlassen, den I. oder den II. Teil, vielleicht auch beide, in sein künftiges Denken und Handeln mit aufzunehmen.

Reisterrassen sind typisch für das Landschaftsbild Javas. In den Ebenen, an den Abhängen, überall wird Reis angepflanzt und die Felder reichen bis an die Bahnlinien und Straßen heran. Obwohl das Land sehr fruchtbar ist und überall bepflanzt wird, deckt der Ertrag schon seit vielen Jahren nicht mehr die Bedürfnisse der ständig wachsenden indonesischen Bevölkerung. Die Regierung kauft jedes Jahr große Mengen Reis von den Ländern, die einen Überschuß produziert haben. Bei der Verteilung des eingeführten Reises kommt es häufig zu großen Ungerechtigkeiten.
Die indonesische Bevölkerung zählt 145 Millionen Menschen (1978); davon leben etwa 75 % auf Java. Reis gedeiht nur im knietiefen Wasser. Es gibt kaum Gegenden, die so flach sind, daß das Wasser nicht sofort ablaufen würde. Um das ständige Abfließen zu verhindern, haben die Reisbauern schon vor vielen Jahrhunderten die Erde an den Hängen teils abgetragen, teils aufgeschüttet, um auf diese Weise flache Felder zu erhalten. Die einzelnen Felder sind durch Erdwälle abgetrennt und ein kompliziertes System aus Schleusen und Schöpfrädern sorgt für die Bewässerung.
Reis ist das wichtigste Nahrungsmittel. Ähnlich dem Getreide gibt es mehrere Sorten und unzählige Zubereitungsarten. Wird der Reis

gemahlen, so entsteht ein Mehl aus dem sich leckere Kuchen backen lassen. Es gibt sogar eine Sorte, deren Körner schwarz sind.
Java liegt in der tropischen Klimazone. Es gibt kaum Jahreszeiten, es ist immer heiß und feucht. Ungefähr von November bis Februar ist Regenzeit. In diesen paar Monaten regnet es fast jeden Tag und manchmal so stark, daß es in vielen Gebieten zu Überschwemmungen kommt. Manchmal setzt die Regenzeit auch zu spät ein, wodurch in vielen Landstrichen der Reis verdorrt. Die Regenzeit ist nicht jedes Jahr gleich, so wie in der Bundesrepublik z.B. nicht jedes Jahr gleich viel Schnee fällt. Die Vegetation ist keinen großen Temperaturunterschieden ausgesetzt und verändert sich daher wenig. Reis, Gemüse und viele Früchte können das ganze Jahr hindurch angepflanzt und geerntet werden.

Auf Java gibt es nur ein paar wenige Bahnlinien, die die wichtigsten Städte untereinander verbinden. Das wichtigste Verkehrsmittel sind Omnibusse und damit ist auch ‚Gondang' ein Dorf in Mitteljava zu erreichen. Außer in den Dörfern gibt es keine Haltestellen, jeder kann zu- oder aussteigen, wo es gerade günstig ist. Viele Fahrgäste setzen sich auf das Dach, weil die Busse oft überfüllt sind und weil sie so auf ihr Gemüse oder ihre Hühner, die sie im nächsten Dorf verkaufen wollen, besser aufpassen können. Die meisten Busse sind schon so alt, daß sie jedesmal, wenn der Motor abgestellt wird, angeschoben werden müssen. Da sie am Berg ganz langsam fahren, hängt sich hin und wieder jemand hinten an, um das Fahrgeld zu sparen.
An den Haltestellen stehen Kinder und bieten süßen Tee, Reis, Schokolade, Zigaretten, Erdnüsse und Früchte an. Jeder ruft lautstark aus, was er zu verkaufen hat. Selbstverständlich wird immer um den Preis gehandelt. „Was, für eine so kleine Orange willst Du 40 Rupiah haben" fragt der Käufer erstaunt. „Ja klar, eigentlich ist das noch viel zu wenig, es gibt sowieso um diese Jahreszeit fast keine Orangen – außerdem sind meine ganz besonders süß". „Ich kaufe 5 Stück, das macht 100 Rupiah". „Aber das geht doch nicht, so leg' ich ja drauf", sagt der Junge und macht ein bekümmertes Gesicht – „Aber für 150 kannst Du sie haben". „Na gut, 125 weil man sieht, daß sie garnicht saftig sind". Der Junge ist einverstanden und der Mann im Bus sortiert die 5 schönsten aus. Sofort erkundigen sich andere Leute nach dem Preis, um bei einem eventuellen Orangenkauf nicht mehr bezahlen zu müssen.
Die Straße nach Gondang führt an vielen großen und kleinen Flüssen vorbei. Das Wasser ist vom hohen Sandgehalt ganz braun. Für die Frauen ist ein Fluß besonders praktisch, weil sie damit fließendes Wasser zum Waschen haben. Viele Menschen baden sich im Fluß und benutzen ihn gleichzeitig als Toilette. Vor allem nachmittags

ab 16 Uhr wird es richtig lebendig; jeder der in der Nähe wohnt kommt zum Fluß. Selbstverständlich gibt es zu Hause auch Wasser, aber das muß Eimer für Eimer aus dem Brunnen gezogen werden.
In Flüssen, Bewässerungskanälen, ja selbst in den Reisfeldern gibt es immer noch viele Fische. Für die Jungen im Dorf ist Fischfangen ein beliebter Zeitvertreib. Kurz vor Gondang ist ein Fluß so seicht, daß mit dem Auto bequem hineingefahren werden kann. Diese Stelle dient als Autowaschanlage. Die Fahrer der Lastwagen sitzen in einer kleinen Bude in der Nähe und essen. Unterdessen wäscht ihnen Suparto, dem auch die kleine Essensbude gehört, für einen kleinen Aufpreis zum Essen, die Lastwagen. Supartos Bruder und sein ältester Sohn helfen ihm bei der Arbeit. Die kleineren Jungen spritzen sich gegenseitig an und lassen sich – mit oder ohne Kleider – mit Vergnügen ins Wasser plumpsen.
Die zwei Lastwagen, und noch 5 andere, gehören einem Chinesen, der sie vermietet. Jeder Fahrer bezahlt ihm pro Tag 8.000 Rupiah und darf mit dem Lastwagen transportieren, was er will. Er muß sich also die Arbeit selbst suchen und auch einen Arbeitsplan aufstellen, damit er jeden Tag wirklich auf das Nettomindesteinkommen von 1.000 Rupiah kommt.

„Ich bin Katot Kaca und ihr fünf seid meine Begleiter“ sagt Yanto und zeigt auf seine fünf besten Freunde. „Wir wollen auch mitspielen“ rufen die zehn anderen Jungens. „Dann seid ihr die Kurawas, die hundert Brüder. Nun führen wir Krieg; das Schlachtfeld liegt bei der Schleuse, bei der Dorfgrenze“.
Die Geschichte, die Yanto und seine Freunde spielen wollen, stammt aus indischen Büchern. Sein Großvater hat ihm schon unzählige solche Geschichten erzählt. Jedesmal, wenn in der Nähe wayang – Schattenspiel – stattfindet, gehen die zwei gemeinsam hin. Die dargestellten Geschichten sind meist die gleichen, aber manchmal erfährt Yanto eine Variante, die er noch nicht kennt.
Katot Kaca und seine Begleiter rücken nun durch die Gummibaumplantage zum Schlachtfeld vor – die Kurawas nehmen den Weg durch die Reisfelder. Die Kurawas sind vom Rennen unter der Sonne recht verschwitzt. Kartijo, der Jüngste hat keine Lust mehr weiterzurennen; er springt einfach in den Bewässerungskanal. Einige folgen seinem Beispiel – andere schimpfen. Die Schlacht ist abgebrochen und es dauert nicht lange, bis alle baden. Kartijos Bruder hat zwei Bananenstiele abgerissen, auf denen sie die Mauer hinter der Schleuse herunterrutschen. Als Katot Kaca endlich auch erscheint, sind die Kurawas nicht mehr zur Schlacht aufgelegt.
Überall auf Java gibt es der vielen Schulkinder wegen Schulunterricht in zwei Schichten. Ein Teil der Kinder geht vormittags, der

andere nachmittags. Im Alter von 6 oder 7 Jahren treten indonesische Kinder in die Schule ein. Oft vergessen die Eltern die Anmeldetermine oder scheuen sich vor dem Gang zur Schule, die sie selbst meistens nicht besucht haben und das Kind muß noch ein Jahr warten. Die Arbeiten auf den Feldern und im Haus sind ohne die ständige Mithilfe der Kinder kaum zu bewältigen. Auch das ist häufig ein Grund, weshalb die auf dem Lande lebenden Eltern zögern, wenn nicht gar verbieten, die Kinder zur Schule zu schicken. Hinzu kommen noch die Kosten für eine Schuluniform, für Schulhefte, Bleistifte, Kosten, die ohne große Opfer nicht zu bezahlen sind. Und schließlich meinen viele Eltern, daß man in der Schule sowieso nichts lernt, was später in der Fabrik oder auf dem Feld verwendet werden kann.
Die allgemeine Schulpflicht dauert sechs Jahre. In Gondang gibt es eine Grundschule mit sechs Klassenräumen. Die 5. und 6. Klasse sind zusammengelegt, weil sie weniger zahlreich sind als die unteren Klassen. Dennoch sind die zur Schule gehenden Kinder höchstens ein Drittel derer, die schulpflichtig sind. Jeden Tag nimmt ein anderes Kind einen Besen von zu Hause mit, um den Klassenraum zu fegen. Auf dem Schulhof pflanzen sie Papaya und Singkong, schnell wachsende Früchte. Nach ein paar Monaten können sie die Früchte ernten und Singkong braten.

Yantos Familie hat drei Pferde und ein Sado, eine Kutsche. Die Kutsche und das Pferd gehören Yantos Vater. Sein Onkel und sein Schwager besitzen jeweils auch ein Pferd. Tagsüber arbeitet Yantos Vater in der Kalkfabrik, die dreißig km entfernt von Gondang liegt. Jeden Tag fährt er mit dem Bus zur Arbeit und zurück. Die kleineren Busse nennt man Oplet – das kann ein ganz alter Austin Morris sein, dessen hinteres Teil mit Holz umgebaut wurde, damit etwa 8 bis 10 Personen Platz haben.
Yantos Onkel und sein Schwager fahren tagsüber abwechselnd die Kutsche. Morgens um 4 Uhr ist einer von beiden bereits aufgestanden und fährt Leute ins Nachbardorf, damit sie dort ihre Früchte oder Hühner verkaufen können. Die Kutsche ist gleichzeitig eine Art Dorftaxi. Es geschieht häufig, daß sie erst spät abends wieder zurückkommen. Das Nachbardorf ist wesentlich größer als Gondang und entsprechend mehr Fahrtaufträge sind zu erhalten. Die Kutsche übernimmt auch Aufträge, für die kein Lastwagen geeignet wäre, weil er im Schlamm versinken würde, falls es gerade stark geregnet hat und keine befestigte Straße vorhanden ist. Yantos Onkel fährt daher öfter Materialien wie Holz, Zement, Kalk und Steine, die zum Bau einer Reismühle in der Nähe gebraucht werden. Obwohl die Kutsche Yantos Vater gehört, bezahlen der Onkel und der Schwager

nichts für die Benutzung. Dafür halten sie die Kutsche in Stand und pflegen und füttern alle drei Pferde.
Wenn Yantos Vater abends nicht allzu müde ist, fährt er die Kutsche selbst und sorgt so für einen kleinen Nebenverdienst.
Yanto kann auch schon mit dem Sado fahren, obwohl er erst elf Jahre alt ist. Sein Vater hat ihm allerdings verboten, das Dorf zu verlassen, denn auf der Landstraße herrscht reger Verkehr. Er hilft jeden Tag die Pferde zu striegeln. Wie überall in Asien, wird auch in Indonesien links gefahren.

Der Kern des Dorfes mit ungefähr 180 Häusern ist um einen Weiher gebaut, der künstlich angelegt wurde, um Wasser für die Bewässerung der Reisfelder zu speichern. Die Bewohner des Dorfes haben einen Waschplatz an der einzigen seichten Stelle gebaut. Die Häuser stehen nahe nebeneinander und sind nur selten durch Hecken getrennt. Meist ist der Nachbar ein Verwandter.
Ganz in der Nähe befindet sich auch die Schule, der Polizeiposten, das Büro des Dorfvorstehers. An der Hauptstraße wohnt ein Arzt. Es ist sehr selten in Indonesien, daß ein Arzt seine Praxis auf dem Dorf hat. Seine Praxis ist nachmittags von 16 bis 18 Uhr geöffnet. Vormittags arbeitet er im staatlichen Krankenhaus in der nächsten Kreisstadt. Das ist Gesetz in Indonesien. Eine Apotheke gibt es nicht in Gondang, deshalb verabreicht der Arzt seinen Patienten meistens Spritzen und Tabletten aus seinem Vorrat. Werden die Bewohner der Außenbezirke Gondangs mitgerechnet, so besitzt das Dorf 3.600 Einwohner.
Es gibt Kinder, die 1 1/2 Stunden zu Fuß gehen müssen, um die Schule zu erreichen. Die nicht an der Hauptstraße wohnenden Kinder gehen trotzdem zu Fuß. Eine Busfahrt würde 25 Rp. kosten, also 50 Rp. pro Tag. Eine Familie hat im Durchschnitt 5 Kinder und mehr. Wenn davon nur 3 zur Schule gehen, würde allein der Betrag für die tägliche Busfahrt so hoch sein wie der monatliche Betrag für das Schulgeld eines Kindes.

In den Dörfern ist vor dem Haus meist ein kleiner Garten, der Kokosnuß-, Bananen-, Mango-, oder seltener auch Durianbäume (eine fußballgroße Frucht mit stacheliger Schale) und viele kleine Büsche hat; so entsteht zwischen den Häusern ein kleiner schattiger Platz. Dort halten sich die Kinder und manche Erwachsene über Mittag auf. Die pralle Mittagssonne ist selbst für die hitzegewohnten Indonesier zu heiß. Bei höchstem Sonnenstand beträgt die Temperatur bis zu 35 Grad im Schatten und die Luft ist sehr feucht.
In Gondang sind nur wenige Häuser aus Ziegelsteinen und Zement gebaut. Die Mehrzahl besteht aus Bambus und Holz. Tuttis Schwester

hat neulich kurz vor ihrem 14. Geburtstag geheiratet. Von der Familie ihres Mannes haben ihre Eltern neben Gold und einem neuen Bett aus Bambus für das neue Paar eine ansehnliche Summe Geldes erhalten. Mit diesem Geld haben Tuttis Eltern Matten für die Wände ihres Hauses gekauft. Diese Bambusmatten sind fertig zu kaufen und kosten pro Stück etwa 400 Rupiah. Sie haben ein Ausmaß von etwa 2 x 3 Metern. Alle drei Schlafräume in Tuttis Haus sind auf Pfähle gebaut, damit die Familie auch in der Regenzeit trocken schlafen kann. Nur die Küche ist ebenerdig und hat – wie übrigens viele Häuser in Tuttis Nachbarschaft – einen gestampften Erdboden. Die Wände sind innen mit Zeitungspapier gegen den Wind beklebt und mit Kalk weiß bestrichen. Die weiße Kalkfarbe ist nicht nur schön, sondern auch nützlich, da sie eine tödliche Wirkung für Kleinstinsekten hat. Aber bereits die Ameisen lassen sich dadurch nicht abhalten, ganze Straßen entstehen zu lassen, wenn irgendwo ein kleiner Krümel liegengeblieben ist.

Kartijos Großvater ist genau vor 100 Tagen gestorben. Er war 57 Jahre alt. Die Familie veranstaltet heute einen Selamatan; abends nach Sonnenuntergang kommen alle Männer des Dorfes zu Kartijos Haus und beten unter Führung eines Kjai, einem Priester, für die gute Aufnahme der Seele. Ein solches Betfest findet am 3., 7. und 100. Tag nach dem Tod des verstorbenen Menschen statt. Kartijos Großvater wurde selbstverständlich am gleichen Tag, als er starb, begraben. Das feuchtheiße Klima läßt alles Tote in wenigen Stunden verwesen.
Kartijos Mutter hat die ganze Kücheneinrichtung nach draußen gestellt, damit sie mehr Platz zum Kochen hat. Kartijos Schwester und Frauen aus der Nachbarschaft werden ihr beim Kochen helfen. Wenn alles gar ist, wird Reis, Gemüse und Fisch portionsweise in kleine Schachteln, die aus Bambus geflochten sind, abgefüllt. Jeder, der beten kommt, erhält eine solche Schachtel. Kartijos Großmutter ist 61 Jahre alt. Auch sie hat mit 14 Jahren geheiratet. Alle ihre 9 Kinder – eigentlich wären es 12, aber 2 sind vor der Geburt und eines kurz danach gestorben – sind auch verheiratet und alle haben ebenfalls Kinder. Ihre jüngste Tochter, Kartijos Mutter, hat einen Neffen, der 2 Jahre älter ist als sie. Im ganzen hat sie 36 Enkel und 9 Urenkel.
Großmutter besitzt 4 Reisfelder; ein Reisfeld umfaßt etwa 400 bis 500 m^2. Der Ertrag deckt knapp die Bedürfnisse ihrer Kinder und deren Familien, die in Gondang geblieben sind. Die anderen 5 leben teils in Jogjakarta, teils in Jakarta, der Hauptstadt der Republik Indonesia. Die Familie braucht neben Reis noch andere Nahrungsmittel, vor allem Fleisch, Eier und Zucker. Außerdem sollten die Kinder zur Schule gehen und dazu brauchen sie Schuhe und ein paar neue Hosen.

Um das dafür nötige Geld zu verdienen, haben die Bauern irgendeine Nebenbeschäftigung. Kartijos Vater fährt morgens mit dem Fahrrad in die Eisfabrik und holt Eisblöcke ab, die er an den Essensbuden und Restaurants an der Hauptstraße abgibt.
Ein Onkel ist Opletfahrer, ein anderer arbeitet als Handlanger auf einer Baustelle im Nachbardorf. Viele Cousins von Kartijo haben bereits eine regelmäßige Arbeit. Sugeng, ein Cousin, verkauft morgens bevor er in die Schule geht Zeitungen. Zwei Kusinen sind mit 15 Jahren bereits nach Jakarta gegangen, wo sie als Hausangestellte arbeiten. Großmutter arbeitet nicht mehr auf dem Feld. Wenn ihre Töchter und Schwiegertöchter zur Ernte gehen, bleibt sie zu Hause, paßt auf die Kleinsten auf und hilft den Größeren beim Kochen.
Nenek (Großmutter), wie sie auf indonesisch genannt wird, hat nie in ihrem Leben ein westliches Kleid getragen, sondern immer einen Sarong, ein Tuch, das sie um die Hüften wickelt. Sie war noch nie bei einem Arzt und hat alle ihre Kinder zu Hause auf die Welt gebracht. Sie ist eine beliebte Hebamme und die Leute im Dorf behaupten, daß die Kinder am schnellsten geboren werden, wenn sie dabei ist.
Da ist die Kalkfabrik, wo Yantos Vater arbeitet. Am nahen kalkhaltigen Berg wird das Gestein mit Dynamit abgesprengt. Zusammen mit 5 anderen Männern hebt Yantos Vater die Steine auf einen Lastwagen, der sie zur Kalkfabrik transportiert.
Dort werden die Steine abgeladen und in riesige Öfen eingefüllt. Die Öfen sind aus Ziegelsteinen gebaut und sind höher als ein einstöckiges Haus. Bis ganz oben hin werden die Öfen mit Steinen gefüllt und während 12 bis 24 Stunden wird ununterbrochen geheizt. In dieser Zeit müssen zwei Männer immer wieder Holz nachschieben. Nach dem Erhitzen werden die Steine mit Eisenstangen herausgescharrt und mit kaltem Wasser übergossen. Durch den Temperaturschock bersten die Steine und zerfallen in Kalkpulver. Dieses kann mit Wasser angerührt und zum Weißen der Wände verwendet werden. In der chemischen Industrie wird Kalk durch beimengen von Farbstoff zu modernen Wandfarben verwandelt.
Yantos Vater arbeitet wie alle anderen in der Fabrik als Tagelöhner. Die Arbeit dauert von 7.30 bis 16 Uhr. Eine eigentliche Mittagspause gibt es nicht, aber jeder Arbeiter hat zwischen bestimmten Arbeitsabschnitten die Zeit und Erlaubnis, an einer Essensbude in der Nähe Pause zu machen. Selbstverständlich wird in der Kalkfabrik auch am Sonntag gearbeitet. Nur an ‚Lebaran', dem großen islamischen Feiertag am Ende der Fastenzeit, und am Nationalfeiertag, dem 17. August, bleibt die Kalkfabrik zwei Tage geschlossen. Wenn Yantos Vater krank ist, verdient er nicht. Pension erhält er ebenfalls keine, wenn er zu alt für diese Schwerarbeit geworden ist.

Auf den indonesischen Inseln ist das Batik-Kunsthandwerk besonders hoch entwickelt. Die traditionellen Farben können von Gegend zu Gegend variieren; in Jogjakarta sind es blau und ocker. Als erstes wird auf dem Stoff alles was später weiß und ocker sein soll mit Wachs abgedeckt und dann wird der Stoff blau eingefärbt. Danach wird das Wachs teils durch Auskochen, teils durch Abkratzen wieder entfernt, und nun werden die Teile mit Wachs bedeckt, die weiß und blau bleiben sollen. Das Wachs kann mit einem speziellen Werkzeug, dem Canting von Hand aufgetragen oder mit dem Kupferstempel aufgedrückt werden. Das Zeichnen mit Wachs ist reine Frauenarbeit, meistens in Heimarbeit. Die Männer stempeln und färben. Früher wurden zum Einfärben nur Naturfarbstoffe gebraucht. Sie werden auch heute zum Teil noch verwendet; die größeren Batikfabriken sind zu chemischen Farbstoffen übergegangen, weil sich nur damit alle Farbtöne erreichen lassen.
Ngadiman arbeitet seit zwei Jahren als Färber; er schläft bei seiner Schwester, die mit einem Postbeamten aus Jogjakarta verheiratet ist. Das Einfärben, aber auch das Zeichnen oder Stempeln mit Wachs, wird im Akkord bezahlt. Der Stoff wird vor der Verarbeitung in Stükke von je zwei Meter Länge geschnitten, was der Größe eines Sarongs entspricht. Umgerechnet erhält Ngadiman pro Tag 150 bis 200 Rupiah.

Spielzeug kann man in Gondang nirgends kaufen, dazu hat keine Familie Geld. Nur an Lebaran, dem größten islamischen Feiertag, der auf die einmonatige Fastenzeit folgt, kommt ein wandernder Luftballonhändler ins Dorf. Er verkauft auch selbstgemachte Schattenpuppen, aufblasbare Batmans und Bälle. Daß der Ball schon nach zwei Wochen keine Luft mehr hat, macht ihn nicht unverwendbar.
Im Fastenmonat essen und trinken gläubige Mohammedaner von Sonnenaufgang bis Sonnenuntergang nicht. Kartijo hat sich dieses Jahr ebenfalls daran gehalten; seine Eltern sind richtig stolz auf ihn, denn schließlich ist er noch ein kleiner Erstklässler. An Lebaran hat er zusammen mit ein paar Cousins, Verwandte und Bekannte besucht, um sich für seine Fehler im vergangenen Jahr zu entschuldigen und um Glück zu wünschen. Einige Leute haben den Jungs zehn oder sogar zwanzig Rupiah zugesteckt. Von diesem Geld hat sich Kartijo einen Ball gekauft und an einem Tag fünf Portionen Eis gegessen. Die Kinder in Gondang basteln sich oft eigenes Spielzeug. Schleudern sind besonders beliebt, damit werden Wettschießen über die Dächer hinweg veranstaltet. Die Erwachsenen versuchen so schnell wie möglich, dieser Schleudern habhaft zu werden, um zerbrochene Ziegelsteine zu verhindern. Aus Melonenschalen lassen sich kleine

Räder basteln, die dann an einem Stecken befestigt werden. Auf dem Schulweg schiebt Kartijo den Stecken vor sich her.

Setu wohnt und arbeitet bei einem Großbauern, dessen drei Büffel er hütet, wenn sie nicht gerade zum Pflügen gebraucht werden oder vermietet sind. Er muß sie auch waschen.
Setu ist dreizehn Jahre alt und arbeitet bereits drei Jahre. Viele Kinder auf dem Land gehen nur solange auf die Schule, bis sie ein wenig lesen, schreiben und rechnen können. Für die meisten Eltern ist das monatliche Schulgeld, vor allem wenn sie mehrere Kinder haben, eine große Ausgabe. Zudem müssen die Kinder Schuhe tragen und brauchen Bücher und Schreibmaterialien.
Für seine Arbeit erhält Setu täglich dreimal zu essen und bekommt noch Kleidung. Jedes Jahr an Lebaran bekommt er eine neue Hose und ein neues Hemd. Zusätzlich gibt ihm der Bauer jede Woche einhundert Rupiah. Davon kauft er sich hin und wieder eine Zigarette. An seinem Handgelenk trägt er kleine Gummiringe; die verwendet er zum Spielen. Das Spiel ist sehr einfach – wer seinen Gummi am nächsten an einen anderen Gummi herangeschossen hat, hat gewonnen.

Puji spielt mit ihren Freundinnen ein Spiel, das alle javanischen Mädchen kennen. Ein kleiner Ball wird geworfen und während er einmal hüpft, muß man fünf Steine in bestimmter Reihenfolge und Kombination aufnehmen oder hinwerfen. Knaben und Mädchen spielen in Indonesien nie zusammen. Manchmal, während sie ihre kleineren Geschwister hüten, schauen die Mädchen den Jungs beim Spiel zu, aber nie umgekehrt. Entdeckungsspiele und stundenlanges Umherstreifen ist eindeutiges Privileg der Jungen. Mädchen entfernen sich nur in Begleitung der Mutter oder einer verheirateten Tante.
Jeden Morgen geht Puji an den Teich, um die Kleider ihrer Eltern oder Geschwister zu waschen. Danach hilft sie ihrer Mutter beim Kochen. Puji schüttet den Reis in den runden, flachen Behälter und schüttelt ihn dann solange, bis die Spreu weggeflogen ist. Daraufhin untersucht sie den Reis nach Steinen und Körnchen und wäscht ihn. Nachmittags geht Puji in die Schule. Kurz vor dem Mittagessen macht sie ihre Schulaufgaben. Zwei, dreimal in der Woche geht Puji zusammen mit ihren Freundinnen aus der Nachbarschaft in die nahegelegene Gummiplantage, um dort Holz zu suchen.
Allen Mädchen wird etwa mit dem vierzigsten Lebenstag das Ohrläppchen durchstochen, damit sie später Ohrringe tragen können. Auch arme Eltern kaufen goldene Ohrringe für ihre Töchter, oder zumindest vergoldete, denn Mädchen ohne Ohrringe werden oft ausgelacht und damit geärgert, daß sie gar keine Mädchen seien.

Viele Küchengeräte sind heute noch, auch in der Stadt, aus Ton oder geflochtenem Bambus. Auf dem Land wird meist mit Holz gekocht, weil das nicht gekauft werden muß. In Gondang gibt es keine Elektrizität und abends werden die Öllampen angemacht. In der Stadt wird mit kleinen Kerosinöfen gekocht, denn auch dort haben noch die meisten Häuser keinen Strom. An einem geeigneten Platz wird die Kochstelle aus Steinen so gebaut, daß zwei bis drei Pfannen gleichzeitig Platz haben. Daneben steht ein Gefäß aus Ton, das mit glühender Holzkohle gefüllt ist. Auf diesem Gefäß steht eine mit Wasser gefüllte Pfanne, ebenfalls aus Ton, dadurch ist ständig heißes und abgekochtes Wasser vorhanden. In einigen Haushalten sind tönerne „Kühlkrüge“ vorhanden – nachdem siedendes Wasser hineingefüllt wird, ist es nach einigen Stunden richtig kühl. Die Asche wird nach einer gewissen Zeit aus dem Herd genommen und zum Tellerwaschen benutzt. Bratpfannen sind aus Aluminium und nicht flach, sondern rund und gewölbt, sodaß darin nicht gebraten sondern eher gebacken wird, weil das Essen ganz in Öl schwimmt. Zum Kochen und Backen wird in Indonesien nur Kokosnußöl verwendet.
Diese Art Ofen kann auch zum Kuchen backen verwendet werden. Zu diesem Zweck wird eine viereckige, 25 cm hohe verschließbare Büchse auf den Ofen gestellt und der Teig in seiner Form hineingeschoben.
Obwohl gerade die Hülse des Reises die meisten Vitamine enthält, stampfen die Frauen den Reis so lange, bis sich Spreu und Hülse vom Korn gelöst haben. Danach sieht der Reis bereits weiß aus. Üblicherweise wird der Reis erst zehn Minuten in viel Wasser gesotten und dann gedämpft. Dazu füllt man ihn in eine Tüte aus geflochtener Bambusrinde und stellt das Ganze auf einen kupfernen Behälter, der wie eine Vase aussieht und mit Wasser gefüllt ist. Nun dauert es noch eine halbe Stunde bis der Reis ganz weich ist.
Das Einzige, was sich konservieren läßt, damit es in der Tropenhitze nicht verdirbt, sind Eier und Fische. Die Fische werden aufgeschnitten, in salziges Wasser gelegt und getrocknet. Auf diese Weise sind sie ohne Schaden ein Jahr haltbar. Eier werden ebenfalls gesalzen und haltbar gemacht.

Vor fünfzig Jahren gab es in den Dörfern noch keine richtigen Geschäfte. Die Händler pendelten zwischen drei oder vier Ortschaften und kamen nur an bestimmten Tagen – den Markttagen – ins Dorf. Auch heute noch ist in Gondang nur dienstags und freitags Markt. An diesen Tagen kann man frisches Gemüse, frische Fische und Fleisch kaufen.
An den anderen Tagen müssen sich Gondangs Bewohner mit dem Angebot des ansässigen Ladens zufrieden geben. Das ist nicht sehr

schwer, denn die Bedürfnisse richten sich nach dem Geldbeutel und der ist sehr dünn.
Neben verschiedenen Sorten gesalzenem Fisch (100 gr. für 50 Rp. – das muß für 6 Personen reichen) gibt es auch Gewürze, Zucker, Kaffee, gesüßte Büchsenmilch, Kopfwehtabletten, Seife, Sicherheitsnadeln, weißen Faden und Streichhölzer.
Solche Händler sind sehr oft chinesischer Abstammung. Etwas anderes als das Handeln, ist den Chinesen nicht erlaubt, vom Landkauf und dem Ackerbau sind sie seit eh und je ausgeschlossen. Der größte Teil der vor langer Zeit eingewanderten Chinesen haben sich so angepaßt, daß sie kaum mehr von Indonesiern zu unterscheiden sind. Sie haben ihre eigene Sprache vergessen, kleiden sich indonesisch und sind sogar Mohammedaner geworden.

Bambang und seine Freunde stehen etwas unschlüssig herum, denn sie wissen nicht so recht, was sie spielen sollen. Wo sind all' die anderen geblieben? Meist ist um diese Tageszeit irgendetwas los. Kinder spielen nie alleine – ohne Spielzeug ist das auch nicht lustig – sondern laufen dorthin, wo schon Freunde versammelt sind.
Auf der Suche nach den Spielkameraden begegnen sie Bambangs Vater, der auf dem Markt zwei Hühner gekauft hat. Er trägt, wie viele Männer im Dorf keine Hose, sondern einen Sarong. Das ist viel kühler und praktischer. Der Sarong läßt sich nach Bedarf bis über die Schulter ziehen oder um den Bauch wickeln, damit er beim arbeiten nicht schmutzig wird. Zum Schlafen braucht er nur die Beine etwas anzuziehen und schon kann er sich richtig in dem Sarong verkriechen.
Um die Hühner transportieren zu können, hat Bambangs Vater sie in Bambusverschläge verpackt und an einem Stock befestigt. Den trägt er abwechselnd auf der einen, dann auf der anderen Schulter.
Selbst schwere Lasten werden auf diese Art getragen. Ein Karren findet wenig Verwendung, weil damit nicht in einen Bus oder in das Oplet zu steigen wäre. Der Weg ist oft recht holprig, weil die Regenzeit tief ausgewaschene Löcher hinterlassen hat oder er führt direkt durch die Reisfelder. Frauen tragen ihre Lasten nicht auf der Schulter, sondern auf dem Kopf oder binden sie mit einem Tuch auf den Rücken.

Nach der Ernte hacken die Männer das Reisfeld um. Manchmal wird von einem reicheren Bauern ein Wasserbüffel zum Pflügen gemietet. Ist das Feld fertig gehackt, wird der Reis neu eingesät und gleich bewässert. Körner werden entweder von der letzten Ernte ausgelesen oder von der Regierung gekauft.
Die Reisernten sind an keine Jahreszeiten gebunden, sondern verteilen sich gleichmäßig übers Jahr. Während das eine Feld gehackt

wird, wird ein anderes geerntet. Ist der Boden gut, die Wasserzufuhr genügend, kann ein Reisfeld zwei- bis dreimal pro Jahr geerntet werden. Um den Boden nicht allzusehr auszulaugen, pflanzen die Bauern zwischendurch auch etwas anderes an, vor allem Erdnüsse eignen sich besonders, um dem Boden die notwendigen Nährstoffe auf natürliche Weise wieder zuzuführen.
Die Reisbauern tragen große, flache Hüte, um sich vor der Sonne und dem Regen zu schützen. Dünger und Ungeziefervernichtungsmittel werden kaum angewendet, das wäre zu teuer und deshalb ist ein Feld nicht mehr zu retten, wenn es erst einmal von schädlichem Ungeziefer befallen ist.

Nach ungefähr acht Wochen müssen die kleinen Reispflanzen versetzt werden, weil sie, um richtig gedeihen zu können, einen Abstand von mindestens 25 cm voneinander haben müssen. Die Setzlinge werden reihenweise in ein vorher bewässertes Feld gepflanzt. Je nach Reissorte und Gegend dauert es nur noch drei bis fünf Monate, bis der Reis geerntet werden kann. Wie beim Getreide zeigt die gelbe Farbe der Ähren an, daß der Reis reif ist. Das Verpflanzen und Ernten ist Frauenarbeit. Nach einem uralten Glauben sind die Frauen Trägerinnen der Fruchtbarkeit und deswegen für diese Arbeiten geeignet.
Bei der Ernte werden die Reishalme mit einem speziellen kleinen Messer von Hand einzeln in der Mitte abgeschnitten. Frauen, die beim Verpflanzen und Ernten auf fremden Feldern mithelfen, dürfen ein Fünftel des Reises, den sie geerntet haben, für sich behalten. Auf diese Weise können auch Indonesier, die kein Land besitzen, zu einem kleinen Reisvorrat kommen. Bevor der Reis in die Vorratskammer kommt, wird er an der Sonne getrocknet. Wer soviel Reis besitzt, daß seine Familie nicht alles selbst verbrauchen kann, verkauft den Überschuß sofort nach der Ernte. Reis solange aufzuheben, bis er knapp wird und ihn erst dann zu verkaufen, wenn Knappheit entsteht – Reisspekulation – ist durch Gesetz verboten.
Jede Phase der Reiskultivierung hat ihre eigenen Zeremonien und Feste. Vor der Saat wird um die Gunst der Vorfahren geworben und die krankheitserregenden schlechten Geister vertrieben. Vor Verpflanzung und Ernte wird der Reisgöttin ‚Dewi Sri' ein kleines Opfer dargebracht. In einzelnen Gefäßen stellt man ihr Hühnereier, eine Zigarre, eine junge Kokosnuß, sieben Sorten Blumen und ein Glas süßen und ein Glas ungesüßten Tee auf einer bestimmten Stelle des Feldes hin. Die Opfergaben werden entweder ins Reisfeld gestellt oder in die Vorratskammer.

Bis vor kurzem hat Yonos Großvater die Gänse selbst gehütet. Da er in letzter Zeit öfter krank ist, hat er die Gänse seinem Lieblingsenkel

anvertraut. Yono wandert mit den Gänsen jeden Tag durch die Felder. Wenn in der Nähe kein frisch geerntetes Feld ist, auf dem die Gänse die abgefallenen Körner fressen können, stochert Yono mit seinem Stock in den Erdwällen herum, damit Engerlinge und kleine Würmer herauskommen. Auf die Gänse aufzupassen ist keine leichte Aufgabe; Yono muß ständig auf der Hut sein, daß die Gänse die Eier nicht an einem Platz legen, den er später nicht finden kann. Jeden Morgen, bevor er sie ausführt, prüft er an ihrem Hinterteil nach, welche Gans heute ein Ei legen wird. Yono weiß dann, wieviele Eier er ungefähr suchen muß.
Wenn die Gänse zu alt zum Eierlegen sind, werden sie geschlachtet. Das Fleisch schmeckt den Indonesiern nicht so gut wie Hühnerfleisch, weshalb die Gänse in erster Linie der Eier wegen gehalten werden.
Hin und wieder leisten Yonos Freunde beim Hüten Gesellschaft. Dann basteln sie aus Zeitvertreib kleine Pfeifchen aus Reishalmen.

Yono weiß, wie ohne viel Mühe Fische gefangen werden. Er bricht Reishalme ab und befestigt oben einen Angelhaken mit Köder. Den Halm steckt er ins Reisfeld und schaut bevor er nach Hause geht nach, ob ein Fisch angebissen hat. Nicht selten erwischt er drei bis fünf Fische am Tag.
Yonos Freunde bringen manchmal ihre Drachen mit, die sie dann um die Wette hochsteigen lassen.

Am Eingang des Dorfes hat Kartijos Onkel eine kleine Kneipe. Auf indonesisch heißt das ‚warong'. Um das Lokal luftig zu halten, wurde die eine Seite offen gelassen. Wie bei allen Häusern in tropischem Klima ist das Dach die Hauptsache. Es schützt gleichzeitig gegen die vielen und starken Regenfälle und gegen die immer heiße Sonne.
Das Lokal ist der eigentliche Aufenthalts- und Wohnraum der Familie. Abends wird die offene Seite mit Brettern dichtgemacht und schon ist der ‚warong' ein Schlafzimmer.
Angeboten werden Getränke wie heißer Tee, Kaffee und verschiedene Sorten Limonade. Dieser ‚warong' ist der einzige Ort in Gondang, wo man Eis kaufen kann. Kartijos Onkel läßt sich jeden Tag einen großen Eisblock liefern. Das Eis wird in kleine Stücke gehauen oder geraspelt und mit Tee oder Limonade ins Glas gefüllt.
Das Menü besteht aus einem gehäuften Teller Reis mit etwas Gemüse. Als Beigabe kann sich der Gast ein halbes Ei, ein Stück Fisch oder Tempe (ein Gericht aus Sojabohnen, das sehr vitaminhaltig ist) aussuchen.
Eine solche Mahlzeit kostet 50 Rupiah; ungesüßter Tee wird gratis gereicht.

Tagsüber kommen viele Frauen mit ihren kleinen Kindern in den ‚warong'. Sie unterhalten sich gerne zusammen und zu Hause wären nicht genügend Sitzgelegenheiten. Meistens essen und trinken sie nichts, das wäre zu teuer, sie kaufen höchstens einen Bonbon für das Kind. Die Wirtin ist froh über diese Gesellschaft, denn die Nachbarinnen helfen ihr beim Gemüseputzen.
Richtig lebhaft wird es im ‚warong' abends, wenn die Männer sich zum Kaffeetrinken oder Kartenspielen versammeln. Auch dann wird niemand gezwungen, etwas zu bestellen und wer vom vielen diskutieren und spielen durstig geworden ist, bestellt ein Glas Tee und bekommt es umsonst.
In Indonesien gibt es keine festen Essenszeiten; gegessen wird, wenn man Hunger hat. Kleine Kinder essen so oft am Tag, wie sie danach verlangen. Sie bekommen viel Reis mit etwas Soyasoße.
Die Eltern sind der Ansicht, daß Fisch bei Kindern Wurmkrankheiten hervorruft. Das erzählen sie zumindest den Kindern, denn sonst würde die tägliche Portion nicht für alle reichen. Kinder essen immer mit den Händen und spazieren mit dem Teller in der Gegend herum, niemand stört sich daran. Es ist außerdem sehr verbreitet und durchaus nicht unhöflich, wenn Erwachsene mit den Händen essen. Allerdings nur mit der rechten Hand. Die linke ist zum Saubermachen auf der Toilette bestimmt. Es ist ausgesprochen beleidigend, wenn man mit der linken Hand Wechselgeld entgegennimmt oder etwas anbietet.

Was die weißen Ausländer wohl hier suchen? Die Leute im Dorf sind ganz erstaunt, denn es gibt keine Sehenswürdigkeiten in der Nähe. Die Kinder rennen schnell zusammen und bestaunen offen die Fremden. Daß die weißen Ausländer auf der etwas wackeligen Bank Platz nehmen, erfüllt die ‚warong'-Besitzerin einerseits mit etwas Stolz, andererseits versucht sie sich zu entschuldigen, daß sie kein so schönes Gasthaus besitzt, wie sie in der Stadt üblich sind.
An dem kleinen, blonden europäischen Jungen und auch an der langen Nase seines Vaters freuen sich alle. Viele versuchen dem Jungen in die Backe oder den Arm zu kneifen – einfach weil die Kinder selbst fühlen wollen, daß diese Farbe echt ist. Der Junge hat Hunger und möchte gerne etwas essen. Er sieht die farbigen Kuchen in den Glasbehältern mißtrauisch an und kann sich nicht entschließen, denn er weiß nicht, ob und wie sie wirklich schmecken.
Außerdem haben seine Eltern immer gesagt, daß er nichts auf der Straße essen soll, um nicht krank zu werden. Europäer sind in dieser für sie fremden Umgebung viel anfälliger als Indonesier, besonders was die Durchfallerkrankungen betrifft.
Für die Leute im Dorf ist ein Ausländer meistens ein Holländer oder ein Amerikaner mit viel, viel Geld. Wie sonst könnte er eine so weite

Reise bezahlen, wo sie selbst nicht einmal das Fahrgeld besitzen, um die Verwandten in der Hauptstadt zu besuchen.

Die Fremden fragen nach Kokosnüssen. Natürlich gibt es welche. Zwei Jungen klettern auf die nächste Kokospalme, schneiden sie mit einem scharfen Messer ab und werfen sie herunter. Die Kokospalmen haben Kerben in den Stamm geschlagen bekommen, damit man leichter hinaufklettern kann. Junge Kokosnüsse enthalten viel Milch und das Fleisch ist so weich, daß es mit dem Löffel abgekratzt werden kann. Sind die Kokosnüsse schon alt, wird das Fleisch hart. Es wird dann geraspelt und als Zutat zu Gemüsesoßen verwendet oder wie Schokoladenstreußel über Kuchen gegeben. Kokosnüsse sind wegen des hohen Vitamin-B-Gehalts sehr gesund.
Bei der Kokosnuß findet beinahe jedes Teil seine Verwendungsmöglichkeit. Aus der harten inneren Schale werden Schöpfkellen hergestellt oder sie wird zu Holzkohle verbrannt. Mit der faserigen, äußeren Schale werden Matratzen und Sofas gefüllt. Damit werden auch Töpfe und Pfannen sauber geschrubbt.
Viele Häuser auf dem Land haben ein Dach aus getrockneten Palmblättern. Für Hochzeitsfeste, Staatsempfänge oder Ausstellungseröffnungen werden aus den noch grünen Blättern dekorative Gebilde konstruiert, die in der Nähe des Eingangs aufgestellt werden.
Die Blattrippen werden zu Wischern zusammengebunden; sie werden zudem als Fleischspießchen benutzt. Kaum ein Balken ist länger als eine große alte Kokospalme, also wird der Stamm auch zum Brückenbau verwendet.
Außerdem fehlt in keinem indonesischen Haushalt Kokosnußöl zum Kochen und Backen.
Öl wird gewonnen, indem die alten Kokosnüsse geöffnet an die Sonne gelegt werden, bis das Öl einfach hinausschmilzt. In diesem Zustand werden die Nüsse an die nächste Ölfabrik verkauft. In der Ölfabrik werden die Nüsse gepreßt. Diese Flüssigkeit wird gekocht, bis das Öl obenauf schwimmt und die Rückstände sich am Boden der großen Pfanne ablagern.

Nur die wichtigsten Überlandstraßen auf Java sind geteert. Selbst heute noch ist die schwere alte Dampfwalze die einzige Maschine, die bei der Arbeit hilft. Mit Lastwagen werden große Steinbrokken herangefahren, die von Hand zerkleinert werden müssen. Später wird in großen Fässern Teer flüssig gekocht und mit Eimern über die zerkleinerten Steine gegossen. Dann wird die Straße mit Sand bestreut und gewalzt. Spätestens nach der nächsten Regenzeit wird die Straße wieder reparaturbedürftig oder für Automobile unbefahrbar.

Fünfzehn bis zwanzig Häuser eines Dorfes liegen durchschnittlich an der jeweiligen Hauptstraße. Die anderen sind über die Reisfelder verstreut. Sie sind über nur selten befahrbare Wege zu erreichen. Meistens verkehren nur schmale Kutschen oder Fahrräder.
Viele Menschen müssen erst kilometerweit gehen, um ein Transportmittel zu erreichen.
Die drei Frauen gehen jeden Tag nahezu drei bis vier Stunden zu Fuß zum nächsten Wald, um dort Brennholz zu suchen. Abends kommen sie vollbeladen zurück. Sie haben nicht so viel Geld, um sich eine Kutschenfahrt leisten zu können. Mehr als 25 Rupiah würde auch das nicht kosten.
Am nächsten Tag gehen sie nochmals ein paar Stunden zum Markt, wo das Holz an Leute verkauft wird, die ein Fest feiern wollen und zum Braten viel Holz brauchen. Die Männer der drei Frauen sind gestorben. Der Ertrag aus dem gesammelten Holz reicht gerade für das tägliche Essen. Manchmal erhalten sie von den Nachbarn alte Kleider. Ihre Kinder arbeiten bei reicheren Bauern in der Nähe und bekommen Essen, Trinken und Kleidung dafür. Für die Schule ist kein Geld da.

Bambus ist für Indonesien mindestens genauso wichtig wie Holz und seine Verarbeitungsmöglichkeiten sind fast unbeschränkt. Die Rohre können einen Durchmesser von 20/25 cm und eine Länge bis zu 20 Metern haben. Bambus vermehrt sich nicht durch Samen, sondern die Pflanze treibt ganz in der Nähe Sprossen aus dem Boden. Bambussprossen sind ein beliebtes Gemüse und sehr nahrhaft.
In ein paar Monaten bereits erreichen die Rohre eine Länge von sechs bis zehn Meter und werden dann geschlagen. Der größte Teil wird zu Flößen zusammengebunden; Männer begleiten diese Flöße den Fluß hinunter zur Stadt.
Die dünnen Bambusrohre werden als Dachleisten verwendet, um darauf die Ziegel zu legen, und als Fahnenstangen, denn vor jedem indonesischen Haus muß an nationalen Feiertagen die indonesische Fahne aufgezogen werden.
Bambusrohre von mittlerer Größe werden auf dem Land für den Brückenbau verwandt. Selbst bei dem Bau von Hochhäusern in der Stadt nimmt man für das Gerüst Bambusrohr. Solange sie nicht austrocknen sind die Rohre elastisch und tragfähig. Große Bambusrohre werden mehrmals gespalten und geschält. Aus der äußeren Haut, die sehr elastisch und strapazierfähig ist, werden Matten geflochten, die bei Pfahlbauten als Fußboden dienen. Aus der inneren Haut werden Matten geflochten, die als Hauswände genutzt werden, als Fächer zum Anfachen des Feuers, als Reis- und Gemüsekörbe und andere Küchengeräte.

Auf Java gibt es sehr viele Flüsse und Bäche. Da die Regierung nicht für jedes Dorf eine Brücke baut, errichten die Bewohner die Brücke aus Palmstämmen und Bambus selbst. Das Ganze wird mit Stricken zusammengehalten und obwohl die Brücke schwankt, wenn ein großes Auto oder ein vollbeladener Bus darüberfährt, hält sie erstaunlich gut.
In der Regenzeit werden die Bäche und Flüsse um vieles breiter und manche Brücke auch davongeschwemmt. Dann benutzen die Leute ihre Fahrräder und setzen mit einer Fähre über. Ein Fahrrad hat ohne weiteres auf jeder Fähre Platz.

Im 16. Jahrhundert setzte in Indonesien der arabische Einfluß ein und verdrängte weitgehend den seit Jahrhunderten verbreiteten Hinduismus.
Heute sind 90 % aller Indonesier Mohammedaner. In der Nähe von Jogjakarta, im indischen Ozean, herrscht die grüne Göttin. Ihr Name ist ‚Nyai Roro Kidul', und nicht nur die Bewohner dieser Gegend glauben bis heute an sie. Jedes Jahr findet ein großes Opferfest statt. Trotzdem zürnt die Göttin ab und zu: es ertrinkt dann ein Badender oder ein Sturm kommt auf und läßt nicht mehr nach.
Kommt dies häufig vor, ordnet der Sultan von Jogjakarta eine besondere Opferzeremonie an.
Frauen, deren Männer länger als sonst zum Fischen ausbleiben, opfern der grünen Göttin eine Kokosnuß und hoffen auf baldige Rückkehr ihrer Männer.

In Jakarta, der Hauptstadt der Republik Indonesia, leben etwa 6 Millionen Einwohner. Ständig werden neue Straßen gebaut, die alten verbreitert. Dennoch kann es Stunden dauern, bis man von einem Ende der Stadt zum anderen kommt. Entlang den großen Hauptstraßen entstehen Hotels, Banken und Bürohochhäuser bis zu 30 Stockwerken.
Gleich dahinter beginnen die ‚Kampongs', die zwar denselben Namen besitzen, wie die einzelnen Bezirke im Dorf, jedoch längst nicht so sauber und geordnet sind. Es gibt keine Kanalisation, nur selten Strom, in jedem Häuschen leben allzuviele Menschen. Die ‚Kampongs' der indonesischen Großstädte sind mit Slums zu vergleichen.
Viele Jugendliche und ganze Familien kommen aus den Provinzen nach Jakarta in der Hoffnung auf Arbeit, ein besseres Leben und Beteiligung am Fortschritt. Sie werden bitter enttäuscht und enden, oft nach langer Arbeitslosigkeit zu Kriminalität gezwungen, in Gefängnissen und verelenden.
Etwa 40 % aller Indonesier sind arbeitslos oder unterbeschäftigt und auf die Unterstützung der Verwandten angewiesen.

Pak Darman, Sujis Vater, ist wie hunderttausend andere ein ‚Bekac'-Fahrer. Ein ‚Bekac' ist ein dreirädriges Fahrradtaxi, das sich allein durch die Kraft des Fahrers mit seiner oft sehr schweren Last bewegt. Diese ‚Bekacs' stören den modernen und schnellen Autoverkehr; sie sind seit einiger Zeit von allen wichtigen Straßen Jakartas verbannt und dürfen erst in den verkehrsarmen Nachtstunden überall auf Kunden und Verdienst warten. Die ‚Bekac'-Fahrer haben ähnlich einem Taxistand bestimmte Sammelplätze und fahren von dort aus Hausfrauen zum Markt, Kinder zur Schule, transportieren Lasten und ganze Umzüge. Der Fahrpreis wird ausgehandelt und liegt zwischen 50 und 150 Rupiah je nach Entfernung und Last.
Außerdem gibt es kleine Kabinenroller, die den Transport auf den Hauptstraßen übernehmen. Obwohl es kein Gesetz gibt, das ihnen die Benutzung der kleinen Nebenstraßen verbietet, sind sie dort kaum anzutreffen. Die ‚Bekac'-Fahrer würden sich sofort handgreiflich gegen diesen Übergriff in ihr Arbeitsgebiet wehren.
Sujis Vater ist froh, daß er ein eigenes ‚Bekac' besitzt und der Verdienst am Ende eines Tages tatsächlich ihm gehört. In der Regel werden die ‚Bekacs' verpachtet und der Fahrer muß pro Tag 150 bis 200 Rupiah an den Eigentümer abliefern. Um allein diesen Pachtbetrag abliefern zu können, sind durchschnittlich vier Kilometer harte Arbeit nötig. Ein ‚Bekac'-Fahrer verdient selten mehr als 500 Rupiah am Tag.

Sujis Pflichten unterscheiden sich kaum von denen eines Dorfmädchens. Sie geht in die Schule, wenn auch nicht regelmäßig, hilft im Haushalt und hütet ihre kleineren Geschwister. Ihr kleiner Neffe wurde extra für die Photoaufnahme weiß geschminkt, damit er nicht so häßlich schwarz aussieht, wie seine Tante. Eine schwarze oder dunkelbraune Hautfarbe zu haben, ist etwas sehr Unfeines in Indonesien, da es deutlich zeigt, daß man im Freien arbeiten muß. Wer reich ist, arbeitet im Büro und kommt kaum mit der Sonne in Berührung. Obwohl diese Wertvorstellungen bereits vor der Kolonialzeit existierten, sind sie sicherlich dadurch weiter gefördert worden.
Suji geht in die sechste Klasse. Obwohl sie eine gute Schülerin ist, wird der Wechsel auf das Gymnasium ausgeschlossen sein. Denn allein die Aufnahmegebühr würde etwa 15.000 Rupiah betragen – ihr Vater verdient 500 Rupiah pro Tag! Auch ihre Brüder werden nur die Grundschule absolvieren können.
Nächstes Jahr wird Suji in der Nähe als Waschfrau arbeiten. Ihre Mutter hat der Arztfrau, die sie einstellen will, bereits zugesagt.
Der kleine Bruder von Suji hat zu Lebaran fünf kleine Hühner bekommen. Jeden Tag trägt er sie herum und spielt mit ihnen. Vier sind gestorben. Der Überlebende ist ein Hahn. Die Nacht verbringt

er eingesperrt in einer kleinen Holzkiste. Tagsüber wird er freigelassen, um sich das Futter irgendwo selbst zu suchen.

Sujis Vater zog vor zwanzig Jahren nach Jakarta und lernte zur selben Zeit seine spätere Frau kennen. Das Häuschen, das sie jetzt bewohnen, steht auf einem lauten chinesischen Friedhof. Wie viele Leute, die sonst keinen Platz gefunden haben, hat er sich ein kleines Stück Land abgegrenzt und irgendwann begonnen ein provisorisches Haus zu bauen, das im Lauf der Zeit immer wieder verbessert wurde. Das ganze Grundstück ist nicht größer als 40 m^2.
Sujis Vater ist froh, daß er kein Haus mieten muß. Wer in Indonesien ein Haus mietet, muß einen Vertrag auf mehrere Jahre unterschreiben und meistens die ganze Miete im voraus bezahlen.
Da Sujis Vater das Haus ohne behördliche Genehmigung gebaut hat, kann es jederzeit abgerissen werden, ohne Ersatz und ohne Entschädigung. Das ist immer dann sehr häufig der Fall, wenn Straßen verbreitert, internationale Hotels oder einfach Grünstreifen gebaut werden.
Vielleicht bekäme die Familie eine Art Handgeld in Höhe von 5.000 Rupiah, das würde allerdings nicht einmal reichen, um in das Heimatdorf zurückzufahren.
Sujis Großmutter lebt seit einigen Jahren bei ihrem Sohn. Sie hütet die Enkel und erzählt Geschichten aus dem Dorfleben. Streng nach mohammedanischer Sitte geht sie nie ohne Kopfbedeckung aus dem Haus. Ihre Schwiegertochter dagegen kleidet sich wie die meisten jungen Frauen Jakartas nach westlicher Mode. Bei einem Hochzeitsfest trägt aber auch sie die traditionelle Tracht.
Jeden Morgen um 4 Uhr steht Sujis Mutter auf und kocht Reis mit Kokosmilch, den sie als Frühstück verkauft. Die Indonesier bereiten kein Frühstück zu, sondern kaufen sich für 100 oder 200 Rupiah eine Schale mit Reis, wie Sujis Mutter sie zubereitet. Nachmittags gibt es im Haushalt wenig zu tun. Erwachsene wie Kinder halten sich vor dem Haus auf und plaudern mit den Nachbarn.
Die lokale Zeitung sorgt immer für Gesprächsstoff, falls die eigenen Erlebnisse nicht spannend oder lohnend genug sind. Abends sammeln sich die Bewohner der Kampongs vor den Häusern von Bekannten, die sich ein Fernsehgerät leisten können. Ganz Indonesien besitzt nach groben Schätzungen etwa 1.400.000 Empfangsgeräte, größtenteils auf Jakarta konzentriert. Die Fernsehbesitzer fühlen sich durch die vielen Zuschauer nicht gestört und stellen den Apparat so auf, daß er für möglichst viele gut zu sehen ist.

Sujis Cousin Mamat wohnt gleich ein paar Straßen weiter. Die Bewohner dieses Kampongs haben gemerkt, daß in diesem Gebiet vor-

läufig nichts abgerissen wird, denn sonst hätte die Regierung nicht veranlaßt, daß die kleinen Pfade zwischen den Häusern geteert und Abflußkanäle gelegt werden.
Das Grundwasser dieser Gegend ist, der Nähe zum Meer wegen, schon salzig und kann nur zum Waschen verwendet werden. Vor Mamats Haus befindet sich eine dünne Wasserleitung. Sie gehört dem Nachbarn. Die Bewohner des Kampongs kaufen das Trinkwasser von ihm.
Mamat und seine Freunde spielen Musik. Mit Bambusstöcken hauen sie auf Pappkartons und Eisenstangen. Die anderen Kinder klatschen manchmal den Rhythmus und singen dazu. Die Melodie und Texte lernen sie bei Festen und durch Radio hören.

Ina, Sujis Schwester ist mit dem Sohn eines Zollbeamten verlobt. Er lädt seine Braut öfter ins Kino ein. Da es sich nicht gehört, daß Ina unverheiratet mit einem Mann ausgeht, wird Suji immer miteingeladen. Ebenso Inas Mutter oder Tante. Der Verlobte von Ina muß dann für alle bezahlen.
Während sie auf den Beginn der Vorstellung warten, trinken sie im nahen Restaurant eine kalte Limonade und essen Erdnüsse.
Außer mit Ina und ihrem Verlobten geht Suji nie in ein Lokal.

Jeden Morgen zwischen sieben und acht Uhr geht Suji auf den nahen Markt um einzukaufen. Hat sie sich verspätet, sind viele Dinge bereits verkauft. Jeden Tag kauft sie Gemüse und manchmal Fisch oder Fleisch. Alles wird in Bananenblätter eingepackt. Einige Gerichte bestehen aus sehr vielen verschiedenen Zutaten, die man bereits fertig abgepackt kaufen kann. Suji verlangt eine Portion Suppengemüse und bekommt ein Päckchen, in dem bereits alle Gemüse und Gewürzkräuter im richtigen Verhältnis zusammengestellt sind.
Da Suji die Preise schon kennt und bei den Marktfrauen bekannt ist, braucht sie nicht mehr zu handeln.
Reis wird in größeren Mengen gekauft, doch Kokosöl und Gewürze werden jeden Tag in kleinen Mengen gekauft. Sujis Vater weiß nie im voraus, wieviel Geld er am nächsten Tag verdienen wird, und darauf muß sich die Familie einstellen.

Die Straße von Sujis Haus ist zwei Meter breit. Die Häuser sind dicht an die Straße gebaut, es gibt keine Bäume, kein Gras, höchstens ein paar Topfpflanzen auf einem Balkon oder neben einer Haustür. Die Häuser sind dicht aneinandergebaut. Sind die Nachbarn miteinander verwandt, bauen sie die Häuser so direkt aneinander, daß die beiden Häuser eine gemeinsame Mauer haben und eine Mauer gespart wird. Wird ein Haus später verkauft, entstehen Streitigkeiten mit dem neuen Besitzer.

Zieht jemand um, muß der Hausrat so weit getragen werden, bis man zu einer Straße kommt, auf der ein Auto oder Lastwagen fahren kann.
Daß in solchen Gäßchen kein Auto fahren kann, behindert die Bewohner nicht, da sie höchstens ein Fahrrad oder ein Motorrad besitzen.
Die Häuser werden ohne Plan und Architekt gebaut. Ein gelernter Handwerker und einige Hilfskräfte genügen, um in wenigen Wochen ein solches Haus zu bauen. Die indonesischen Häuser haben keinen Keller, kein Fundament und oft auch keinen zementierten Boden.
Bricht in einem solchen Viertel ein Brand aus, greift das Feuer schnell auf die Nachbarhäuser über und zerstört oft 30 Häuser und mehr. Die Feuerwehr kann nicht an den Brandherd heranfahren, die Schläuche sind zu kurz, der Wasserdruck zu gering.

Auf beiden Seiten großer Kanalisationsgräben liegen vier bis fünf Meter breite Landstreifen. Noch vor wenigen Jahren waren hier die ärmsten Kampongs. Die Regierung ließ die aus Pappkartons, Plastiktüten und Bambus gebauten Hütten abbrennen, die Menschen wurden in Lastwagen weit vor die Stadt gefahren und dort ausgesetzt. Die anliegende Bevölkerung begann nach einiger Zeit das nun brachliegende Gelände landwirtschaftlich zu nutzen. Es wurde Gemüse angebaut, zunächst für den eigenen Bedarf, schließlich zum Verkauf auf dem Markt.
Der Vorsteher des angrenzenden Kampongs, übt seine Tätigkeit ehrenamtlich aus, er bekommt von der Stadtverwaltung kein Gehalt. Dafür wird ihm das Recht zugestanden, zum Beispiel eine Art Steuer von den Gemüsepflanzern zu fordern, da sie öffentlichen Grund und Boden benutzen.

Die indonesischen Stadtkinder besitzen fast genau so wenig Spielsachen wie die Dorfkinder. Zwischen den Häusern, auf den Straßen und Gassen spielen sie Ball, Murmeln, oder beschießen sich als Cowboys mit selbstgebauten Holzgewehren.

Yantis Mutter arbeitet als Köchin bei einer deutschen Familie. Sie ist nicht die einzige Hausangestellte. Die Familie hat noch eine Putzfrau, eine Waschfrau und einen Fahrer angestellt. Für Yantis Mutter Eisha steht hinter dem eigentlichen Wohnhaus ein Anbau mit zwei Zimmern, einer kleinen Küche und einem Bad. Alle vierzehn Tage hat Eisha zwei bis drei Tage frei, an denen sie zu ihrer Familie auf dem Land fährt. Zwischendurch kommen ihre vier Kinder oder die Verwandten zu Besuch. Yanti übernachtet hin und wieder bei ihrer Mutter. Hausangestellte bei ausländischen Familien verdienen durch-

schnittlich drei- bis viermal so viel, wie bei indonesischen oder chinesischen Familien.
In Jakarta leben etwa 15.000 Ausländer der verschiedensten Nationalitäten. Neben den Botschaftsangestellten gibt es eine große Zahl ausländischer Experten, die im Auftrag internationaler oder nationaler Organisationen am Aufbau des Landes mitarbeiten. Den zahlenmäßig stärksten Teil stellen die Angestellten der großen ausländischen Firmen, vor allem der Elektro- und chemischen Industrie.
Eisha war zwar bereits eine besonders gute Köchin und trotzdem bedeutete die Umstellung auf einen europäischen Haushalt eine große Anstrengung. Die deutsche Familie war nicht gewohnt, jeden Tag Reis zu essen; sie wollte möglichst genauso essen, wie sie es von zu Hause gewohnt war. Außerdem sprach die deutsche Frau kaum indonesisch und mußte zur Verständigung immer ein Wörterbuch nehmen. Auch das half nicht immer weiter, da Eisha bestimmte Gewürze, Gemüse und Gerichte nur in der Sprache ihres Dialektes kannte.

Da es in Jakarta nicht genügend Wohnraum gibt, bauen viele Indonesier ihre Häuser dort, wo es verboten ist: an den Flußufern und Bahngleisen. Bei anhaltendem Regen stehen solche Häuser bald in knietiefem Wasser und den Bewohnern bleibt nichts anderes übrig, als den Ölkocher auf den Tisch zu stellen und das Sinken des Wasserspiegels abzuwarten.
Die Bretterverschläge, hinter den Häusern aufs Wasser hinausgebaut, sind Toiletten. Durch ein Loch im Boden fällt der Kot ins darunterliegende Wasser und mit einer Blechbüchse, die an einer Schnur befestigt ist, schöpft man Wasser, um sich mit der linken Hand sauber zu wischen.
Das Trinkwasser muß täglich gekauft werden. Eine siebenköpfige Familie braucht allein 80 Rupiah pro Tag, um Trinkwasser zu kaufen. Das Trinkwasser wird hier täglich in großen Tankwagen herangefahren und von den Wasserträgern ausgetragen.
Viele Menschen in Jakarta haben überhaupt keinen festen Wohnsitz. Sie schlafen unter Bäumen, an Bushaltestellen oder in Geschäftseingängen. Die Frauen betteln tagsüber mit ihren kleinen Kindern in vielbesuchten Einkaufsvierteln. Die Männer warten auf Gelegenheitsarbeiten. Sie helfen Autos anschieben oder Lasten tragen, um ein kleines Trinkgeld zu bekommen. Oder sie sammeln Zigarettenstummel auf der Straße, um sie dann kiloweise an kleine Fabrikanten zu verkaufen, die dann daraus wieder neue Zigaretten herstellen.
Die schon größeren Kinder ernähren sich selbständig. Sie sammeln sich um teure chinesische Straßenrestaurants und warten auf die Reste, die übrigbleiben.

Fast jeder Haushalt in Jakarta benutzt Kerosin als Brennstoff für den Kocher in der Küche und die Lampen in den Wohnräumen. Alle paar Tage muß neues Öl gekauft werden. Es wird von Ölverkäufern gekauft, die es in Kanistern mit einer Stange über den Schultern austragen. Diese Ölverkäufer bekommen das Öl von einem Ölhändler. Mehrmals am Tag füllen sie dort ihre Kanister wieder auf, denn sie verkaufen im Durchschnitt 200 bis 250 Liter pro Tag. 20 Liter gehen in einen Kanister hinein und vier davon können sie auf einmal tragen. Abends wird abgerechnet. 2 Rupiah pro Liter verdienen diese Ölträger. Dem Ölhändler wird das Öl in einem Tankwagen gebracht, er füllt es in Fässer um und wieviel er am Ölverkauf verdient, weiß man nicht.
30 % der Haushalte Jakartas sind an das öffentliche Stromnetz angeschlossen. Elektrizität ist Mangelware, weshalb der Verbrauch auf durchschnittlich 300 bis 500 Watt beschränkt ist. Für eine entsprechend hohe Gebühr kann bei der städtischen Verwaltung die Genehmigung für einen höheren Verbrauch beantragt werden. Dann wird eine neue Leitung gelegt, ein anderer Zähler eingebaut, eine stärkere Sicherung eingeschraubt und verplombt.
Besonders die ausländischen Haushalte sind auf eine höhere Stromzuteilung angewiesen, da ein Eisschrank z.B. mehr Strom verbraucht als einem durchschnittlichen Haus zusteht.

Mamat hat nie eine Schule besucht, er arbeitet als Ölträger. Er ist dreizehn Jahre alt und stammt aus Bekasi, einem Vorort Jakartas. Weil der Vater und der Onkel bei derselben Ölfirma arbeiten, hat man ihn anderen Bewerbern gegenüber bevorzugt und eingestellt. Die Erwachsenen tragen vier Kanister, Mamat schafft bis jetzt nur zwei.
Zusammen mit den Arbeitskollegen schläft er auf einer Bastmatte in einem Raum, den der Eigentümer der Firma dafür zur Verfügung gestellt hat. Die Frau des Ölhändlers hat eine kleine Kantine. Mamat kauft sein Essen gerne bei ihr, die Portionen sind groß und nicht sehr teuer.
Wenn Mamat durch die Gassen läuft, muß er ganz kleine Schritte machen, sonst würde er der großen Last wegen unweigerlich stolpern. In einem bestimmten Tonfall ruft er alle paar Meter ‚minyak', das heißt Öl. Das Wort selbst ist kaum mehr verständlich, aber die Hausfrauen erkennen bereits von weitem den Tonfall.
Auf dieselbe Weise werden Gemüse, Fisch, Reisbrei, Nudeln, kleine Kuchen, vor allem aber ‚Sate', kleine über dem Holzkohlenfeuer gebratene Fleischspießchen mit Erdnußsoße angeboten. Der Eisverkäufer, der Schreiner, Schlosser, Glaser, der Blumenverkäufer – alle haben einen bestimmten Ruf, den jeder bereits von weitem erkennt. Die-

se Zeichen werden häufig auch mit Gongs, dem Klang einer Bratpfanne, einer Glasscherbe oder mit Bambusstöckchen erzeugt.

Yanti geht in die dritte Klasse und hat jeden Morgen von sieben bis neun Uhr Unterricht. Obwohl sie nur eine Viertelstunde gehen muß, verläßt sie das Haus bereits um 6 Uhr 30. Sie kauft sich unterwegs noch ein Frühstück. Ihr Schulweg führt am nächsten Abwasserkanal vorbei. Es stinkt nach verfaulenden Abfällen, dazwischen huschen Ratten und Mäuse.

Diding geht ebenfalls in die dritte Klasse und hat merkwürdigerweise sogar denselben Lehrer, obwohl sie nicht in die gleiche Schule gehen.
Yanti besucht eine staatliche Schule. Ihr Lehrer hat zusammen mit anderen Kollegen eine private Schule gegründet; dort unterrichtet er nachmittags. Die vielen kleinen Privatschulen sind staatlich anerkannt und werden gerne gesehen, denn das staatliche Schulprogramm würde längst nicht ausreichen, die Kinder entsprechend schulisch zu versorgen. Außerdem könnten die Lehrer mit ihrem offiziellen Gehalt von etwa 6.000 Rp. im Monat nicht leben.
Didings Freund Bedi geht nach der Schule nicht nach Hause, sondern hilft seinem Onkel, der einen kleinen Personentransporter für 4-6 Personen besitzt. Er kassiert und ist beim Wechseln behilflich. Der Onkel zahlt dafür pro Tag 50 Rp.

Diding hat sich eine Schuhputzkiste gebaut. Nach der Schule trifft er sich mit Freunden, die ebenfalls Schuhe putzen. Sie gehen dann zusammen in Restaurants oder an Plätze auf denen Menschen mit Lederschuhen anzutreffen sind. Die meisten Indonesier tragen Sandalen oder gehen einfach barfuß. An manchen Universitäten, teuren Restaurants oder höheren Behörden sind richtige Schuhe seit einiger Zeit zur Pflicht erklärt worden. Schuhe sind im feuchtheißen Klima nicht sehr praktisch, aber sie entsprechen dem westlich orientierten Begriff von Fortschritt und Wohlstand.
Einmal Schuhe putzen auf Hochglanz kostet 25 Rupiah. Jeder von ihnen hat seine Stammplätze und Stammkunden. Das Schuhcremeangebot beschränkt sich allerdings auf schwarz.

Sujis Bruder Wawan bekommt zu Lebaran von seinem Onkel Geld geschenkt. Der Onkel ist Fleischgroßhändler. Vor zwei Jahren hat er zusammen mit seiner Frau eine Pilgerfahrt nach Mekka unternommen. Nun sind beide ‚Haji', das ist ein Ehrentitel in der islamischen Religion und wird nur an Wallfahrer nach Mekka, dem islamischen Zentrum, vergeben. Der Onkel schätzt Wawan, weil er ein bißchen arabisch lesen und schreiben kann. Der Koran, das mohamme-

danische Gegenstück zur christlichen Bibel, darf nicht in eine andere Sprache übersetzt werden. Daher beten alle Mohammedaner auf der Welt, unabhängig von ihrer Muttersprache auf arabisch.
Dieses Jahr hat Wawan 6.000 Rp. erhalten. Wawan brauchte nicht lange zu überlegen, was damit gekauft werden sollte. Er ging in das größte Kaufhaus in Jakarta und erstand eine neue Hose. Seit längerer Zeit bewundert er manche Kameraden, die bereits lange Hosen tragen, statt der kurzen für Kinder. Besonders gefielen ihm die Jeans von Levis in bunten Farben.

Voller Stolz packte Wawan die Hose zu Haus aus und führte sie der ganzen Familie vor. Seine Geschwister bewunderten ihn, nur seine Mutter wunderte sich, denn sie wußte noch nichts von diesem großen Geldgeschenk.
6.000 Rp. – für eine einzige Hose – das konnte sie nicht verstehen. Die Mutter beschloß, die Hose wieder zurückzugeben. Wawan war selbstverständlich traurig darüber und lief schnell zu seinen Freunden, um sich wenigstens einmal in so einer Hose zu zeigen. Wawans Mutter ging am nächsten Tag in das Kaufhaus und wollte diese Hose gegen drei andere von geringerer Qualität eintauschen. Das ginge nicht, erklärte ihr der Verkäufer. Dazu würde der Betrag nicht ausreichen. Also tauschte die Mutter die Hose in eine größere Portion Stoff um. Sie kennt in ihrer Nachbarschaft einen Schneider, der eine Hose – ohne Stoff – bereits für 500 Rp. anfertigt. Dadurch können nun auch der Vater und die Brüder noch eine neue Hose bekommen.

Yantis Onkel wohnt in einem Außenbezirk Jakartas, unweit der Stelle, wo die Bambusfloße an Land gezogen werden. Die Arbeiter, die das Floß begleitet haben, fahren mit dem Omnibus zurück in ihr Heimatdorf. Vorher benutzen sie die Gelegenheit, Freunde oder Verwandte zu besuchen. Die Bambusrohre werden nach Stärke und Länge sortiert und aufgestapelt. Verbogene Bambusstangen gelten als Ausschußware und werden entsprechend billiger verkauft.
Yantis Onkel und seine Kollegen waschen sich nach der Arbeit im Fluß. Das Wasser ist zwar nicht sauber, aber zu Hause müßte es erst für relativ viel Geld gekauft werden.

Die indonesische Filmindustrie hat in den letzten Jahren einen ersten großen Aufschwung erlebt. Das Publikum sieht besonders gerne indonesische Versionen von berühmten amerikanischen Filmen oder traurige Geschichten über Waisenkinder und deren Schicksal. Obwohl der durchschnittliche Kinogänger kein Englisch versteht und auch nicht so schnell lesen kann, um die indonesischen Untertitel zu begreifen, finden auch ausländische Kriminalfilme und Western viel Begeisterung.

50 % der Filme, die das indonesische Fernsehen zeigt, sind ebenfalls in englischer Sprache. Im Kinderprogramm wurde die Serie Rin-Tin-Tin ausgestrahlt. Die indonesischen Kinder konnten nicht verstehen, wie ein Hund so geliebt werden kann, da er neben dem Schwein in der islamischen Religion das niedrigste und schmutzigste Tier ist.
Die traditionellen Tänze, Schattenspiele und Musikveranstaltungen sind bei der Stadtbevölkerung zwar immer noch sehr bekannt und beliebt, werden jedoch mehr und mehr in den Hintergrund gedrängt. Batman siegt auch in Jakarta.

In den Figuren des Wayang-Spiels, in den Holzpuppen oder Schattenfiguren aus Büffelleder, werden die unterschiedlichen menschlichen Charaktere dargestellt. Im bis zu 12-stündigen Spiel erzählt der ‚dalang', der Puppenspieler, Geschichten aus den großen alten indischen Märchen, dem Ramayana und dem Mahabaratra. In den Figuren des Wayang-Spiels, das auch von maskierten Tänzern aufgeführt werden kann, zeigen sich die Vorstellungen von Gut und Böse, wird erklärt, was richtig und was falsch ist. Eigenschaften wie Habgier, Rache, Gutmütigkeit, Treue oder Zanksucht sind in den Figuren personifiziert und wenn der gute Held mit dem Bösen kämpft, so heißt das nicht nur, daß die Menschen eben seit Urzeiten miteinander kämpfen, sondern auch, daß in der menschlichen Seele ein ständiger Kampf stattfindet, eine innere Auseinandersetzung.
Die einzelnen Figuren, zu einem Spiel gehören weit über 100 verschiedene Typen, sind von ihrem Charakter her fast jedem Indonesier bekannt. Eine Anspielung auf Machtkämpfe in der Regierung wird in den Tageszeitungen oft durch eine Geschichte aus dem Ramayana begonnen. Ein unliebsamer oder beliebter Politiker wird schnell mit einem Namen aus dem Wayang-Spiel belegt.
Die Art und Weise des Umgangs der Figuren auf der Bühne zeigt ihren sozialen Status und erklärt die indonesischen Vorstellungen von Anstand, Würde und ehrlichem Benehmen.

Vor einigen hundert Jahren bestand Java aus einer Vielzahl von kleinen Staaten, an deren Spitze der Sultan stand. Im Laufe der holländischen Kolonialzeit verloren diese kleinen Staaten ebenso ihre Unabhängigkeit wie der restliche und nicht staatlich organisierte Teil des indonesischen Archipels. In einigen Städten leben noch die Nachfahren der ehemaligen Herrscher, so in Solo und Jogjakarta in den alten Palästen, umgeben von Dienern, Hofmusikanten, Tänzern und adligem Gefolge. Der ‚Kraton' – so heißt der Sultanspalast – genießt ein hohes Ansehen bei der Bevölkerung, obwohl sich damit keine konkrete Macht verbindet.

Die Sultane werden als Bewahrer der Tradition und der alten Kultur angesehen, und die Regierung weiß sehr wohl, wie gut es für die Erhaltung der Macht ist, den Sultan von Jogjakarta, der im Unabhängigkeitskrieg mit dem Volk gekämpft hat, als Vizepräsident der Republik ernannt zu haben.
So verbindet sich für das Volk traditionelle mit moderner Macht. Früher waren die Sultanspaläste die kulturellen Zentren des Landes. Die besten Tänzer, Musiker, Schriftsteller und Gelehrten wurden an den Hof berufen und mußten den Mitgliedern der Sultansfamilie zur Verfügung stehen. Die Prinzen und Prinzessinnen gehen erst seit wenigen Jahren auf normale und öffentliche Schulen.
Durch die Abgeschlossenheit, in der sich das Leben innerhalb des Kratons gestaltete, entwickelte sich im Lauf der Zeit ein eigener Kraton-Lebens- und -Denkstil, der ebenfalls erst in jüngster Zeit der allgemeinen Beobachtung und Erforschung freigegeben ist.

Neben unzähligen Arten von Vögeln, Papageien, großen Schmetterlingen und vielen verschiedenen Schlangenarten sind die Wälder Javas, vor allem in den höheren Regionen, von Affen und vereinzelt noch von größeren Wildkatzen bewohnt. Auf Jagden werden hauptsächlich Wildschweine, Hasen und Fasanen geschossen. Immer wieder wird davon erzählt, daß es auf Java noch Tiger geben soll. Niemand weiß es genau; 1974 wurde ein kleiner Bergtiger erschossen und 1975 ein anderer im pharmakologischen Institut der Universität Jogjakarta gefangen, der sich vor einem Vulkanausbruch des ‚Meropi' in die Stadt geflüchtet hatte. Wenige Tage später gelang ihm die Flucht aus dem Zoo in die Freiheit seines Berges.
Vereinzelt sind in den Empfangshallen der Teeplantagenverwaltungsgebäude ausgestopfte Tiger zu sehen, denen nachgesagt wird, sie hätten ein Dutzend Teepflücker zerfleischt oder gefressen.
Überall auf den Bäumen gibt es Raupen. Sie werden gesammelt und als nahrhafte Leckerbissen verkauft und schmackhaft zubereitet.
Die Reste der einst riesigen javanischen Wälder dürfen nicht mehr gerodet werden. Der Regen würde die Erde wegschwemmen, die Sonne den Boden zu Ziegeln verbrennen. Für die lokale Holz- und Kleinmöbelindustrie sind spezielle Aufforstungsmethoden entwickelt worden.

Die Bahnfahrt von Jogjakarta nach Jakarta dauert etwas mehr als zwölf Stunden mit dem Expreßzug. In jeder Richtung verkehren pro Tag zwei Züge. Die Suche nach dem richtigen Zug auf dem Bahnhof wird schon dadurch gespart, daß zumeist nur ein Zug dasteht. Normalerweise sind die Züge nicht überfüllt, dennoch ist es ratsam, frühzeitig eine Platzkarte zu kaufen.

Anders ist die Situation vor großen Feiertagen, wie z.B. an Lebaran, wo die Verwandten sich besuchen und ganz Java in Bewegung zu sein scheint. Die Menschen stehen bis zu 15 Stunden Schlange an den Fahrkartenschaltern. Entsprechend der Nachfrage steigen die Preise. Zehn Tage vor der Fahrt sind die offiziellen Karten schon ausverkauft. Dann blüht der Schwarzmarkt. Die Preise klettern auf das Doppelte bis Vierfache der normalen Kosten von 1.200 Rupiah. Die Verwaltung kann kaum mehr Züge einsetzen; nicht nur deshalb, weil nicht genügend Lokomotiven und Wagen vorhanden sind, sondern weil die Strecken nur eingleisig sind und selten mehr als eine Ausweichstelle haben.

Das Bahnhofsgelände ist voll von Verkäufern – Süßigkeiten, Zigaretten, Früchten und Zeitschriften – Reisportionen mit Fisch oder Erdnußsoße. Die kleinen Imbisse sind in junge Bananenblätter gepackt und werden mit der Hand gegessen. Der Speisewagen bietet ebenfalls ein kleines Erfrischungsangebot, die Portionen sind allerdings kleiner und viel teurer.

Unterwegs hält der Zug an allen Stationen, manchmal auch zwischendurch, weil die Maschine der Lokomotive zu heiß geworden ist. Schwärme von Verkäufern betreten den Zug, wandern darin auf und ab, um die Waren anzubieten, und springen vom anfahrenden Zug gerade noch ab. Manch einer schafft es nicht mehr und muß zur nächsten Station mitfahren und – falls er erwischt wird – eine deftige Strafe zahlen. Selbst mitten in der Landschaft, in einem Reisfeld tauchen plötzlich Kinder auf und bieten heißen Tee an, wenn der Zug wegen eines Signals, eines Wasserbüffels oder eines Maschinendefekts anhalten muß. Obwohl die Züge manchmal von bewaffneten Soldaten begleitet werden, kommt es zu Diebstählen und auch zu gewalttätigen Auseinandersetzungen, wenn ein Schwarzfahrer entdeckt wird, der in die Hauptstadt Jakarta fahren will, weil er hofft, dort eine Arbeit zu finden, die ihm ein anständiges Leben ermöglicht.

Anhang II

Voraussichtliche Entwicklung der Schülerzahlen nach Altersgruppen in Tausend

	Alter			
	7-12	13-15	16-18	19-23
1971	19,410	7,959	6,605	9,687
1972	20,086	8,410	6,960	9,887
1973	20,654	8,814	7,382	10,121
1974	21,213	9,161	7,838	10,434
1975	21,757	9,459	8,281	10,854
1976	22,256	9,730	8,679	11,394
1977	22,671	9,997	9,021	12,033
1978	22,955	10,276	9,314	·12,722
1979	23,245	10,563	9,581	13,407
1980	23,504	10,845	9,844	14,039
1981	23,758	11,101	10,118	14,602
1982	24,042	11,306	10,416	15,101
1983	24,399	11,433	10,694	15,560
1984	24,881	11,459	10,947	16,003
1985	25,364	11,540	11,136	16,462

Quelle: National Bureau of Statistics: *Proyeksi Penduduk Indonesia*, 1971-81; Figures for 1982-85 extrapolated according to projected trend 1975-81.

Anhang III
Zeittafel*

PRINCIPAL EVENTS

I. HINDU-INDONESIAN PERIOD

Outside the Archipelago	*In the Archipelago*
25–220. The Later Han Dynasty rules in China and establishes connections with the archipelago and the western world.	c.1–700 A.D. Hindu influence penetrates into Indonesia into the East Indian islands. 132. An embassy of Yavadvipa to China. c.160. Ptolemy of Alexandria, for the first time in literature, describes the East Indian islands.
200–600. Buddhism flourishes in China. Numerous Chinese pilgrimages to India.	c.400. Oldest Sanskrit inscriptions (at Muara Kaman) prove the existence of a Hindu-Indonesian state in East Borneo. 414. The Chinese pilgrim Fah-hien reports Brahmanism to be the prevailing religion in Java and Sumatra. 424. Prince Gunavarman of Kashmir preaches Buddhism in Sumatra.
671–685. Pilgrimage of I-tsing through Indonesia and India.	c.670. First reports on the Sumatran kingdom of Shrivijaya. c.750. Construction of the Shivaist temples of the Dieng plateau. c.770–800. Mahayana-Buddhism dominates in the official Central Java. Construction of Borobudur.
800–900. The transfer of the capital of the Arabian empire to Baghdad (817) and the opening of the port of Canton to foreign trade by the emperors of the Sung dynasty result in greatly increased commercial connections between western and eastern Asia.	c.870. Shivaist kings rule in Central Java (Mataram). c.900. Construction of the Lara Djonggrang temple group at Prambanan. 1102. Moslem inscriptions at Leran, Java, the first indication of Islam in the archipelago.

*Nachdruck aus: Bernard H.M. Vlekke: Nusantara. A History of Indonesia. The Hague 1965. Autor und Verlag danken dem Verlag Elsevier, Amsterdam, für die Abdruckgenehmigung.

c.415. King Purnavarman of West Java mentioned by Sanskrit inscriptions.

732. Sanjaya, king of Mataram, a Shivaist ruler of Central Java, is mentioned by inscriptions.
778–870. The Buddhist House of Shailendra rules Central Java.
c.870. The House of Shailendra ceases to rule in Java but continues to rule Shrivijaya.
928–947. Sindok, king in East Java (?).
c.989–1007. Dharmavangça, king in East Java (?).
1019–1049. Airlangga, king of East Java.

1135–1160. Jayabhaya, king of Kadiri, orders the composing of the *Bharatayuddha*.
1190–1222. Kertajaya, last king of Kadiri, defeated by Angrok (?).

Kings of Singhasari

1222–1227. Rajasa (Angrok) (?).

Outside the Archipelago	*In the Archipelago*
c.1260. Islam penetrates into Gujerat, main trading center of India for the archipelago.	
1260–1295. China is united under the rule of the Mongol emperor Kublai Khan. First Chinese expansion to the south.	c.1290. First town in Indonesia (Perlak in northern Sumatra) converted to Islam. 1292. Marco Polo visits Sumatra. 1293. Chinese expedition against Kertanagara arrives in Java. 1294. Prince Vijaya expels the Chinese from Java and founds the kingdom of Majapahit.
1307–1368. Revolt of China against the Mongols, followed by the founding of the Ming dynasty.	1331–1364. Gajah Mada, patih of Majapahit, extends the authority of his kings over many islands. c.1350. Refugees from Java found the port of Malacca.
1403. The emperors of the Ming dynasty begin a policy of expansion towards the south.	1405. Cheng-Ho, ambassador of the Chinese emperor, visits Malaya. Later embassies force all princes of Sumatra and Java to recognize Chinese overlordship. 1414. Malacca accepts Islam. 1419. First Moslem graves at Gresik, Java.
	±1475. Islam spreads to the Moluccas.
1498. Vasco Da Gama arrives in India.	1478. Traditional date of the fall of Majapahit.

II. MOHAMMEDAN-PORTUGUESE PERIOD

Outside the Archipelago	*In the Archipelago*
	1509. The first Portuguese ship arrives at Malacca. 1511. The Portuguese under Albuquerque conquer Malacca. D'Abreu visits the Moluccas. c.1515–1530. Ali Mughajat Shah founds the sultanate of Atjeh.
1519–1522. First circumnavigation of the world.	1521. Spaniards aboard Magellan's ship *Victoria* pass through the Moluccas.

1227–1248. Anusapati.
1248–1268. Visnuvarddhana.

1268–1292. Kertanagara.

Kings of Madjapahit

1294–1309. Kertarajasa (Vijaya).

1309–1328. Jayanagara.
1329–1350. Tribhuvana.
1350–1389. Rajasanagara (Ayam Wuruk).

1389–1429. Vikramarvaddhana.

1429. Suhita (?).
1447–1451. Bhre Tumapel (?).
1451–1453. Bhre Pamotan (?).
1456–1466. Bhre Vengker (?).
1466–1478. Bhre Pandan Salar (?).

Sultans of Demak

1511. Patih Yunus conquers Japara and becomes first sultan of Demak.

Outside the Archipelago	*In the Archipelago*
	1522. Antonio de Brito builds a fort on Ternate.
1529. First French attempt to open trade connections with the East Indies.	1526. Bantam and Jacatra accept Islam.
	1536–1540. Antonio Galvao firmly establishes Portuguese authority in the Moluccas.
	1546. Francis Xavier visits the Moluccas.
1571. Spaniards from Mexico occupy the Philippines and found Manila.	1570. Sultan Hairun of Ternate is murdered by the Portuguese. General revolt under his son Baabullah (1570–1584).
	1574. The Portuguese are driven from Ternate but maintain a foothold on Amboina. Four years later they build a fort on Tidore.
1579. Francis Drake visits the archipelago.	
1580. Portugal is forced to accept Philip II of Spain as king.	

III. THE DUTCH EAST INDIA COMPANY

1595. Cornelis de Houtman sails for the Indies, arriving on June 23, 1596.	1596. First treaty between the Dutch and an Indonesian prince (Bantam).
	1599. First Dutch ships arrive in the Moluccas.
1602. The Dutch East India Company is founded.	
	1605. The Amboinese accept the suzerainty of the Dutch Company. The Portuguese leave the Moluccas.
	1606. Spaniards from the Philippines occupy the deserted Portuguese fort of Tidore.
	1607. Alliance between the Dutch and the sultan of Ternate.
	1609–1636. Iskandar Muda, sultan of Atjeh, threatens the Portuguese position in Malacca.
1619. July 17, The Dutch and English East India Companies conclude a treaty of friendship and cooperation.	1619. Dutch–English rivalry leads to actual war. May 30, Dutch fort at Jacatra, besieged by Bantamese. Founding of Batavia.
	1621. Coen conquers the Banda Islands, center of the nutmeg production.
	1623. The "massacre of Amboina" brings the British-Dutch cooperation to a close.

Sultans of Bantam	*Rulers of Mataram*
1526–1552. Faletahan (Sunan Gunung Djati), first sultan of Bantam.	
1552–1570. Hasanuddin, second sultan of Bantam.	
1570–1580. Maulana Jusup, third sultan of Bantam.	
1580–1596. Maulana Mohammed, fourth sultan of Bantam.	

Governors-General	
	1582–1601. Senopati. (?)
1609–1614. Pieter Both.	
1614–1616. Gerard Reynst.	1613–1645. Tjakrakusuma Ngabdurrahman (Sultan Agung), after 1625 with the title of susuhunan.
1616–1618. Laurens Reaal.	
1618–1623. Jan Pieterszoon Coen.	
1623–1627. Pieter de Carpentier.	

Outside the Archipelago	*In the Archipelago*
	1629. Second siege of Batavia.
	1635–1638. First war in the Moluccas to enforce restriction of the production of spices.
1641. The Dutch Republic and Portugal conclude a ten years' truce.	1641. Conquest of Malacca.
	1642. The "Statutes of Batavia" promulgated.
1648. Peace with Spain.	
1651. The war with Portugal is renewed.	1650–1656. Second war in the Moluccas.
	1651–1683. Sultan Abulfath Abulfatah (Agung) of Bantam makes his capital into a center of international trade.
1661. Peace with Portugal.	
	1662. The treaty of Painan breaks the power of Atjeh on Sumatra's west coast.
	1663. The Spaniards depart from the Moluccas.
1672. The Dutch Republic, attacked by France, Britain, and others, on the verge of destruction.	1667. Speelman forces the sultans of Ternate and Tidore to make peace. The treaty of Bongaya secures the submission of Macassar.
	1674. The revolt of Trunajaya of Madura breaks the power of the sultan of Mataram.
	1677. Treaty between Mataram and Batavia in which the sultan recognizes Dutch overlordship.
	1679–1683. The third war in the Moluccas ends with complete submission of Ternate.
	1682–1684. War of succession in Bantam which results in loss of independence.
	±1696. The coffee tree is introduced into Java from India.
	1704–1708. Revolt among the vassals of the sultan of Mataram first Javanese war of succession.
	1717–1723. Second war of succession.

Governors-General	*Sultans of Mataram*
1627–1629. Jan Pieterszoon Coen.	
1629–1632. Jacques Specx, acting governor-general.	
1632–1636. Hendrik Brouwer.	
1636–1645. Anthony van Diemen.	
1645–1650. Cornelis van de Lijn.	1645–1677. Prabu Amangkurat I (Sunan Tegalwangi).
1650–1653. Carel Reyniersz.	
1653–1678. Johan Maetsuycker.	
	1677–1703. Amangkurat II.
1678–1681. Rijklof van Goens.	
1681–1684. Cornelis Speelman.	
1684–1691. Johannes Camphuijs.	
1691–1704. Willem van Outhoorn.	
1704–1709. Johan van Hoorn.	1703–1705. Amangkurat III (Sunan Mas).
1709–1713. Abraham van Riebeeck.	1705–1719. Pakubuwana I (Sunan Puger).
1713–1718. Christoffel van Swoll.	
1718–1725. Henricus Zwaardecroon.	1719–1725. Amangkurat IV.
1725–1729. Matheus de Haan.	
1729–1732. Dirk Durven.	1725–1749. Pakubuwana II.
1732–1735. Dirk van Cloon.	
1735–1737. Abraham Patras.	

Outside the Archipelago	*In the Archipelago*
	1740. Revolt of the Chinese in Batavia, and subsequent massacre. This causes a new war with Mataram.
	1743. Nov. 11, treaty between Batavia and the susuhunan, who becomes a vassal of the Company and cedes the northern and eastern provinces of his territory.
	1747. First attempt to open direct trade connections between Batavia and America.
	1749–1755. Third Javanese war of succession, ending with the division of Mataram into the states of Surakarta and Jogyakarta.
	1757. Within the territory of Surakarta, the vassal state of the Mangkunegara is created.
	1778. The Batavian Society of Sciences is founded.
1795. The Dutch Republic conquered by French troops. Democratic revolution, bringing the oligarchic system of government, and with it the East India Company, to an end.	1796. All trading posts and territories are lost to the British, except Java and the territories to the east.
1799. Dec. 31, The East India Company dissolved.	1800–1808. Frequent trade relations with the United States of America.
1802. The peace treaty of Amiens restores all territories in the archipelago to the Dutch government.	
1803. War with Britain breaks out again.	1803. All territory except Java, Macassar, Timor, and Palembang.
1804. A "Charter for the East Indies" is adopted by the Dutch legislature (revised in 1806).	
1810. The Netherlands are annexed by Napoleon Bonaparte.	1811. Java becomes French territory. A British attack brings this situation quickly to an end.
	1813. Raffles introduces the land rent.

Governors-General	*Sultans of Mataram*	*Sultans of Jogyakarta*
1737–1741. Adriaan Valckenier.		
1741–1743. Johannes Thedens.		
1743–1750. Gustaaf W. van Imhoff.		
	1749–1788. Pakubuwana III.	
1750–1761. Jacob Mossel.		
		1755–1792. Abdurrahman Amangkubuwana I (Mangkubumi).
1761–1775. P. A. van der Parra.		
1775–1777. Jeremias van Riemsdijk.		
1777–1780. Reinier de Klerk.	*Princes of Surakarta*	
1780–1796. Willem A. Alting.	1788–1820. Pakubuwana IV.	1792–1810. A. Amangkubuwana II (Sultan Sepuh).
1796–1801. Pieter van Overstraten.		
1801–1805. Johannes Siberg.		
1805–1808. Albert H. Wiese.		
1808–1811. Herman W. Daendels.		
1811. Jan Willem Janssens.		
1811–1816. Thomas S. Raffles (Lieutenant-Governor for the English East India Company).		1810–1814. A. Amangkubuwana III.
		1814–1822. A. Amangkubuwana IV.

IV. THE INDIES UNDER THE KINGDOM OF THE NETHERLANDS

Outside the Archipelago	*In the Archipelago*
1813. Independence of the Netherlands restored. 1814. Treaty of London guarantees restitution of overseas territories.	1813. The sultanate of Bantam ceases to exist. The principality of the Paku Alam is founded within the territory of the sultanate of Jogyakarta.
1824. Treaty of London concerning Singapore and Sumatra.	1819. Raffles, back in the Indies, founds Singapore. 1825–1830. Revolt of Dipa Negara, prince of Jogyakarta.
1830. Revolution in Belgium against the administration of King William of the Netherlands.	1830. The Culture System is introduced.
	1840. James Brooke settles on the northern coast of Borneo (Sarawak).
1848. A liberal constitution introduced in the Netherlands.	1845–1860. The British intervention in North Borneo causes a more vigorous policy of expansion from Batavia.
1860. Douwes Dekker publishes his book *Max Havelaar*.	1863. Beginning of the tobacco culture in northeastern Sumatra, the first step towards development of the outer islands.
1869. Opening of the Suez Canal. 1870. Agrarian Law promulgated.	1870–1880. Private enterprise takes the place of government-controlled agriculture. Sugar becomes the main export crop of Java.

Governors-General	*Princes of Surakarta*	*Princes of Jogyakarta*
1816. John Fendall (Lt. Gov.).		
1816–1818. Commissaries General of King William I of the Netherlands.		
1818–1826. G. A. Baron van der Capellen.	1820–1823. Pakubuwana V.	
	1823–1830. Pakubuwana VI.	1822–1855. A. Amangkubuwana V.
1826–1830. L. P. J. Viscount Du Bus de Ghisignies (Commissary General).		
1830–1833. J. Count van den Bosch.		
	1830–1858. Pakubuwana VII.	
1833–1836. J. C. Baud.		
1836–1840. D. J. de Eerens.		
1840–1844. P. Merkus.		
1844–1845. J. C. Reynst		
1845–1851. J. J. Rochussen.		
1851–1856. A. J. Duymaer van Twist.		
1856–1861. C. F. Pahud.	1858–1861. Pakubuwana VIII.	1855–1877. A. Amangkubuwana VI.
1861–1866. L. A. J. W. Baron Sloet van den Beele.	1861–1893. Pakubuwana IX.	
1866–1872. P. Mijer.		

Outside the Archipelago	*In the Archipelago*
1871. Great Britain and the Netherlands revise their treaty regarding Sumatra.	1873. War declared on Atjeh. This war lasts until 1904.
	1900–1910. Vigorous action to extend effective administration over the whole of the archipelago.
	1908. The "Budi Utomo" is founded by Javanese intellectuals.
	1912. The "Sarekat Islam," Mohammedan mass movement, is founded in Surakarta.
	1916. Institution of the People's Council; first session May 18, 1918.
	1922. Beginning of Communist agitation.
	1925. The "East Indian Constitution" is promulgated (revised in 1927 to guarantee a majority in the People's Council to the Indonesians).
	1926. Communist agitation leads to an outbreak of violence in West Java and West Sumatra.
1929. Beginning of the economic depression.	1930. The depression causes enormous losses in the Indies. Japan makes use of the existing conditions to try to gain economic control.
1939. War breaks out in Europe.	
1940. May 10, Invasion of the Netherlands.	
1941. Dec. 7, Attack on Pearl Harbor.	1941. Dec. 8 (west of the date line): the Netherlands declare war on Japan; ships of the East Indian squadron attack Japanese convoys.
	1942. Jan. 10, First Japanese landings on Netherlands-Indian soil (Tarakan).
	1942. Feb. 28, Battle of the Java Sea.
	1942. March 8, Fall of Bandung.

RULLERS OF JAVA

Govenors-General	*Princes of Surakarta*	*Princes of Jogyakarta*
1872–1875. J. Loudon.		
1875–1881. J. W. van Lansberge.		1877–1921. A. Amangkubuwana VII.
1881–1884. F. 's Jacob.		
1884–1888. O. van Rees.		
1888–1893. C. Pijnacker Hordijk.	1893. Pakubuwana X.	
1893–1899. C. H. J. van der Wijck.		
1899–1904. W. Rooseboom.		
1904–1909. J. B. van Heutsz.		
1909–1916. A. F. van Idenburg.		
1916–1921. J. P. Count of Limburg Stirum.		
1921–1926. D. Fock.		1921. A. Amangkubuwana VIII.
1926–1931. A. C. D. de Graeff.		
1931–1936. B. C. de Jonge.		
1936–1942/1946. A. W. L. Tjarda van Starkenborgh Stachouwer.		

Bibliographie

Adhikarya, R.: „Broadcasting in Peninsular Malaysia", London 1977

Adler, A.: „Individualpsychologie in der Schule: Vorlesungen für Lehrer und Erzieher", Leipzig 1929

—: „Menschenkenntnis", Frankfurt 1972 (Orig. Ausg. New York 1927)

Adorno, Th.W.: „Minima Moralia", Frankfurt 1951

Agassi, J.: „Mass Media in Indonesia", MIT-Publications, Cambridge Mass. 1972

Alexander, H./Chambers, Q./Draeger, D.F.: „Pentjak-Silat, The Indonesian Fighting Art", Tokyo 1975

Alfian (ed.): „Segi-Segi Sosial Budaya Masyarakat Aceh, Hasil-Hasil Penelitian Dengan Metode ‚Grounded Research'", LP3ES, Jakarta 1977

Alisjahbana, T.S.: „Values as Integrating Forces in Personality, Society and Culture", University of Malaysia Press, Kuala Lumpur, o.J.

—: „Indonesia: Social And Cultural Revolution", Kuala Lumpur, 1966

Amnesty International Report: „The Death Penalty", London 1979

Anderson, B.: „Mythology and The Tolerance of The Javanese", Cornell University Press, New York 1965

Anderson, B.: „Java In A Time of Revolution", Cornell University Press 1972

Asean Seminar on: „Integration of Women in Development", Djakarta 1975

Aswab Mahasin/Thee Kian-Wi: Report of „The National Seminar on The New International Economic Order", Jakarta 1975, LP3ES

Aveling, H.: „From Surabaya to Armageddon – Indonesian Short Stories", Singapore–Kuala Lumpur–Hong Kong 1976

Badan Penerbit Almanak Republik Indonesia: „Supersemar", Jakarta 1977

Baharuddin Lopa, S.H.: „Djalannja Revolusi Indonesia Membebaskan Irian Barat", Djakarta

Ballerstedt, E./Glatzer, W.: „Soziologischer Almanach – Handbuch gesellschaftlicher Daten und Indikatoren", Frankfurt/New York 1979

Banton, M. (Hrg.): „Sozialisation The Approach from Social Anthropology", London 1970

Baran, P.A.: „Politische Ökonomie des wirtschaftlichen Wachstums", Neuwied und Berlin 1966

Baum, V.: „A Tale from Bali", Oxford University Press 1973

Beck, J./Clemenz, Z./Heinisch, E./Jouhy, E./Markert, W./Müller, H./Pressel, A.: „Erziehung in der Klassengesellschaft – Einführung in die Soziologie der Erziehung", München 1970

Becker, J.: „Alltäglicher Rassismus", Frankfurt/New York 1977

Benda, H./Damais, L.C., in: „Indonesia", Vol. I., 1967

Benedict, R.: „Patterns of Culture", London 1961

Benthem, v./Berg, v.d.: „The Interconnection Between Processes of State and Class Formation: Problems of Conceptualisation", veröffentlicht in: „Vocational papers", Institute of Social Studies, The Hague, 1975

Berg, C.C.: „Indonesia", in: Gibb, H.A.R. (Hrg.): „Whiter Islam? – A Survey of Modern Movements in The Muslim World", London 1932

Blackham, O.: „Shadow Puppets", London 1960

Boediardjo: „Wayang in Contemporary Life", Vortrag März 1974, Lembaga Indonesia Amerika

Böhme, G./Dressler, G./Jouhy, E.: „Evaluierung massenwirksamer Erziehungsinstrumente in Indonesien", Bericht der Fact Finding Mission, Frankfurt 1975

Böhme, G.: „Die philosophischen Grundlagen des Bildungsbegriffs", Saarbrücken 1976

Boeke, J.H.: „Economics and Economic Policy of Dual Societies as Exemplified by Indonesia", New York 1953 (Institute of Pacific Relations)

Börner, K.H.: „Begegnungen mit Asien"; Duisburg 1976

Bosse, H.: „Diebe, Lügner, Faulenzer – zur Ethno-Hermeneutik von Abhängigkeit und Verweigerung in der Dritten Welt", Frankfurt 1979

Bottomore, T.B.: „Elite und Gesellschaft", München 1966
Bourdieu, P.: „Zur Soziologie der symbolischen Formen", Frankfurt 1970
Brion, M.: „Die frühen Kulturen der Welt", Köln 1964
Brown, C.C.: „Sejarah Melayu or Malay Annals", Oxford University Press 1970
Bühl, W.L.: „Evolution und Revolution, Kritik der symmetrischen Soziologie", München 1970
Buselmeier, M.: „Medienpolitik und Medientheorie", in: „Ästhetik und Kommunikation", Heft 7, Jahrg. 3, Hamburg 1972
Busemann, A.: „Pädagogische Psychologie", Darmstadt 1967
Canetti, E.: „Masse und Macht" (2 Bde.), München 1976
Carl Duisberg Gesellschaft e.V.: „Mass Media and National Development: The Role of Radio and Television in Further Education in Rural Areas", (Fachseminar), Jakarta 1975
Carlle, R.: „Rendras, Gedichtsammlungen (1957-1972) – Ein Beitrag zur Kenntnis der zeitgenössischen indonesischen Literatur", Hamburg 1977
Cassirer, E.: „Philosophie der symbolischen Formen", Darmstadt (I. Bd. 1964/reprographischer Nachdruck der 2. Aufl. Darmstadt 1953 und II. Bd., Darmstadt 1964/reprographischer Nachdruck der 2. Aufl., Darmstadt 1953)
Castaneda, C.: „Die Lehren des Don Juan", Frankfurt 1972
Childe, V.G.: „Soziale Evolution", Frankfurt 1968
Chomsky, N.: „Sprache und Geist", Frankfurt 1970
Cicourel, A.V.: „Methode und Messung in der Soziologie", Frankfurt 1970
Colletta, N.J.: „The Use of Indiginous Culture as A Medium for Development: The Indonesian Case", Jakarta 1975
Coombs, P.H./Manzoor Ahmed: „Attacking Rural Property – How Nonformal Education Can Help", The Johns Hopkins University Press, 1974
Crabb, D.W. (Hrg.): „Symbolik Anthropology-Rites of Modernisation", The University of Chicago Press
Crawford, A.: „The Djakarta Daily Press", unveröffentlichte Dissertation, University of Syracuse/USA, 1967
Dahm, B.: „Sukarnos Kampf um Indonesiens Unabhängigkeit", Frankfurt, Berlin 1966
—: „Emanzipationsversuche von kolonialer Herrschaft in Südostasien", Wiesbaden 1974
—: „Die Südostasienwissenschaft in den USA, in Westeuropa und in der Bundesrepublik Deutschland", Hannover 1975
Dahm, B./Draguhn, W. (Hrg.): „Politics, Society and Economy in The Asian States", Wiesbaden 1975
Dake, A.C.A.: „In The Spirit Of The Red Banteng" (Indonesia Communists Between Moscow And Peking), The Hague 1973
Dalton, B.: „Indonesia Handbook", Singapore 1977
Danckwerts, D./Pfütze, H./Lechner N./Stiebitz, R. (Hrg.): „Die Sozialwissenschaften in der Strategie der Entwicklungspolitik", Frankfurt 1970
Day, C.: „The Policy and Administration of The Dutch in Java", Oxford University Press 1975 (reprint der Ausgabe von 1904)
Deutsche Gesellschaft für Ost- und Südostasienkunde e.V.: Mitteilungen der Koordinierungsstelle für Ost- und Südostasienforschung, Hamburg
Diamond, S.: „Kritik der Zivilisation", Frankfurt/New York 1976
Dias, P.V.: „Erziehung, Identitätsbildung und Reproduktion im Zaire", Weinheim und Basel 1979
Djojohadikusumo, S.: „Energy Perspectives of The Third World" und „Asean Energy Perspectives", Jakarta 1977
—: „Science, Resources and Development", Jakarta 1977
—: „Appropriate Technology", Bali 1977
Dörner, K./Plog, U.: „Irren ist menschlich oder Lehrbuch der Psychiatrie/Psychotherapie", Wunstorf/Hannover 1978
Douglas, S.A.: „Political Socialisation and Student Activism in Indonesia", University of Illinois Press 1970
Draeger, D.F.: „Weapons and Fighting Arts of the Indonesian Archipelago", Vermont, Tokyo 1972
Durkheim, E.: „Les Formes Élémentaires de la Vie Religieuse", Paris 1912
—: „Les Règles de la Méthode Sociologique", Paris 1895

—: „Education and Sociology", The Free Press 1956
Dürr, H.P.: „Traumzeit – über die Grenze zwischen Wildnis und Zivilisation", Frankfurt 1978
East-West Communication Institute: „Information, Education, Communication in Population", No. 20, 1975, East-West Center, Honolulu
Echols, J.M./Shadily, H.: „An Indonesian-English Dictionary", Cornell University Press 1965
Eder, K. (Hrsg.): Seminar: „Die Entstehung von Klassengesellschaften", Frankfurt 1973
Elias, N.: „Über den Prozeß der Zivilisation", (Bd. I), Frankfurt 1978
Emmerson, D.K.: „Indonesia's Elite – Political Culture and Cultural Politics", Cornell University 1976
Enzensberger, H.M.: „Baukasten zu einer Theorie der Medien", in: „Kursbuch Nr. 20", Frankfurt 1970
Erikson, E.H.: „Identität und Lebenszyklus", Frankfurt 1971
Evans-Pritchard, E.E. u.a.: „Institutionen in primitiven Gesellschaften", Frankfurt 1967
Evers, H.D./Hassan, R.: „Studies and Social Stratification in Southeast Asia", in „Working Papers, No. 34", University of Singapore, 1974
Fanon, F.: „Die Verbannten dieser Erde", Frankfurt 1966
Farace, V.R.: „A Study of Mass Communication and National Development", in: „Journalism Quarterly", Nr. 43
Fehr, H.: „Soziale Kontinuität und sozialer Wandel", Frankfurt/New York 1979
Findeisen, W.: „Schamanentum", Stuttgart 1957
Fohrbeck, K./Wiesand, A.J./Zahar, R.: „Heile Welt und Dritte Welt-Medien und politischer Unterricht I., Schulbuchanalyse", Opladen 1971
Foucault, M.: „Von der Subversion des Wissens", München 1974
França, A.P. da: „Portuguese Influence in Indonesia", Djakarta 1970
Freud, S.: „Totem und Tabu", (Ges. Werke, Bd. X/4. Aufl.) Frankfurt 1968
—: „Zur Psychopathologie des Alltagslebens", (Ges. Werke, Bd. IV/4. Aufl.), Frankfurt 1964
Fremerey, M.: „Students And Politics in Indonesia", Frankfurt/Freiburg 1976
Gäng, P./Reiche, R.: „Modelle der kolonialen Revolution, Beschreibung und Dokumente", Frankfurt 1967
Gardener, G.B.: „Keris and Other Malay Weapons", Singapore 1936
Geertz, C.: „The Religion of Java", The Free Press of Glencoe, Illinois 1959
—: „The Javanese Kijaji: The Changing Role of a Cultural Agent, vgl.: „Comparative Studies in Society and History, 2, 1960
Geertz, H.: „The Javanese Family", Glencoe
Gerner, B.: „Einführung in die pädagogische Anthropologie", Darmstadt 1974
Girtler, R.: „Kulturanthropologie", München 1979
Goenawan, M.: „Sebuah Pentagar untuk Film Indonesia Mutakhir, Catatan Tahun 1974",
Götz, B. und Kaltschmidt, J. (Hrg.): „Sozialisation und Erziehung", Darmstadt 1978
Goffmann, E.: „Interaktionsrituale – über Verhalten in direkter Kommunikation", Frankfurt 1971
Goslings, B.M.: „De Wajang Op Java En Bali", Amsterdam 1939
Größel, H.: „Reisen gegen den Kolonialismus", in: „Akzente", Zeitschrift für Literatur, Heft 4, 1975
Habermas, J.: „Zur Logik der Sozialwissenschaften", Frankfurt 1970
—: „Stichworte zu einer Theorie der Sozialisation", in: Götz, B./Kaltschmid, J. (Hrg.): „Sozialisation und Erziehung", Darmstadt 1978
Habermas, J./Lohmann, N.: „Theorie der Gesellschaft oder Sozialtechnologie", Frankfurt 1971
Hadad, I.: „Large and Small-Scale Industry Development in Indonesia, Problems and Prospect of an Industrialisation Process Minimising ‚loss' of Indigenous Culture", paper prepared for international conference on „Culture and Industrialisation in Southeast Asia", Berlin 1978
Hadisoeseno, H.: „Wayang and Education", in: „Education and Culture" No. 8, 1955 Djakarta
Hamel, P.M.: „Kontemplative Musik", (gekürzte Fassung des Eröffnungsreferats der Arbeitstagung der internationlen Gesellschaft für Tiefenpsychologie in Salzburg, 1977)

Handoko: „Kumpulan Tecnik Silat", Surabaya 1972
Hanf, Th./Ammann, K./Dias, P.V./Fremerey, M./Weiland, H.: „Erziehung – ein Entwicklungshindernis?", in: ZfP, 23. Jg. 1977, Nr. 1
Hardjosoemarto, S.: „Petruk jadi Raja", Jakarta 1974
Hartig, M./Kurz, U.: „Sprache als soziale Kontrolle", Frankfurt 1971
Hartmann, H.: „Empirische Sozialforschung", München 1970
Hawes, H.W.R.: „Lifelong Education, Schools and Curricula in Developing Countries", Hamburg 1974
Heising, J.: „Trends der Hochschulentwicklung und Hochschulförderung in den Entwicklungsländern", Bonn 1978 (Deutsche Stiftung für internationale Entwicklung)
Henle, P.: „Sprache, Denken, Kultur", Frankfurt 1969
Hentig, H.v.: „Systemzwang und Selbstbestimmung", Stuttgart 1970
–: „Komplexitätsreduktion durch Systeme oder Vereinfachung durch Diskurs?", in: „Theorie der Gesellschaft oder Sozialtechnologie", Frankfurt 1973
Herlambang, A.: „Dasar-Dasar Karate", Surabaya
Hill, A.H.: „The Malay Keris and Other Weapons", Singapore 1962
Hindley, D.: „The Communist Party of Indonesia – 1951-1963, Berkeley and Los Angeles 1964
Hirsch, J.: „Wissenschaftlich-technischer Fortschritt und politisches System", Frankfurt 1970
Hoeve, W.v. (Hrg.): „Indonesia", The Hague 1965
Hofstätter, P.R.: „Gruppendynamik", Hamburg 1957
Holt, C. (Hrg.): „Culture and Politics in Indonesia", Cornell University Press 1922
Holt, C.: „Art in Indonesia – Continuities and Change", Cornell University Press 1967
Hondrich, K.O.: „Wirtschaftliche Entwicklung, Soziale Konflikte und politische Freiheiten", Frankfurt 1970
Horlemann, J.: „Modelle der kolonialen Konterrevolution – Beschreibung und Dokumente", Frankfurt 1968
Huntington, S.T.: „Political Development and Political Decay", in: „World Politics", No. 17 (3) 1965
Illich, I.: „Entschulung der Gesellschaft", München 1972
Ingle, H.T.: „Communication Media and Technology: A Look at Their Role in Non-Formal Education Programs", Washington 1974
–: „Communication Media and Technology", in: „Information Bulletin No. 5", The Information Center On Instructional Technology, Washington/D.C. 1974
In-Search Data: „Djakarta TV-Audience Survey", Djakarta 1974 (unveröffentlicht)
International Broadcast Institute: „Satellite Broadcasting", London 1973
International Broadcast Institute: „Communications and Information for Development Purposes in The Caribbian Area, Georgetown 1974
The International Broadcast Institute in Zusammenarbeit mit der Friedrich Naumann Stiftung und The Nigerian Broadcasting Corporation: „Seminar on Motivation, Information and Communication for Development in African and Asian Countries", Ibadan 1974
International Broadcast Institute: „Seminar on Motivation, Information and Communication for Development in African and Asian Countries", Ibadan 1974
International Institute of Communications (Hrg.): „Vision And Handside – The Future of Communications", London (ohne Erscheinungsdatum)
Jahja Muhaimin: „Perkembangan Militer Dalam Politik Di Indonesia 1945-1966", Yogyakarta 1971
Jalée, P.: „Die Dritte Welt in der Weltwirtschaft", Frankfurt 1969
Jamison, D.T./Klees, S.J./Wells, S.J.: „The Costs of Educational Media – Guidelines for Planning and Evaluation", London 1978
Jeanneret, A.: „Schattenspiele", Basel 1968 (Museum für Völkerkunde Basel)
Jock, Gunter/James Theroux: „Open Broadcast Radio: Three Strategies", Informational Center on Instructional Technology Academy for Educational Development, Washington, D.C.
Johnstone, J.N./Tobing, P.: „The Indonesian Educational Simulation Model", Jakarta 1976
Jouhy, E.: „Das programmierte Ich", Frankfurt 1976 (Syndikat-Reprise der Ausgabe München 1973)
–: „Praxis und Vorstellung", in: ‚liberal', August 1967

—: „Nochmals: Thesen zur Jugenderziehung", München 1974 in: „deutsche jugend – Zeitschrift für Jugendfragen und Jugendarbeit", Heft 3, 1974
Jouhy, E./Böhme, G./Deutscher, E.: „Übergänge – Pädagogik in der Dritten Welt" / Bd. I. „Abhängigkeit und Aufbruch", Frankfurt 1978
Jung, C.G.: „Der Mensch und seine Symbole", Olten und Freiburg im Breisgau 1979 (Originalausgabe: „Man and his Symbols", London 1964)
Kahler, D.: „Curriculum Development for Basic Education Programs", (Final Seminar Report), Bonn 1978
Kahin, G.Mc.T.: „Nationalism and Revolution in Indonesia", Cornell University Press 1970
Karamoy, A./Sablie, A.: „Komunikasi & Pemuda", in: „Prisma", No. 3, Djakarta 1974
Kartini, R.A.: „Letters of A Javanese Princess", Hongkong/Singapore, Kuala Lumpur, 1976
Katz, D.: „Studien zur Kinderpsychologie", Darmstadt 1972
Kern, P.: „Einführung in die vergleichende Pädagogik", Darmstadt 1973
Kho Ping Hoo, A.S.: „Darah Pendekar", Solo 1977
Kidd, R./Byram M.: „Popular Theatre and Development: A Botswana Case Study", University College of Botswana, 1978
Kincaid, D.L./Schramm, W.: „Azas-Azas Komunikasi Antar Manusia", LP3ES, Jakarta 1977
King, D.Y./Weldon, P.D.: „Income Distribution and Levels of Living in Java 1963-1970", Jakarta 1975
Klein, W./Wunderlich, D. (Hrg.): „Aspekte der Soziolinguistik", Athenäum-Verlag
Koentjaraningrat: „Tari Dan Kesusasteraan Di Indonesia", Djakarta 1959
—/Ichimura, S.: „Indonesia-masalah dan peristiwa bunga rampai", Jakarta 1976
Koesnoen, R.A.: „Pembelaan Diri Tanpa Sendjata", Bandung 1962
Kötter, H., Junghans, K.H., Roeder, O.G. (Hg.): „Indonesien", Tübingen und Basel, 1979
Kosasih, R.A.: „Seri Mahabharata, Bundel Pertama", Bandung 1975
—: „Rama & Sinta", Bandung 1977
Kuitenbrouwer, J.: „Science and Technology: For or Against People", veröffentlicht in: „Vocational papers", Institute of Social Studies, The Hague 1975
Kumpulan Ceritera: „Wayang Purwa, Gatutkaca Wiwaha", Jakarta-Pusat 1975
Kumpulan Ceritera: „Wayang Purwa, Sakuntala", Jakarta Pusat 1975
Laing, R.D./Phillipson, H./Lee, A.R.: „Interpersonelle Wahrnehmung", Frankfurt 1971
Langguth, G./Hintze, P.: „Bildungsreform konkret", München 1973
Leach, E.: „Kultur und Kommunikation", Frankfurt 1978
Lee Khoon Choy: „Indonesia Between Myth and Reality", Singapore 1977
Leiris, M.: „Das Auge des Ethnographen", Frankfurt 1978
—: „Die eigene und die fremde Kultur", Frankfurt 1977
Lembaga Demografi Facultas Economi Universitas Indonesia, Jakarta: „Majalah Demografi Indonesia", No. 1, Juni 1974
Lempelius, C.: „Indonesien, Erziehungssektor – Teilanalyse", Hamburg 1974
—: „Indonesien: Erziehungssektor – Teilanalyse", Hamburg 1974 (i.A. des Bundesministeriums für wirtschaftliche Zusammenarbeit, Bonn)
Lerche, D.: „Revenue Potential of Land Tax for Urban Finance in Indonesia", International Seminar on Urban Land Use Policy, Taxation and Economic Development, Singapore 1974
Lerner, D.: „The Passing of Traditional Society", Chicago, 1958
ders.: „Toward a Communication Theory of Modernization", in: „Communications and Political Development" (Pye, L.W./Ed.) 1963, Princeton University Press
ders.: „Communication and Change in the Developing Countries, Honolulu, 1967
Lévi-Bruhl, L.: „Die geistige Welt der Primitiven", Darmstadt 1966 (unveränderter fotomechanischer Nachdruck der 1927 bei Bruckmann, München, erschienenen Ausgabe)
Lévi-Strauß, C.: „Das wilde Denken", Frankfurt 1968
—: „Das Rohe und das Gekochte", Frankfurt 1971
—: „Das wilde Denken", Frankfurt 1968
—: „Strukturale Anthropologie", Frankfurt 1967
—: „Der Weg der Masken", Frankfurt 1977
—: „Vom Honig zur Asche", Frankfurt 1972
Lewis, P.M.: „Different Keepers – Models of Structure and Finance in Comunity Radio", London 1977
Lienhardt, G.: „Social Anthropology", Oxford 1969

LP3ES: „Laporan Sementara Hasil Penelitian Golongan Berpenghasilan Rendah Di Jakarta", Jakarta 1972
Lucas, H.: „Java – Masken", Kassel 1973
Malinowski, B.: „Sex and Repression in Savage Society", London 1953 (4. ed.)
–: „Crime and Custom in Savage Society", London 1966 (8. ed.)
–: „Das Geschlechtsleben der Wilden in Nord-West-Melanesien", Frankfurt 1979 (nach der deutschen Übersetzung von 1929 neu durchgesehen)
–: „Argonauten des westlichen Pazifik", Frankfurt 1979
Mansoer, M.D./Amrin Imran/Mardanas Safwan/Asmaniar Z. Idris/Sidi I. Buchari: „Sedjarah Minangkabau", Djakarta 1970
Markuse, H.: „Triebkultur und Gesellschaft", Frankfurt 1968
Marsden, W.,: „History of Sumatra", Kuala Lumpur 1966 (2. Reprint der 3. Auflage, 1811, London)
Marshall McLuhan: „Understanding Media: The Extension of Man", New York 1964
Marx, K.: „Grundrisse der Kritik der politischen Ökonomie", Frankfurt (fotomechanischer Nachdruck der Moskauer Ausgabe von 1939 und 1941)
Mauß, M.: „Die Gabe", Frankfurt 1968
–: „Soziologie und Anthropologie", München 1974/75 (2 Bde.)
McGranaham, D.: „Development Indicators and Development Models", in: „Journal of Development Studies", Bd. 8/1972
McVey, R.: „The Rise And Fall Of The Indonesian Communist Party",
Mead, G.H.: „Sozialpsychologie", Neuwied 1969
Mead, M.: „Jugend und Sexualität in primitiven Gesellschaften (Bd. I-III)", München 1970 (Nach der Originalausgabe: „Coming of Age in Samoa" von 1928, New York)
–: „Mann und Weib – das Verhältnis der Geschlechter in einer sich wandelnden Welt", Hamburg 1958
Merton, R.K.: „Social Theory and Social Structure", Glencoe 1957
–: /Nisbet, R.A.: „Contemporary Social Problems, an Introduction to the Sociology of Deviant Behaviour and Social Disorganization", New York and Burlingame 1961
Meueler, E.: „Soziale Gerechtigkeit" Düsseldorf 1971
Mies, M.: „Kulturanomie als Folge der westlichen Bildung", in: „Die Dritte Welt", Nr. 1/1972
Millar, J.: „Vom Ursprung des Unterschieds in den Rangordnungen und Ständen der Gesellschaft", Frankfurt 1967
Mitscherlich, A.: „Auf dem Weg zur vaterlosen Gesellschaft", München 1963
Mochtar Lubis: „Maut dan Cinta", Jakarta 1977
Moerbirman: „Wayang Purwa, The Shadow Play of Indonesia", Jakarta 1973
Mommaers, P.: „Was ist Mystik?", Frankfurt 1979
Montgomery, R.D.: „Migration–Employment and Unemployment in Java, Changes from 1961 to 1971", Asia Survey, March 1975/Vol. XV, Nr. 3, University of California Press
Moore, B.: „Soziale Ursprünge von Diktatur und Demokratie", Frankfurt 1969
Piaget, J.: „La représentation du monde chez l'enfant", Paris 1947
–: „On Prehistoric Burial Methods in Indonesia", Bulletin of the Archeological Institute of the Republic of Indonesia, No. 7, Djakarta 1969
Schelsky, H.: „Die skeptische Generation", (2. Aufl.) Düsseldorf 1958
Soe Lie Piet: „Pengoendjoekan Poelo Bali", The Paragon Press, Malang
Soewito Santoso: „Lilaracana-Ramayana", Gadjah Mada University Press, Yogyakarta 1973
Sperber, M.: „Alfred Adler oder das Elend der Psychologie", Frankfurt 1971 (Orig. Ausg. Wien 1970)
Sri Mulyono: „Wayang, asal usul, filsafat & masa depannya", Jakarta
–: „Wayang Dan Wanita", Nawangi 1977
Sri Soekesi Adiwimarta: „Omong Djakarta – Texte", Berlin 1973
Strauß, A.: „Spiegel und Masken – die Suche nach Identität", Frankfurt 1968
Sturm, H.: „Massenmedien als Bildungsfaktoren", in: „Medienforschung/Forschung und Information", Schriftenreihe der Rias-Funk-Universität, Kurzrock, R. (Hrg.), Berlin 1974
Sudjoko Prasodjo/Zamroni, M./Mastuhu, M./Sardjono Goenari/Nurcholish Madjid/Dawam Rahardjo, M.: „Profil Pesantren, Laporan Hasil Penelitian Pesantren Al-Falak dan Delapan Pesantren Lain di Bogor", LP3ES, Jakarta 1974
Sulardi, R.M.: „Printjening Gambar Wayang Purwa", Djakarta 1953

Sumardjo, J.: „Image Indonesia Dalam Film Nasional Kita", Kompas vom 16.4.1974 (Tageszeitung, Jakarta)
Mühlmann, W.E./Müller, E.W. (Hrsg.): „Kulturanthropologie", Köln – Berlin 1966
Myrdal, G.: „Politisches Manifest für die Armut in der Welt", Frankfurt 1970
–: „Objektivität in der Sozialforschung", Frankfurt 1971
Nilsson, M.P.: „Geschichte der griechischen Religion", München 1961
Noer, D./Zachri, A.L.: „Educational Broadcasting – Experimental Project in Jogjakarta", IKIP – Jakarta 1973
Nohlen, D./Nuscheler F. (Hrg.): „Handbuch der Dritten Welt", Bd. I „Theorien und Indikatoren von Unterentwicklung und Entwicklung", Hamburg 1974
Njoman S. Pendit: „Mahabharata, Sebuah Perang Dahsjat dimedan Kurukshetra", Djakarta 1970
Oey Hong Lee: „Powerstruggle in South-East Asia", Zug 1976
Ohlmarks, A.: „Studien zum Problem des Schamanismus", Lund, 1939
Orban, P.: „Sozialisation – Grundlinien einer Theorie emanzipatorischer Sozialisation", Athenäum-Verlag,
Palmier, L.H.: „Social Status and Power in Java", University of London 1969
Parin, P./Morgenthaler, F./Parin-Matthey G.: „Die Weißen denken zu viel", München (ohne Erscheinungsdatum)
Parmar, S.: „Traditional Folk Media in India", New Delhi 1975
Parson, T.: „The Social System", Glencoe 1951
Penders, C.L.M.: „The Life and Times of Sukarno", Oxford University Press, Singapore 1975
Pink, P.W.: „Gathutkaca Nagih Janji – Gathutkaca fordert die Einlösung eines Versprechens – lakon des javanischen Wayang Purwa, aufgeführt von Raden Soetrisno", Berlin 1977
Plam, H.: „Ancient Art of the Minahasa", Bandung 1958
Polomka, P.: „Indonesia Since Sukarno", Penguin-Books Australia 1971
Prawiro Sastro: „Prelude Javonais", in: „Bulletin Francais", Societée International de Musique 1909
Preiser, S.: „Kreativitätsforschung", Darmstadt 1976
Pulliam, J.D./Bowman, J.R.: „Educational Futurism", University of Oklahoma Press 1974
Rahardjo, M.D. (ed.): „Pesantren dan Pembaharuan", LP3ES, Jakarta 1974
Rao, L.Y.V.: „Effect (and Effectiveness) of Mass Communication", Kap. V in „The practice of Mass Communication", Reports and Papers of Mass Communication/UNESCO, No. 65, 1972
Resink, G.I.: „From the Old Mahabharata to the New Ramayana Order", LP3ES, Jakarta 1974
Rhodius, H. (Hrg.): „Walter Spies – Schönheit und Reichtum des Lebens", Den Haag 1964
Ribero, D.: „Der zivilisatorische Prozeß", Frankfurt 1971
Ritsert, J. (Hrg.): „Gründe und Ursachen gesellschaftlichen Handelns", Frankfurt – New York 1975
Roth, H. (Hrg.): „Begabung und Lernen" (Deutscher Bildungsrat: Gutachten und Studien der Bildungskommission, Bd. 4), Stuttgart 1972
Runciman, W.G.: „Sozialwissenschaft und politische Theorie", Frankfurt 1967
Sanders, S.: „Broadcasting in Guyana", London 1978
Sanusi Pane: „Sedjarah Indonesia", Djakarta 1965
Sarkam Suryasumarta: „Pencak Silat Sapta Gerak dengan Metode Senam", Yogyakarta 1976
Sartono Kartodirdjo: „Protest Movements in Rural Java", Oxford University Press 1973
Schäfers, B.: „Sozialstruktur und Wandel der Bundesrepublik Deutschland", Stuttgart 1976
Schmidbauer, M. (Projektleitung): „Bildungssatelliten für Entwicklungsländer", München 1972
Schramm, W.: „Mass Media and National Development: The Role of Information in Developing Countries", Stanford University Press, 1964
–: „Communication Satellites for Education, Science and Culture", in: „Reports and Papers on Mass Communication", No. 53, UNESCO, Paris 1968
Schumacher, E.F.: „Small is Beautiful", London 1973
Schwarztman, H.B.: „Transformations – The Anthropology of Children's Play", New York 1978
Scott, A.C.: „The Theater in Asia", London 1972

Seidelmann, K.: „Bildung in Stufen", Hannover 1969
Sell, H.J.: „Der schlimme Tod bei den Völkern Indonesiens", The Hague 1955
Senghaas, D.: „Weltwirtschaftsordnung und Entwicklungspolitik – Plädoyer für Dissoziation", Frankfurt 1977
–: „Rüstung und Militarismus", Frankfurt 1972
Senghor, L.: „Nation et Voie Africaine du Sozialisme", Paris 1961
Seno-Sastroamidjojo, A.: „Tjeritera Dewa Rutji", Djakarta 1967
Shahrum Bin Yub: „Keris dan Senjata$_2$ Pendek", Kuala Lumpur 1967
Siemens, J.D.: „Harmonie und Leistung", dreiteilige Schulfunksendung über Indonesien, 1973/74, Hessischer Rundfunk, Frankfurt
Sievers, A.M.: „The Mystical World of Indonesia – Culture and Economic Development in Conflict", The John Hopkins University Press 1974
Sigrist, Ch.: „Regulierte Anarchie", Olten 1967
Smith, E.: „Village Headmen as Agents of Change/Indonesia" (dem Verf. als Manuskript vorliegend)
Soedarsano: „Dances in Indonesia", Djakarta 1968
Soedjatmoko: „The Future and The Learning Capacity of Nations: The Role of Communications", London 1978 (International Institute of Communications)
–: „Bahasa Indonesia Dalam Perjuangan Bangsa", Seminar, Jakarta 1978
Soerjadiningrat, P.A.: „Tari Djawa Sunda", Djakarta 1949
Soejono, R.P.: „The Distribution of Types of Bronze Axes in Indonesia", Bulletin of Archeological Institute of the Republic of Indonesia, No. 9, Djakarta 1972
Surjodiningrat, W.: „Tone Measurement of Outstanding Javanese Gamelans in Jogjakarta and Surakarta", Jogjakarta 1972
–: „Gamelan Dance and Wayang in Jogjakarta", Gadjah Mada University Press, Jogjakarta 1971
Surojo Wignjodipuro, S.H.: „Pengantar dan Azas-Azas Hukum Adat", Bandung 1971
Susanto, A.: „Komunikasi & Media", in: „Prisma", No. 3, Jg. 3, 1974
Sutjipto Wirjosuparto, R.M.: Kakawin Bharata-Yudha", Djakarta 1968
Sweeney, A.: „Malay Shadow Puppets", London 1972 (British Museum)
Taufik Abdullah (ed.): „Pemuda dan Perubahan Sosial", LP3ES, Jakarta 1974
Teheranian, M./Hakimzadeh, F./Vidale, M.L. (Hrg.): „Communications Policy for National Development – A Comparative Prospective", London 1977
Ulbricht, H.: „Wayang Purwa – Shadows of The Past", Oxford University Press 1972
UNESCO: „Radio and Television in The Service of Education and Development in Asia, reports and papers on mass communication No. 49", Paris 1967
UNESCO: „Folk Media and Mass Media in Family Planning Communication Programs – Report", London 1972
UNESCO: „ The Practice of Mass Communication, Reports and Papers on Mass Communication – No. 65", Paris 1972
UNESCO: „Educational Radio Broadcast in Central Java – An Experimental Design", Malang 1973
UNESCO: „Educational Broadcast System – Survey-Report", Jakarta 1973 (University of Indonesia)
UNESCO: „Role And Training of Educational Planners – Meeting Report", Kuala Lumpur 1974
UNESCO: „List of Documents and Publications in the Field of Mass Communication", Paris 1976
UNESCO: „Low Cost Communication Systems for Educational and Development Purposes in Third World Countries", A report by Richmond Postgate, Peter M. Lewis, William A. Southwood, London 1979
UNICEF news: „Communication: A Tool for Development", issue 84/1975/2, New York
United Nations: „Report on the International Definition and Measurement of Standards and Levels of Living", New York 1954
Universitas Gadjah Mada: „Laporan Seminar Nasional Media Tradisionil 8-12 Desember 1975", Yogjakarta 1975
Van Heekeren, H.R.: „The Bronze Age of Indonesia", The Hague 1958
Varace, V.R.: „A Study of Mass Communication and National Development", in: „Journalism Quarterly", No. 43

Vlekke, B.H.M.: „Nusantara – A History Of Indonesia“, The Hague 1965
Watzlawick, P./Beavin, J.H./Jackson, D.D.: „Menschliche Kommunikation“, Bern-Stuttgart-Wien
Weck, W.: „Heilkunde und Volkstum auf Bali“, Djakarta 1976 (Originalausgabe 1937)
Welzel, A.: „Literaturverzeichnis zum Thema: Außerschulische Erziehung“ Bonn 1976 (Stand, März 1979/Deutsche Stiftung für internationale Entwicklung)
—: „Literatur zur Bildungsforschung bezogen auf Entwicklungsländer“, Bonn 1977 (Stand, Januar 1977/Deutsche Stiftung für internationale Entwicklung)
—: „Literaturverzeichnis zum Thema: Hochschulwesen in Asien“, Bonn 1977 (Stand, Juli 1977/Deutsche Stiftung für internationale Entwicklung)
—: „Literaturverzeichnis zum Thema: Education for Rural Development“, Bonn 1978 (Stand, November 1978/Deutsche Stiftung für internationale Entwicklung)
Wertheim, W.F./Giap, T.S.: „Social Change in Java, 1900-1930, in: Pacific Affairs 35, No. 3/1962 Reprint in: Wallerstein, I.: „Social Change: The Colonial Situation“, New York and London, 1966
Wickert, J.D.: „Borobodur“, Jakarta 1974
Wickert, U./Purbaya, T.: „Wayang – Stories and Pictures“, Jakarta 1978
—: „Im Jahr der Schlange“, Weinheim und Basel 1977
—: „Immer im Januar: Saras' Geschichte“, Weinheim und Basel 1979
—: „Die eigene Haut“, Weinheim und Basel 1982
Wiesner, G. (Hrg.): „Synkretismusforschung – Theorie und Praxis“, Wiesbaden 1978
Wildgruber, T.: „Der Traditionsbezug in der vietnamesischen Revolution“, Hamburg 1979
Wilpert, C.B.: „Schattentheater“, Hamburg 1974 (Hamburgisches Museum für Völkerkunde)
Wirjosuparto, S.: „Rama stories in Indonesia“, Djakarta, 1969
Wirmark, D.: „The Rich and The Poor“, Stockholm 1974
With, K.: „Java – Brahmanische, buddhistische und eigenlebige Architektur und Plastik auf Java“, Hagen 1920
Withe, B.: „The Economic Importance of Children in a Javanese Village“, (dem Verf. im Manuskript vorliegend)
Wittig, H.: „Vergleichende Pädagogik“, Darmstadt 1973
Worsley, P.: „Die Posaune wird erschallen – ‚Cargo‘-Kulte in Melanesien“, Frankfurt 1973
Yong Mun Cheong: „Trends in Indonesia – Proceedings and Background Paper“, Singapore University Press 1972
Yule, H.: „Travels of Marco Polo“, New York 1903 (Hrsg. von Cordier, H.)
Zadri, L.: „Bahasa Indonesia in the Elementary School“ (Experiment Design), Jakarta 1976 (unveröffentlicht)
Zoete, B.d./Spies, W.: „Dance and Drama in Bali“, Oxford University Press 1973
Zumkley-Münkel, C.: „Imitationslernen“, Düsseldorf 1976

Zeitschriften, Jahrbücher, Schriftenreihen etc.

AMCB/Asian Mass Communication Bulletin, Hrsg.: Asian Mass Communication Research and Information Centre, Singapore

„Asian Survey, a Monthly Review of Contemporary Asian Affairs", University of California Press, Berkeley, California

„development communication report", Hrsg.: Academy For Educational Development, Inc., Washington

„Djiwa", Madjalah Psikiatri, Indonesian Psychiatric Quarterly

„Intermedia": International Institute of Communications, London

„Information Bulletin", Hrsg.: Pacific Science Association, Honolulu

MEDIA ASIA, Hrsg.: AMIC/Asian Mass Communication Research and Information Centre, Singapore

„Politische Psychologie", (Schriftenreihe), hier: Bd. 5: „Internationale Beziehungen – ein Gegenstand der Sozialwissenschaft" (bearbeitet von Danckwortt, D., Frankfurt 1966)

„Prisma", Lembaga Penelitian, Pendidikan, Penerangan Ekonomi dan Sosial, LP3ES; Jakarta (Hg.) 1972-1980

„Prisma, Indonesian Journal of Social and Economic Affairs", The Institute for Economic and Social Research, Education and Information, No. 1, 2, 1975, No. 6, 1977

„Sprache und Gesellschaft", Beiträge zur Soziolinguistischen Beschreibung der deutschen Gegenwartssprache – Jahrbuch 1970, Düsseldorf